HISTOIRE
DE
PHILIPPE-AUGUSTE.

IV.

Se trouve également

CHEZ LADVOCAT, LIBRAIRE.

TYPOGRAPHIE DE J. PINARD, IMPRIMEUR DU ROI,
RUE D'ANJOU-DAUPHINE, N° 8.

HISTOIRE
DE
PHILIPPE-AUGUSTE,
PAR M. CAPEFIGUE.

OUVRAGE COURONNÉ PAR L'INSTITUT.

TOME QUATRIÈME.
1214—1223.

Paris.

DUFEY, LIBRAIRE,
Rue des Beaux-Arts, N° 14.

1829.

HISTOIRE DE FRANCE

SOUS

PHILIPPE-AUGUSTE.

CHAPITRE XXIX.

Résumé des causes qui donnent la couronne d'Angleterre au prince Louis de France. — Situation féodale des Anglais. — Rapports respectifs du roi et des barons. — Abus de la suzeraineté. — Vieux privilèges émanés du roi Édouard. — Jean refuse de les ratifier. — Révolte des barons. — Armée de Dieu et de l'Église. — Prise de Londres. — Concession de la grande Charte. — Franchises de l'Église. — Droits des vassaux. — Mariage. — Tutelle. — Subsides. — Parlement. — Justice. — Personnes et propriétés. — Forêts. — Commission de barons réformateurs. — Fureur du roi Jean à l'occasion de la Charte. — Le pape l'annule. — Les Poitevins et les Flamands ravagent l'Angleterre. — Les barons anglais offrent la couronne à Louis de France.

1214—1215.

Le prince Louis de France avait subitement quitté la croisade de la Langue-doc; il était appelé à la cour féodale de Paris par les lettres pressantes de son père. On lui annonçait les troubles nouveaux qui agitaient l'Angleterre, le choix qu'avaient fait de lui les barons anglais pour leur seigneur suzerain, l'expulsion des Plantagenets, et la possibilité de compléter par cette nouvelle conquête le vaste système de réunion au domaine suivi par la couronne.

Pour comprendre par quel concours de causes diverses de si grands événemens étaient survenus, il faut exposer des faits bien importans dans l'histoire constitutionnelle de l'Angleterre.

Après la trêve conclue avec Philippe-Auguste, à la suite de la bataille de Bouvine, le roi Jean se hâta de retourner dans son royaume : ses barons étaient alors réunis au monastère de Saint-Alban pour délibérer sur les moyens d'obtenir les libertés concédées par Henri Ier, et qui rappelaient la plupart des vieux privilèges émanés du roi Edouard [1]. Il faut dire que la

---

[1] Cette assemblée est du 9 novembre 1214. J'aurais cru trouver dans l'histoire, à mon avis un peu trop louée, du docteur Lingard, des détails précis et quelques considérations politiques sur les transactions féodales si importantes de cette époque auxquelles Humes et même M. Hallams n'ont point fait assez d'attention; cette partie de son travail me parait écourtée; le savant docteur n'a pas suivi avec toute l'exactitude désirable l'intéressant Mathieu Paris, sans doute par respect pour la cour de Rome, que ce

suzeraineté royale avait pris en Angleterre, depuis la conquête de Guillaume le bâtard, une attitude violente : les rois de famille normande et poitevine n'avaient respecté ni les priviléges des barons ni ceux de l'église. Si la vieille race saxonne avait pu justement se plaindre des confiscations ordonnées par les successeurs de Guillaume, la population normande maudissait à son tour ces étrangers, enfans du Poitou, de la Guyenne et de la Gascogne, dont les Plantagenets entouraient leurs personnes, et auxquels ils réservaient les concessions de terres. Aucun droit n'était sacré pour eux : ni la propriété des fiefs, ni les dignités féodales. La garde des tours, des chatelainies du domaine se trouvaient dans les mains des joyeux et bavards Poitevins, et les fonctions de la cour, celles de connétable, d'échanson, de panetier, étaient aussi leur patrimoine exclusif. Le titre de chancelier seulement était réservé aux clercs presque tous d'une origine nationale. Les barons murmuraient de voir sans cesse

---

moine si national attaque un peu vivement. M. Lingard ne doit peut-être sa popularité historique qu'à la juste émancipation catholique dont son livre est une perpétuelle justification.

les gonfanons du midi autour du suzerain : Les Poitevins, légers et présomptueux, offensaient leur fierté et heurtaient leurs priviléges[1].

Le clergé subissait aussi avec peine cette domination : tout entier, comme on l'a dit, de race saxonne, si l'on en excepte quelques archevêques ou prélats de cour, il détestait profondément le joug des Plantagenets, par la même raison qu'il avait supporté avec impatience celui des rois normands. Guillaume le conquérant et ses successeurs avaient violé, dans bien des circonstances, les immunités de l'église, et les querelles entre les rois et le clergé s'étaient plusieurs fois reproduites d'une manière sanglante. Sans doute, depuis l'hommage de la couronne au pape, ces prétextes n'existaient plus; mais déjà à cette époque il y avait un clergé national en Angleterre, peu respectueux envers la cour de Rome, et qui plusieurs fois fit cause commune avec les feudataires territoriaux.

Lorsque le roi Jean débarqua sur le territoire anglais, les barons et quelques prélats te-

---

[1] L'ouvrage de Mathieu Paris est la plainte d'un bon et vieux patriote contre la domination étrangère.

naient leur parlement pour recouvrer leurs libertés'. L'archevêque de Cantorbéry, le plus dévoué à la cause nationale, avait lu aux vassaux la grande charte des priviléges du roi Henri 1ᵉʳ; car, les vieilles lois d'Édouard ne s'étaient transmises que comme des traditions. Après avoir long-temps délibéré, les barons se réunirent autour du maître-autel du monastère de St.-Alban, et jurèrent, les mains dégantées, que si Jean ne voulait point sceller de son scel la charte qu'on lui présentait, on lui ferait la guerre; qu'on irait à son château de Windsor vers Noël, afin de lui demander cette concession de priviléges, qu'en attendant on se pourvoirait d'armes, de chevaux, et que pour éviter toute surprise, on s'emparerait, comme garantie, des tours et cités dont la possession pouvait servir la cause nationale².

Le roi avait rassemblé sa cour plénière

---

1 Mathieu Paris ad ann. 1214 et 1215, édition de Wats. Londres, 1684, p. 214; et Rimer, t. 1, p. 184 et 185.

2 « Quod si rex leges et libertates jam dictas concedere diffugeret ipsi ei guerram tam diù moverent ut ab ejus fidelitate se subtraherent donec eis per chartam sigillo suo munitam confirmaret omnia quæ petebant, etc. » Mathieu Paris, *ibid.*

à Londres, dans la maison des Templiers; les barons qui avaient juré les conventions de Saint-Alban, vinrent l'y trouver suivis d'un petit nombre d'hommes d'armes. « Roi Jean, dirent-ils, nous te prions de sceller de ton scel, les coutumes concédées aux barons et aux églises d'Angleterre, par le roi Édouard, telles qu'elles se trouvent consignées dans la charte de Henri Ier; tu nous l'avais promis lors de ton excommunication, et tu t'y es engagé par serment. » Le roi qui les voyait déterminés et en armes, composa son visage, et leur répondit [1]: « La chose est difficile, et demande réflexion; je vous prie de m'accorder jusqu'à Pâques pour y songer, afin que je puisse juger ce qui est le plus digne de ma couronne. »

Les barons lui octroyèrent sa demande: or, le roi profita de ce délai pour faire renouveler à ses vassaux encore soumis le serment de fidélité et l'hommage. Il prit aussi la croix, afin de protéger, par le privilége accordé aux pèlerins, les terres de son domaine.

[1] «Quos vidit paratos ad prælium respondit magnam esse rem et dificilem quam petebant, *ibid.*

Lorsque les barons apprirent les petites ruses de Jean, ils se réunirent au nombre de près de deux mille chevaliers, sans compter les hommes d'armes et les archers. Ils obtinrent licence de commencer la guerre de l'archevêque de Cantorbéry, et se disposèrent à envahir les terres du roi qui tenait alors une autre cour plénière à Oxford. « Quelle liberté me demandent-ils donc? s'écria-t-il. » L'archevêque de Cantorbéry lui récita le chapitre de la charte. « Ah! dit Jean, puisqu'ils sont en si bon chemin, pourquoi mes barons ne réclament-ils pas tout mon royaume. Ce qu'ils veulent ne leur a jamais été concédé; ils se fondent sur de vaines paroles;[1] par tous les saints d'Anjou, ils n'auront jamais des priviléges qui me rendraient leur esclave[2]. »

L'archevêque de Cantorbéry et Guillaume le maréchal d'Angleterre, qui l'avait accompagné, n'ayant pu réussir à faire sceller la charte, s'en retournèrent vers les barons, et

[1] « Et quare cum istis iniquis exactionibus Barones non postulant regnum ? Vana sunt inquit, et superstitiosa quæ petunt nec aliquo rationis titulo fulciuntur. »

[2] Affirmavit tandem cum juramento furibundus quod nunquam tales illis concederet libertates unde ipsi efficeretur servus. *Ibid.*

leur firent connaître les volontés du roi. Immédiatement, une résolution de guerre fut arrêtée; la troupe valeureuse des chevaliers prit le nom d'armée de Dieu et de la Sainte-Église, pour exprimer sans doute que le clergé avait adopté les intérêts nationaux.

Jean cherchait tous les moyens de dissoudre cette ligue formidable des églises et des vassaux du royaume. Il fit d'abord une large concession aux clercs; il leur octroya une charte d'élection libre, sans intervention de la couronne, si ce n'est pour la licence de se réunir; et encore, la charte portait, que si la permission n'était point accordée, dans un délai très-court, l'élection pouvait avoir lieu, et que le choix, en tous les cas, n'aurait pas besoin de l'approbation du roi. Jean s'adressa ensuite au pape Innocent III, son suzerain dans l'ordre des fiefs, depuis l'hommage fait de la couronne d'Angleterre au Saint-Siège, pour réclamer appui contre les barons et les clercs de son royaume. Innocent prit vivement la cause de son vassal; il écrivit deux lettres violentes; l'une, à l'archevêque de Cantorbéry, qu'il accusait de fomenter la sédition, l'autre aux chefs de l'armée nationale, pour prohiber toute espèce d'assemblée et d'union contre les droits du roi Jean[1].

Quoique les vassaux révoltés se fussent donné le nom d'armée de Dieu et de la foi, ils n'en méprisèrent pas moins les commandemens du pape. Ils avaient trop d'intérêt à défendre la cause de leurs libertés; l'archevêque de Cantorbéry lui-même n'osa pas obéir à une autre impulsion. Il déclara qu'il ne pouvait être dans les volontés du pontife de forcer les Anglais à se soumettre tant que le roi Jean serait entouré d'étrangers, de Poitevins et de Gascons. L'armée de Dieu se mit donc en marche malgré l'ordre d'Innocent, et vint assiéger, mais inutilement, Northampton; elle fut plus heureuse devant Bedfort. Au moment où les gonfanons pénétraient dans ce château fortifié, on apprit que Londres offrait de livrer ses portes aux confédérés. Cette nouvelle fut reçue avec joie. La cause du pays prenait ainsi une attitude imposante. Les barons entrèrent dans la capitale pendant le mois de juin. Tous les riches citoyens favorisaient leur parti; les pauvres n'osaient rien

[1] Rymer. T. 1, 184—196—197.

dire; c'est de la grande tour qu'ils écrivirent aux vassaux qui n'avaient point encore adhéré à la ligue : « Venez nous joindre, si vous ne voulez être déclarés ennemis publics; nous dévasterons vos terres, nous brûlerons vos châteaux, vos forêts, vos arbres fruitiers, nous détruirons vos rivières, et alors que ferez-vous? comment pourrez-vous vivre[1]?» A cette sommation les barons répondirent tous par une adhésion donnée aux articles de la confédération.

Le roi Jean se vit donc abandonné de presque tous les hommes de race normande et saxonne; alors il se mit à réfléchir sur ce qu'il avait à faire. Il craignait que les rebelles ne fissent contre lui quelque violente attaque, dont le résultat serait peut-être une pénible et longue captivité; il renferma toute sa colère dans son cœur, et envoya dans le camp de l'armée de Dieu deux grands tenanciers de famille normande, afin de terminer les

---

[1] « Quod si hoc facere contempsissent, ipsi in omnes illos quasi in hostes publicos, arma dirigerent et vexilla, castra eorum subvertere domos et œdificia comburere, vivaria, parcas, et pomeria destruere non omitterent. *Ibid*, p. 214.

tristes querelles qui agitaient l'Angleterre. Le lieu des conférences fut indiqué à Runnymead entre Staisne et Windsor ; un grand nombre d'évêques, que les libertés dernièrement concédées à l'église avaient réunis au roi Jean, prirent assez activement sa défense ; mais du côté des barons était toute la noblesse féodale. La multitude des chevaliers remplissaient le pré, et l'on ne voyait auprès du roi que des mîtres et des crosses. Comme la position n'était pas tenable, Jean, qui était fin et rusé, voyant bien qu'il fallait en finir, se décida à souscrire sans difficulté, la Charte suivante, fondement des libertés anglaises [1].

Grande Charte.

« Jean, par la grâce de Dieu, roi des Anglais. Vous saurez que par l'inspiration du Seigneur et pour le salut de notre âme, de celle de nos ancêtres et de nos successeurs, et pour l'exhaltation de la sainte église, nous avons concédé, par le conseil de nos prélats et de nos fidèles, la Charte suivante, qui demeu-

---

[1] « Rex Johanes vires suas baronum viribus impares intelligens, sine difficultate leges suscriptas et libertates concessit. *Ibid.*

rera inviolable pour nous et nos successeurs [1].

« D'abord l'église d'Angleterre aura tous ses droits et priviléges, ses franchises élections, son gouvernement intérieur, ainsi qu'il était constitué quelque temps avant la Charte.

« Nous concédons en outre à tous les hommes libres de notre royaume les droits suivans :

« Il est arrêté que l'héritier en bas âge d'un comte, d'un baron qui nous doit un relief [2] pour le service militaire, ne sera tenu de nous payer que cent sous au plus; et celui qui nous doit moins, donnera moins selon l'ancienne coutume des fiefs. Si l'héritier possesseur d'une terre tombe sous la garde d'un supérieur, celui-ci n'aura cette tutelle qu'après avoir reçu l'hommage, et alors il ne pourra recueillir du fief que le revenu raisonnable, et les services d'habitude, et tout cela sans qu'il puisse détruire la chose ou lui porter aucun préjudice, et il

---

[1] La Grande-Charte se trouve dans Mathieu-Paris, 215—220, et dans Rymer, t. 1—65. Elle a été commentée, mais imparfaitement, par Humes, le docteur Lingard et M. Hallams. Le meilleur Commentaire est celui de Mendox.

[2] On appelait *relief* la somme que payait l'héritier du fief à son supérieur. Cette disposition de la charte avait pour cause les exactions de la race normande.

sera tenu d'entretenir les rivières, moulins et les autres appartenances de la terre au moyen de ses revenus; il la rendra à la majorité du tenancier bien garnie de charrues et d'instrumens nécessaires à la culture; et tout cela nous l'observerons à l'égard des archevêchés, évêchés, abbayes, prieurés et dignités vacantes, dont la garde nous appartient. Nous ne pourrons pas vendre ni aliéner ce droit de garde [1].

« La veuve, après la mort de son mari, sera mise en possession, sans difficulté, de sa dot et de son douaire, dont elle ne devra aucun relief [2], et elle pourra demeurer quarante jours dans les domaines de son mari, à moins que ce ne soit un château fortifié; dans ce cas, on lui choisira une honnête maison où elle habitera. Pendant ce temps, elle sera vêtue aux dépens de l'hoirie; on lui assignera comme dot la troisième partie de ce que possédait son époux, à moins qu'il ne s'agisse d'une mineure

---

[1] Magn. chart., chap. xii.
[2] Le roi Jean avait abusé de ce droit à ce point d'exiger mille livres de la comtesse Warwick pour rester veuve tant qu'elle le voudrait. Mendox., chapit. xiii.

dotée à la porte de l'église. Aucune veuve ne sera obligée de se remarier; mais si elle le désire, elle doit avoir au préalable notre consentement ou celui de son seigneur supérieur lorsqu'il est notre tenancier.

« Nos baillis ne pourront saisir la terre ni le revenu de nos hommes tant que le mobilier suffira pour payer la redevance qui nous est due. Les cautions ne seront point poursuivies avant le débiteur principal; mais elles pourront l'être si l'impuissance de celui-ci est constatée; si quelqu'un a emprunté à un juif, et qu'il vienne à mourir, l'usure ne court pas pendant la minorité des héritiers; la dot et le douaire de la veuve seront prélevés avant toute dette; si une créance tombe dans nos mains, nous ne pourrons saisir que les objets affectés dans l'acte; il sera fait un état aux enfans, et le restant sera destiné à la dette. Les mêmes principes seront suivis à l'égard des créanciers qui ne sont pas juifs. [1]

Nul scutage (impôt) ou aide ne sera demandé que d'après le consentement du commun con-

---

[1] Mag. chart. ch.

seil du royaume[1], à moins qu'il ne s'agisse de nous racheter de la captivité, d'armer notre fils chevalier, ou de marier notre fille. Il en sera de même pour les aides de la cité de Londres ; elle jouira de toutes ses anciennes libertés, tant sur terre que sur eau. Toutes les villes, bourgs, châteaux, les barons des cinq ports et tous les autres ports auront leurs priviléges, et seront convoqués pour le conseil commun du roi[2], afin de fournir l'aide ; nous appellerons en conséquence les archevêques, évêques, abbés, comtes, barons, nominativement par nos lettres, dans lesquelles sera exposé l'objet de la convocation, et en outre nous les ferons généralement prévenir par nos baillis et vicomtes dans un terme qui ne peut être moindre de quarante jours ; et ce terme arrivé, il sera délibéré par les seigneurs, quoiqu'il puisse y en avoir parmi eux qui n'aient pas reçu de

---

[1] « Nullum scutagium vel auxilium ponam in regno nostro nisi per commune concilium regni nostri. » Magn. chart. chap. xv.

[2] « Et habendum commune consilium regni de auxiliis assidendis. » *ibid.* Le docteur Lingard interprète très-étroitement ce passage lorsqu'il prétend qu'il n'y a pas dans ce *commune consilium* les premiers droits du parlement et des communes pour consentir les subsides.

convocation spéciale. Personne ne pourra être contraint à dépasser les services qu'il doit pour son fief. Le conseil commun ne sera pas tenu de se réunir au lieu où se trouve la cour du suzerain, et de la suivre si elle se transporte autre part.

« Si nous sommes hors de notre royaume, notre grand-justicier enverra nos juges dans les comtés pour tenir les assises, et s'il y a quelques difficultés, on en référera à la cour du banc. Tout ce qui touche aux églises ressortira de cette cour; l'homme libre ne sera puni pour un léger délit que selon son délit[1], et pour un grand crime, selon son crime, et encore sauf sa terre, le marchand sauf sa marchandise, et le vilain sauf sa charrue; les comtes et barons ne pourront être jugés si ce n'est par leurs pairs. Aucun clerc ne sera soumis à l'aide pour son bénéfice ecclésiastique, mais pour son fief laïque.

» Les villes et les hommes libres ne seront

---

[1] Magn. Chart. chap. 17.

[2] Liber homo non amercietur pro parvo delicto nisi secundum modum ipsius dilicti. *Ibid.*

tenus de faire ponts et routes à moins qu'ils ne le doivent par ancien droit.

» Si un baron meurt sans héritiers et sans laisser ses fiefs par testament, ils seront distribués entre les églises du voisinage, sauf les dettes de l'hoirie.

» Aucun de nos constables ou baillis ne pourra prendre du blé ou des effets mobiliers s'il n'en paie la valeur, et sur l'appréciation du propriétaire auquel ces objets appartiennent[1]. Il ne pourra forcer un chevalier à donner une indemnité pécuniaire pour la garde de nos châteaux, si ce chevalier offre de faire le service en personne ou de le faire accomplir par un homme légal, ou bien s'il justifie qu'il est dans l'impossibilité de le remplir. Nul de nos officiers ne pourra requérir chevaux ou charrettes pour les transports à notre usage s'il n'acquitte l'indemnité des anciens statuts, c'est-à-dire, pour une charrette à deux chevaux dix deniers par jour, et pour trois chevaux quatorze deniers; et encore seront exemptes de ce service les voitures des barons

[1] « Balivus noster capiat blada vel alia catalla alicujus, nisi statim indè reddat denarios, » etc. *Ibid.*

et celles des églises. Ni constable, ni vicomte, ne pourront prendre du bois dans les forêts d'autrui sans son consentement. Nous ne tiendrons les terres de ceux qui seront convaincus de félonie que pendant un an et un jour, et nous les rendrons après au supérieur féodal. Il n'y aura qu'un seul poids et une même mesure pour tout le royaume. Nous n'aurons la garde que des fiefs qui dépendent de notre domaine. Nos baillis ne seront point crus en ce qu'ils rapporteront sur leurs seules paroles, mais par de légitimes témoins [1].

» Aucun homme libre ne sera emprisonné, exilé ni privé de ses droits que par le légal jugement de ses pairs et les lois de sa terre [2]. Les marchands étrangers pourront venir dans nos domaines, commercer, vendre, acheter, excepté durant les batailles avec le pays auquel ils appartiennent. Il sera permis à tout homme libre de sortir du royaume, si ce n'est pendant la guerre, mais pour un court espace de temps et pour l'utilité générale.

[1] Magn. chart. c. 27.
[2] « Nullus liber homo capiatur vel imprisonetur vel dissesietur de aliquo libero tenemento suo vel libertatibus aut utlegetur aut uxulet aut aliquo alio modo destituatur. » *Ibid.*

» Toutes ces libertés et priviléges seront observés, sauf les droits anciens et les priviléges des archevêques, évêques, abbés, prieurs, templiers, hospitaliers, comtes, etc. »

Cette large charte de concession ne suffit point aux barons et aux abbés qui traitaient avec le roi Jean. « Nous voulons, dirent-ils, que nos bois et nos champs jouissent de tous les droits dont nous étions en possession au temps de Henri Ier. » Et ils présentèrent au roi Jean une autre charte qu'il scella, après quelques représentations inutiles [1].

« Jean, par la grâce de Dieu, roi d'Angleterre, etc. Vous saurez que, par la volonté du Seigneur et pour le salut de notre âme, nous avons concédé des libertés qui seront observées dans notre royaume.

» Toutes les forêts que notre aïeul Henri a considérées comme forêts royales seront examinées par des hommes probes et loyaux. Si quelqu'une d'entre elles a été saisie au préjudice

---

[1] Cette charte est séparée de la première, et connue sous le titre de *Charte des Forêts*; elle a été publiée par Rymer, t. 1, et Math. Paris, p. 208, et ad ann. 1215.

du propriétaire[1], elle lui sera restituée. Les hommes qui n'habitent point les forêts ne pourront être traduits devant le haut forestier, à moins qu'il ne s'agisse d'un délit commis à cause des bois[2]. Toutes les forêts, qui ont été réunies au domaine au temps de Richard, seront rendues. Chacun les possèdera en toute propriété; tous les dégats qui pourront y être faits par nous seront justement réparés. Les surveillans les visiteront comme ils avaient coutume de le faire lors du couronnement du roi Henri; ils feront des recherches tous les trois ans, et ceux dont les chiens seront trouvés dans les forêts royales paieront trois sols[3]. On ne pourra lâcher les levriers que selon les anciennes coutumes. Aucun forestier ne pourra prendre du blé en herbe, de

---

[1] Cet abus de la saisie royale, dépouillant les propriétaires de leurs forêts, s'était considérablement accru sous le règne de Henri II, et particulièrement sous celui de Richard Cœur-de-Lion.

[2] Les lois des forêts, sous les rois de race normande, étaient fort sévères; elles punissaient de mort certains délits commis dans les forêts royales. La chasse était alors considérée comme un des plus hauts priviléges de féodalité.

[3] « Et ille cujus canis inventus fuerit det tres solidos. » *Ibid.*

l'avoine, des porcs ou agneaux. Il se fera trois battues générales par année. Tout homme pourra conduire ses troupeaux dans les forêts royales, mais s'il laisse un porc pendant la nuit il deviendra la propriété du roi. Personne ne sera condamné à perdre la vie ou un membre à cause des délits forestiers, mais il sera obligé à une forte amende, et s'il ne peut la payer, il gardera un an et un jour la prison. On ne pourra construire, dans les forêts, des moulins, viviers, étangs; mais tout homme libre sera propriétaire des nids d'éperviers, de faucons et d'aigles, qui sont dans ses bois[1]. Aucun châtelain ne pourra tenir son plaids pour ce qui touche les délits de chasse et de vol de branches d'arbres ; ils ressortiront de la juridiction du haut forestier.

» Nous avons concédé ces libertés en tout ce qui nous concerne. »

Une troisième charte assura des moyens d'exécution. « Pour donner des garanties aux conventions arrêtées, vingt-cinq barons seront élus comme gardiens et conservateurs des

[1] « Unusquisque liber homo habeat in boscis suis ærias accipitrum, spervariorum, falconum, aquilarum. » *Ibid.*

priviléges, et s'il arrive que nous, ou quelqu'un de nos justiciers, viole la charte, les barons conservateurs choisiront quatre d'entre eux pour nous prier de casser ce qui aura été fait contre leurs droits, et, si nous n'accédons pas dans les quarante jours à leur demande, ils en référeront aux vingt-cinq conservateurs, et ceux-ci pourront faire à nos terres tout le mal qu'ils voudront[1], savoir : s'emparer de nos châteaux et de nos champs, excepté de notre personne, de celle de la reine et de nos enfans; et cela, jusqu'à ce que le mal soit réparé d'après leur jugement; et nous autorisons nos justiciers et nos vassaux à prêter tout serment que les vingt-cinq barons conservateurs pourront exiger d'eux, et nous ne pourrons rien leur demander qui soit en opposition avec les concessions que nous venons de faire. Comme gage de nos promesses, nous voulons que les quatre châtelains de Northampton, de Kénilwort, de Notingham et de Scardeburck, obéissent et prêtent hommage aux

---

[1] Et illi barones destringent et gravabunt nos, modis omnibus quibus potuerent. *Ibid.*

vingt-cinq conservateurs, ou à la majorité d'entre eux. Nous nous engageons aussi à renvoyer tous les étrangers Poitevins, Flamands et routiers que nous avons à notre service[1]. »

Ainsi fût signée la grande charte qui concédait toutes les libertés de l'Angleterre, des barons, des cités, des bourgs et des communes[2]. Jean dissimula profondément le dépit qu'il éprouvait en faisant de telles concessions : il invita même gracieusement les shérifs de tous les comtés à en lire les dispositions au son des cornets sur les places et dans les églises. Il leur ordonna de choisir douze chevaliers prudhommes en législation, afin de réparer toutes les injustices qui auraient pu être commises depuis son avénement. Mais dans le fond de son âme, il éprouvait une douleur profonde. « Il grinçait des dents, tournait ses yeux égarés, rongeait des morceaux de bois, et, par des gestes désordonnés, mani-

---

[1] « Et nos amovebimus omnes alienigenas à terrâ. » *Ibid.*

[2] Cette grande charte a été ratifiée quatre fois par Henri III, quinze fois par Edouard III, sept par Richard II, six par Henri IV, et une par Henri V, tant il y avait de répugnances royales à vaincre! *Ibid.*

festait sa colère¹. » Il ne renvoya point les étrangers, et particulièrement les Poitevins, en qui seuls il avait confiance. Ceux-ci et ses plus intimes courtisans disaient sans cesse : « Il est impossible de supporter cette charte; tu es le vingt-cinquième roi d'Angleterre et tu n'es pas même un roitelet! Il vaudrait mieux n'être pas suzerain que de l'être de cette manière; te voilà roi sans royauté, seigneur sans domaine; oh! que c'est misérable! » Ceci excitait Jean à détester sa charte. Il écrivit des lettres secrètes à Philippe Marc, connétable du château de Nothingam, Poitevin d'origine, et à plusieurs autres châtelains étrangers² : « Fortifiez-vous, procurez-vous des vivres, entourez vos murailles de fossés, prenez des chevaliers à votre solde; et ayez soin surtout qu'on ne puisse s'en apercevoir. » Il était cependant difficile de cacher long-temps de tels préparatifs; les barons, conservateurs des priviléges, les connurent et vinrent trouver le roi : « A quoi tendent, lui

---

¹ Cæpit frendere dentibus, oculis torvis intuitum retorquere, arreptos baculos et stipites more furiosi nunc corrodere, nunc corrosos confringere et in inordinatorum gestuum plurimis argumentis conceptem, dolorem imo furorem manifestare. *Ibid.*

² Mathieu Paris, p. 221.

dirent-ils, ces grands mouvemens d'hommes d'armes? pourquoi vos châtelains fortifient-ils les murailles, et font-ils de nouveaux créneaux aux tours? »

Le roi les accueillit d'un visage riant et tranquille : « Par les pieds de Dieu je jure que je n'ai aucun dessein de violer la paix heureusement scellée entre nous[1]. » Continuant ensuite, il parvint par de mielleuses paroles à calmer l'irritation violente et les murmures des barons.

Cependant, comme on apprit ensuite qu'il ne cachait plus son désespoir d'avoir signé la charte, les murmures recommencèrent : « Nous sommes, disait-on, sous le joug d'un tyran; il nous a déjà soumis à Rome, il nous vendra peut-être à des étrangers. »

Jean n'était pas tranquille. Il voyait à peine autour de lui sept chevaliers de sa propre cour; ses barons ne pouvaient-ils pas s'emparer de sa personne comme otage? Dans cette situation difficile que devait-il faire? Il quitta furtivement Windsor et vint se reti-

---

[1] « Jurando per pedes Dei constanter affirmavit. *Ibid.* »

rer dans l'île de Wight. C'est là qu'il songea aux moyens de résister à ce grand mouvement du haut baronnage d'Angleterre[1]. Son chancelier, Poitevin d'origine, adressa des lettres à toute la chevalerie du Continent, de la Guyenne et de la Gascogne. « Nous vous promettons, disaient-ils, à tous, des châteaux et des terres dans notre royaume; nous en expulserons cette race de révoltés, qui ne veut pas de nos couleurs ni des vôtres. » Il écrivit aussi à tous les châtelains, qui tenaient son parti en Angleterre, de bien fortifier leurs tours; puis, pour conquérir les bonnes grâces des marins des cinq ports, il monta sur une flotte et fit avec eux quelques expéditions de piraterie.

Lorsque les barons eurent appris la fuite du roi Jean, ils se réunirent dans Londres afin de délibérer sur le parti qu'ils avaient à prendre. Après quelques contestations élevées entre eux,

---

[1] Math. West., p. 1273, et Math. Paris, 222; le docteur Lingard, d'après les documens publiés par Brady et Rymer, pense que ce voyage à l'île de Wight est une pure invention; ses preuves ne me paraissent point convainquantes. J'ai suivi et je préfère la chronique aux conjectures des érudits.

voici la lettre qu'ils écrivirent. « Robert, maréchal de l'armée de Dieu, et les autres barons, à Gauthier d'Albiney qui tient la ville de Londres, salut. Tu sais le grand intérêt que nous avons tous à conserver Londres qui est notre asile, et combien il y aurait de honte et de préjudice si par notre absence nous venions à la perdre. Nous savons qu'il est quelques personnes qui attendent notre départ pour se soumettre à Jean; c'est pourquoi nous prolongeons la durée du tournoi, qui a commencé à Stangfort, jusqu'après le premier jour de la lune, dans l'octave des saints apôtres Pierre et Paul. On le tiendra dans la bruyère entre Staines et le champ de Hundeslawe; et nous faisons ceci pour conserver la métropole, nous vous prions de venir au tournoi avec armes et chevaux afin que vous puissiez acquérir de l'honneur. Le prix sera une ourse qu'une jeune châtelaine nous a envoyée [1]. »

Tandis qu'ils se livraient ainsi aux jeux chevaleresques, destinés à occuper les vaillans hommes, ils reçurent la bulle d'Innocent III,

---

[1] Rymer, t. 1, ad ann. 1216.

qui cassait leur grande charte de priviléges. Il faut dire qu'immédiatement après le scel apposé à sa concession, le roi Jean avait envoyé auprès du pape pour lui demander d'annuler les libertés anglaises. Innocent III pouvait agir dans sa double qualité de suzerain féodal du royaume d'Angleterre, par suite de l'hommage qu'il avait reçu, et de conservateur des domaines de l'Église, et des droits d'un prince qui avait pris la croix[1]. Lorsque Innocent eut lu les actes imposés à Jean, il jeta sa thiare contre terre, et s'écria : « Depuis quand les barons anglais prétendent-ils chasser de son trône un prince croisé et sous la protection du siège de Rome? Par saint Pierre je ne puis souffrir qu'une telle injure reste impunie[2] ! ».

Le pape assembla son conseil de cardinaux; et, délibérant quelques heures, il cassa la grande charte, et, comme témoignage de sa

[1] Jean disait au pape dans sa lettre : « Illatæ vobis in personâ nostrâ injuriæ ». *Ibid.*

[2] « Nunquid barones angliæ regem cruce signatum et sub protectione sedis apostolicæ constitutum, à solio regni nituntur expellere et dominium romanæ ecclesiæ ad alium transferre? Per sanctum Petrum hanc injuriam non poterimus præterire impunitam. » *Ibid.*

volonté suprême, il adressa une bulle fulminante aux Anglais :

« Innocent, évêque, serviteur des serviteurs de Dieu, à tous les fidèles qui verront cette bulle, salut et bénédiction. Le roi Jean, ayant violemment offensé l'Église, a été frappé d'excommunication : mais il s'est repenti avec tant d'ardeur, qu'il a non-seulement réparé le mal, mais qu'il a prêté hommage au bienheureux Pierre du royaume d'Angleterre et d'Irlande, sous le cens annuel de mille marcs d'argent ; puis le roi Jean s'est revêtu de l'habit des pèlerins pour accomplir le saint voyage. Voilà que nous apprenons que ses vassaux ont fait certaines conjurations contre lui. Après en avoir délibéré avec nos cardinaux, nous avons écrit à l'archevêque de Cantorbéry et aux évêques du royaume, afin qu'ils aient à casser et dissoudre les assemblées illégales des barons, et rendre l'autorité à Jean, comme cela convient. En même temps nous avons invité le roi à traiter bénignement ses vassaux, et, que s'ils ne pouvaient s'entendre, à faire décider la cause par les cours régulières selon les lois et les coutumes. Cependant ce tumulte a continué, et nous apprenons que Jean a concédé certaine charte très-préjudiciable à l'autorité royale : un tel acte, qui nuit à la puissance du Saint-Siège et au royaume qui en dépend, ne pouvait être fait que d'après notre consentement : or, comme le Seigneur a dit de nous au prophète : *Je te place sur les nations et les royaumes, afin que tu dissolves les réunions et les mouvemens de l'impiété,* nous réprouvons et cassons la charte donnée par le roi Jean, comme préjudiciable à l'Église et au roi [1]. »

Une lettre spéciale aux barons accompagnait cette bulle ; elle leur ordonnait de se séparer immédiatement, et d'exécuter ses prescriptions pontificales.

L'intervention de la cour de Rome, la crainte de formidables excommunications, engagèrent les barons à diverses conférences avec le roi, qui était revenu en Angleterre ; elles n'eurent aucun résultat : de toutes parts on se déter-

[1] Rymer, t. 1, p. 203-205.

mina à la guerre. Les barons ordonnèrent à Guillaume d'Albiney, qui commandait à Londres, de s'emparer du château Rochester, comme nouvelle garantie : Guillaume s'en saisit. En ce moment les barons apprirent que le roi Jean marchait sur eux à la tête d'une multitude d'étrangers pris à sa solde.

En effet, pendant son séjour dans l'île de Wight, et depuis son arrivée à Douvres, Jean multipliait charte sur charte pour appeler les châtelains du Poitou et de la Gascogne aux armes. Le roi avait une grande influence sur tout ce baronnage : nous avons dit qu'il était d'une même race, et que sa famille avait quelque chose de national parmi ces populations du midi ; c'était même, comme on l'a vu, sa grande confiance envers les étrangers qui lui avait fait perdre toute espèce de popularité parmi les possesseurs de terre saxons et normands. L'appel fait par le roi Jean à ces aventuriers du Continent fut entendu ; car tous ceux qui avaient jusqu'ici suivi la fortune de l'héritier des Plantagenets en Angleterre s'en étaient bien trouvés. Le nombre fut donc grand des cadets et des puînés de Gascogne et de Guyenne, qui vinrent se réunir à Douvres sous le gonfanon du suzerain. D'un autre côté, les résultats de la bataille de Bouvine laissaient oisives de grandes bandes de routiers et flamands qui avaient servi la Flandre et le comte de Boulogne. Jean leur promit tout, argent, terres; il comptait faire un nouveau partage, rédiger un second livre de fiefs, comme après les conquêtes des Normands sous Guillaume-le-Bâtard.

Parmi ce grand nombre de chevaliers étrangers, arrivés du Poitou et de la Gascogne sur les rivages d'Angleterre, on distinguait Savari de Mauléon et Olivier de Bouteville, dont les noms se sont plusieurs fois rencontrés dans les guerres de Philippe contre Richard; d'autres troupes débarquèrent successivement. Voici la triste destinée réservée à une de ces colonies. Le roi avait concédé en toute propriété féodale à Hugues de Boves, échappé à la bataille de Bouvine, et à une troupe errante de quarante mille hommes femmes et enfans, partie de Calais, qui le suivait, les comtés de Norfolk et de Suffolk. L'intention de Jean semblait être d'effacer peu à peu la race saxonne et normande et d'implanter dans la Grande-

Bretagne les races du Continent dévouées à ses intérêts ; la charte de concession leur avait été envoyée de l'île de Wight; ils s'étaient embarqués sur de petits navires. Lorsqu'ils étaient prêts d'atteindre le rivage, une violente tempête s'élève; les bateaux agités par le vent s'ouvrent ou sont jetés sur le rivage ; ils s'y brisent, et toute cette multitude est submergée. Le nombre des cadavres était si considérable, que l'air en fut infecté ; on trouva des enfans noyés dans leur berceau ; tous ces malheureux furent dévorés par les poissons [1] et par d'énormes oiseaux que l'odeur fétide avait alléchés. « Ainsi, dit un chroniqueur dans son aigreur patriotique, le roi Jean, ce dissipateur de biens, ce principe de discorde, fut la cause de ce grand désastre, car il avait attiré ces étrangers en Angleterre, d'où il voulait chasser les indigènes. » Aussi en fut-il vivement affecté. Son visage était rouge de désespoir et de colère, il ne prit aucune nourriture; on ne pouvait l'aborder tant les éclats de ses fureurs

---

[1] « Dati sunt denique omnes bestiis maris et cœli volatilibus ad devorandum. » Math. Paris. *Ibid.*

étaient à craindre[1] ! La tempête ravagea tout le pays, et l'on raconta de sinistres visions ! Un moine de St.-Alban allait par pénitence à Norvich pendant cette furie des vents; c'était au milieu de la nuit; il vit un nombre infini de cavaliers noirs, montés sur de grands chevaux également noirs, tenant à la main des torches de soufre enflammées; ils se tenaient rangés autour du moine agitant les flambeaux; ce qu'il raconta à son abbé : on jugea que de cruels malheurs menaçaient l'Angleterre.

Ce qui consola le roi Jean de la perte de cette colonie fut l'arrivée d'un corps nombreux de Flamands et de gens de Lorraine armés de lances et de pieux : il n'hésita pas dès lors à prendre l'offensive et se dirigea contre les barons; il vint assiéger le château de Rochester.

Guillaume d'Albiney et ses hommes d'armes s'y étaient renfermés ; l'armée du roi s'en approcha, et bientôt commença le siège régulier. Les étrangers, animés par de grandes promesses, s'élancèrent contre les murailles. Un archer de Rochester, croyant que tout était

[1] Irâ vehementi succensus die illâ cibum nullum sumpsit, sed usque ad vesperam quasi furiosus inventus. *Ibid.*

perdu, s'adressa au sire châtelain et lui dit : « Veux-tu que je te délivre du roi notre mortel ennemi avec cette arbalète? — Non, non, ne fais pas cela, abstiens-toi de frapper cette bête méchante; tu peux le manquer et il ne te pardonnerait pas. — En pareil cas, dit l'archer, il arrivera ce que Dieu voudra, je retiens le trait. » En effet, lorsque Guillaume fut obligé de se rendre avec ses hommes, le roi Jean voulait tous les faire pendre; mais Savari de Mauléon lui dit : « Sire-roi, la guerre n'est point finie, on ne peut savoir ce qui arrivera, car les chances sont incalculables; si nous commençons par pendre vos barons [1], vos barons pourront bien nous pendre un jour. » Le roi comprit fort bien ce raisonnement; il se borna à retenir captifs les principaux chevaliers. Quant aux archers et hommes d'armes, il les fit attacher par des courroies à tous les arbres de la forêt, ils rendirent l'âme, les pauvres diables [2]!

---

[1] « Guerra nostra nundum finita est, varios eventus bella sortiuntur, nempe si nobis istos nunc suspendia traditis barones adversarii nostri vel me forte vel alios de exercitu vestro, nobiles interciperere potuerunt. » *Ibid.*

[2] « Patibulo suspendi præcipit. » *Ibid.*

La cause nationale était fortement menacée par les étrangers du roi; sur ces entrefaites arriva la bulle d'excommunication contre les révoltés ; les droits de l'église romaine y étaient rappelés [1], ainsi que la situation de la Terre-Sainte et les besoins de la foi chrétienne : « Le pape excommuniait les barons et tous les châtelains, chevaliers, qui, par leur sédition, troublaient la paix du royaume. Le pontife jetait ensuite l'interdit sur toutes les terres. La bulle devait être lue au son des cloches, et les hommes d'armes étaient invités à suivre le roi Jean sous peine d'excommunication; les évêques qui ne l'exécuteraient pas ponctuellement seraient interdits de leurs fonctions. » Le primat Langton, archevêque de Cantorbéry, subit, le premier, cette rigoureuse et injuste sentence.

La bulle générale fut bientôt suivie de brefs d'excommunications nominatifs et spéciaux pour chaque baron. En même temps Jean et ses étrangers [2] dévastaient les châteaux, les

---

[1] «Cette bulle fut lancée à la suite du concile de Latran.» Rymer, t. 1, p. 208, 211-212.

[2] « Cum flandrensibus et aliis nationibus perversis. *Ibid.* »

manoirs, les champs, les fruits, les bestiaux, les campagnes, de sorte que tout le nord de l'Angleterre semblait avoir servi de lit à un torrent.

Le comte de Sarisburi, frère naturel de Jean, parcourut en même temps les contrées d'Essex, Hertford, Middlesex et Cantbridge, portant aussi la destruction dans les campagnes, les parcs, les viviers, et jusques dans les faubourgs de Londres [1]. Les châtelains fuyaient au loin, et le roi distribuait les terres, remettait aux étrangers les clefs des châteaux, recevait leur hommage; les Saxons et les Normands étaient proscrits comme suspects. Les seuls hommes de race poitevine, les mercenaires flamands, hissaient leurs gonfanons sur les anciens manoirs des vassaux anglais [2].

Les barons nationaux ne possédaient plus que la ville de Londres; tous ceux de l'intérieur des terres avaient fui en Écosse sous la protection du roi Alexandre. Que faire en ces tristes circonstances? La race nationale était dé-

---

[1] Villas tributarias efficiebant, homines capiebant, ædificia baronum comburebant, parcos et vivaria destruebant, etc. *Ibid.*
[2] Mathieu Paris, p. 232.

pouillée par les étrangers. On réfléchit longtemps ; puis l'idée vint de s'adresser à Louis de France et à ses nobles barons. Ce prince avait quelques droits incertains, comme on l'a vu, à la couronne d'Angleterre ; mais il pouvait amener de grands secours et une nombreuse chevalerie ; on n'hésita pas, et des lettres pressantes lui furent adressées pour qu'il se hâtât de venir outre-mer.

CHAPITRE XXX.

Prétentions du prince Louis à la couronne d'Angleterre. — Arrivée en France des barons anglais. — Conditions imposées par le roi Philippe. — Envoi des otages. — Le pape excommunie l'expédition. — Parlement à Paris. — Philippe et Louis jouent le légat. — Départ pour l'Angleterre. — Débarquement des Français. — Entrée à Londres. — Question de légitimité élevée devant le pape. — Conquête de Louis. — Fortunes diverses. — Mort de Jean.

1215—1216.

C'était une ancienne prétention de Philippe-Auguste et de son fils que de s'approprier par droit d'héritage, la couronne d'Angleterre. A la suite de la condamnation de Jean pour le meurtre d'Arthus de Bretagne, le roi de France soutenait que le monarque anglais avait été déclaré, ainsi que sa postérité, indigne du trône des Plantagenets, et que la couronne venait alors à Blanche de Castille, femme du prince Louis. Voici quelle était la généalogie qui servait de base à cette prétention féodale : le roi Henri II, parmi ses nombreux enfans, avait eu deux filles, Mathilde et Éléonore. Mathilde avait épousé Henri duc de Saxe, père de l'empereur Othon IV ; Éléonore devint la femme d'Alphonse IV roi de Castille, dont était issue Blanche, femme de Louis de France. De tous les fils légitimes de Henri, il ne restait plus que Jean, et c'était à l'exclusion de ce prince et de sa postérité, que Blanche faisait valoir ses prétentions, ou qu'on les invoquait pour elle [1].

On a vu d'ailleurs que le pape avait conféré déjà une fois la couronne d'Angleterre au prince Louis de France, lorsque Jean, excommunié, tenta de résister aux prétentions de la cour de Rome. Les temps étaient bien changés ! Depuis, le roi anglais s'était fait le vassal du Saint-Siège, et le prince Louis était menacé des mêmes foudres dont il s'était armé lors de la première expédition des Français contre l'Angleterre [2].

---

1 MSS. de Camps, t. 2, (article Angleterre). Le bon abbé se donne une peine infinie pour prouver les droits *incontestables* du prince Louis.

(1) Mathieu Paris justifie les barons anglais du choix qu'ils firent

C'était vers le mois de janvier de l'année 1217, la cour plénière était réunie à Poissi, et le prince Louis achevait dans la Langue-doc son pèlerinage armé contre les hérétiques ; on vit arriver en France le comte de Vincester et Robert fils de Gauthier, députés par les barons d'Angleterre ; ils étaient porteurs de lettres scellées, dans lesquelles les grands vassaux offraient la couronne à Louis, fils de Philippe, promettant le serment de fidélité et l'hommage des terres[1].

Le roi répondit qu'il n'enverrait point son fils à moins qu'on ne lui donnât des gages pour la sincérité de ces promesses, et il demanda vingt-quatre otages, pris parmi les plus hauts barons d'outre-mer. Les deux envoyés se hâtèrent de porter cette réponse à Londres, et comme les Anglais n'avaient pas d'autre refuge que le roi de France, ils firent ce qu'il leur demandait ; vingt-quatre barons vinrent se rendre à la noble cour de Paris. Les pleiges

de Louis de France ; il en prend l'occasion pour faire de violentes plaintes contre Jean. p. 234.

[1] « Litteras omnium baronum sigillis munitas : obnixiùs implorantes patrem, ut filium mitteret in Angliâ regnaturum ; et filium ut veniret ilicò coronandus. » *Ibid.*

ainsi fournis, le jeune Louis fut rappelé en toute hâte de son pèlerinage de la Langue-doc, et l'on se disposa pour l'expédition d'Angleterre.

Ces préparatifs demandaient à être concertés entre les Français et les Anglais, et comme il était essentiel de se voir et de s'entendre, Philippe envoya quelques-uns de ses hommes les plus fidèles, et qui, par leurs rapports et leurs habitudes, étaient mieux à même de se préparer des intelligences; ce furent les châtelains de Saint-Omer et d'Arras, Eustache de Neuville, Baudoin de Bretel, Guillaume de Wimes, Égidius de Beaumont; chacun d'eux était suivi des fidèles de sa cour et d'un grand nombre de chevaliers et de varlets. Ils s'embarquèrent à Calais et abordèrent sans obstacles dans la Tamise [1].

Lorsqu'on apprit au camp de Jean l'arrivée de cette foison de nobles chevaliers venant du royaume de France, et surtout les arrangemens arrêtés entre Philippe et les barons révoltés, on en fut très-alarmé. Les abbés qui tenaient le parti du pape et des Plan-

[1] Mathieu Paris. p 234.

tagenet, ceux qui avaient surtout reçu des pleins pouvoirs de la cour de Rome, se hâtèrent de menacer les chevaliers, nouveaux arrivés, d'étendre jusqu'à eux l'excommunication pontificale. Le châtelain d'Arras, tant soit peu jovial et mécréant, s'en moqua ainsi que ses braves suivans. Néanmoins l'excommunication fut lancée. « Nous avons appris, disaient les délégués du pape, par des voies auxquelles nous devons toute confiance, que quelques nobles du royaume de France, accompagnés d'une nombreuse clientelle de chevaliers, sont arrivés à Londres; ils doivent être soumis à la même peine que les barons anglais, car ils violent comme eux les ordres du pape et les priviléges du roi; c'est pourquoi nous excommunions les châtelains de Saint-Omer et d'Arras et tous leurs compagnons, qui viennent d'envahir le royaume d'Angleterre[1]; que tous les abbés et chanoines tiennent cette sentence pour valable et lui donnent une pleine et entière exécution. »

[1] Castellanum scilicet S. Andomari cum suis sociis qui contra regem ad occupandum vel invadendum regnum Angliæ opem vel operam impenderent. *Ibid.*

Les bulles du pape émurent peu les barons de France et d'Angleterre; ils venaient de recevoir une lettre qui leur annonçait le prochain débarquement du prince Louis, et cette nouvelle leur causait une joie bien plus vive que les craintes qu'inspiraient les douleurs et les menaces des abbés. La charte était ainsi conçue : « Louis, fils aîné de Philippe, roi des Français, à tous ses fidèles et sincères amis qui sont à Londres, salut et satisfaction. Vous saurez certainement que vers les approches de Pâques nous serons à Calais prêt à passer outre-mer. Je vous remercie de la manière forte et prompte dont vous avez conduit mes affaires [1]. Tout ce que vous m'avez promis vous l'avez exactement tenu. Aussi nous voulons que vous soyez très-persuadé des secours que nous nous hâterons de vous fournir. Ne faites attention à aucun autre avis qu'on pourrait vous donner, car je pense qu'il vous en sera envoyé de faux et de trompeurs. Adieu. [2]. »

---

[1] « Super eo quod vos in omnibus negotiis meis, strenuè et viriliter habuistis, vobis refero gratias copiosas. » *Ibid.*

[2] « Credimus enim quòd super his falsas litteras habebitis aut nuncios seductores. » *Ibid.*

Cette lettre pleine de promesses combla de joie les Anglais ; ils ordonnèrent un nouveau tournoi pour s'essayer dans de nobles joutes contre la chevalerie de France; ils sortirent et se répandirent dans la plaine autour de Londres. Ces jeux commencèrent avec la lance et l'épée, mais ils furent ensanglantés ; car voilà qu'un Français porta un coup de lance au comte Geoffroi Mandeville et le blessa mortellement. Ce triste accident suspendit les tournois. Les chevaliers de France et d'Angleterre rentrèrent dans Londres.

Le bruit de la résolution des Français de soumettre l'Angleterre au prince Louis était parvenu à Rome. Innocent III en fut violemment affecté. Il voyait dans cet événement, non-seulement un acte de désobéissance au Saint-Siège, mais encore la perte absolue de ses droits de suzeraineté sur l'Angleterre et de la redevance payée à St.-Pierre. Il était, en effet, certain qu'une fois établi sur le trône, Louis, fils de Philippe-Auguste, s'affranchirait ainsi que ses barons, d'une servitude inutile pour tout prince fort du concours national et de l'appui d'un monarque aussi puissant que le roi de France ; il chargea donc son légat du nom de Guala ou Gualo de se rendre à la cour de Philippe-Auguste pour empêcher ce dessein de s'accomplir. Le légat était porteur de lettres autographes du pape pour le roi. Le pontife l'invitait à ne point permettre que son fils Louis envahît hostilement l'Angleterre, ni qu'il inquiétât d'une manière quelconque le roi Jean; il le priait tout au contraire de protéger un vassal de la cour de Rome et un royaume qui en était fief.

Philippe était à Lyon lorsque ces lettres lui furent lues par les clercs; il s'écria : « Le royaume d'Angleterre n'est pas du patrimoine de St. Pierre; il ne l'est point et ne le sera jamais. Jean a été plusieurs fois privé de la couronne. N'en a-t-il pas été déclaré indigne déjà sous le règne de son frère Richard, pour haute trahison, et par la cour de ses propres barons? Puisqu'il n'a jamais été roi légitime, il n'a pu donner son royaume; ne l'a-t-il pas en outre perdu à tout jamais par la mort d'Arthus de Bretagne? Aucun roi ni prince ne peut aliéner sa couronne sans l'assentiment de ses vassaux, qui sont chargés de le défendre. Si le pape protégeait un tel abus de droit, il donnerait un fâcheux exemple. »

Tous les barons présens s'écrièrent d'une commune voix : « Nous combattrons jusqu'à la mort pour ces principes; non, un roi ni un prince ne peut donner son royaume, ni le rendre tributaire, car on ferait alors des nobles hommes de véritables serfs[1]. »

Le lendemain, d'après les ordres de Philippe, le prince Louis vint au parlement; et regardant d'un œil courroucé le légat, il s'assit à côté de son père. Alors Guala se prit à supplier afin qu'on n'allât point en Angleterre envahir le domaine de St. Pierre; il pria aussi le roi Philippe d'empêcher son fils de commettre une telle violation des droits les plus sacrés.

Philippe répondit sur-le-champ : « Je suis très-dévoué et très-fidèle aux intérêts du seigneur pape et de l'Église romaine; et jusqu'ici j'ai toujours agi pour les défendre et les protéger; mais aujourd'hui ce n'est ni par mes conseils ni par mes secours que Louis se détermine

---

[1] « Unde nobiles regni efficerentur servi. » *Ibid.*

et qu'il désobéit à la cour de Rome. Cependant s'il fait valoir quelques droits sur la couronne d'Angleterre, il doit être écouté, et il faut qu'on lui accorde ce qui sera juste. »

En entendant ces mots, un chevalier, qui avait la procuration de Louis pour le défendre, se leva et prit la parole :

« Sire roi, il est connu de tous que Jean, qui se dit roi des Anglais, a été condamné à mort par un jugement de votre cour ; il a été quelque temps après renversé du trône par les barons de son royaume, à cause de ses homicides et de ses crimes : d'où il est arrivé que ceux-ci lui ont fait la guerre, et à juste titre. Le roi Jean, sans leur consentement, a fait don du royaume d'Angleterre au pape, et s'est engagé à une redevance de trois mille marcs. Il est constant que l'on ne peut donner son royaume sans l'assentiment de ses vassaux, et puisque néanmoins Jean s'en est démis, le trône devient vacant. Or, le trône étant vacant, c'est aux barons à faire un choix[1]; et ils ont désigné le seigneur Louis,

---

[1] « Vacans itaque regnum sine baronibus ordinari non debuit, unde barones elegerunt dominum Ludovicum ratione uxoris suæ. »

à cause de sa femme, qui est la seule encore vivante de la famille des Plantagenets. »

Le légat l'interrompant, dit : « Mais le roi Jean est croisé, et, d'après les décrets des conciles, il doit jouir de la paix de Dieu pendant quatre ans : Louis ne peut donc lui déclarer la guerre durant ce temps ni le priver de son royaume. »

Le procureur répondit : « Le roi Jean, avant d'avoir pris la croix, a fait la guerre à mon seigneur Louis; il lui a enlevé plusieurs châteaux, emmenant les hommes d'armes comme prisonniers; ces hostilités, il les a continuées même après qu'il s'est croisé : aujourd'hui on peut donc légalement poursuivre les batailles contre lui.

» —Oh! oh! dit le légat, je ne me contente pas de ces raisons; » et il supplia Philippe d'empêcher son fils de poursuivre une telle entreprise.

Louis entendant de telles paroles se leva avec vivacité, et s'adressant à son père : « Seigneur, si je suis votre homme-lige pour les terres que vous m'avez données sur le Continent, vous n'avez aucun droit sur le royaume d'Angleterre qui m'est déféré; vous ne pouvez rien statuer. Je me soumets au jugement de mes pairs pour savoir si je dois suivre vos ordres en ce qui touche mes droits [1], et surtout pour des droits à raison desquels vous ne pouvez me faire rendre justice. Je vous prie de ne me point empêcher mes desseins, car je soutiens une juste cause : j'ai résolu de combattre jusqu'à la mort, si la nécessité m'y force, pour réclamer l'héritage de ma femme. » Louis quitta brusquement l'assemblée tout rouge de colère.

Le légat tremblant s'approcha du roi Philippe, et lui demanda un sauf-conduit jusqu'à la mer pour aller en Angleterre. Le roi répondit : « Sur mes terres cela ne fait point de difficulté : tu auras un sauf-conduit; mais si tu tombes dans les mains d'Eustache, ou de tout autre des hommes du roi Louis, qui gardent les côtes, ne m'impute rien de ce qui pourra t'arriver de malheureux [2]. »

---

[1] De regno angliæ ad vos non pertinet statuere quidquam, undè me subjicio judicio parium meorum, si debetis cogere me ne prosequar jus meum. *Ibid.*

[2] Sed, si fortè incideris in manus Eustachii monachi vel aliorum hominum Ludovici, qui custodiunt semitas maris, non mihi imputes si quid sinistri tibi contingat. *Ibid.*

Le légat irrité[1], mais plein de crainte, monta sur sa mule et s'éloigna.

On disait dans le camp, à l'occasion de cette conférence, que la colère de Louis et le calme de Philippe-Auguste étaient un jeu joués pour éluder les plaintes du seigneur légat, et que le père et le fils s'étaient entendus d'avance sur la couronne d'Angleterre : on a dû remarquer que, lorsqu'il s'était agi de la première invasion d'outre-mer, Philippe et Louis avaient réglé de bonne intelligence les services féodaux et la position respective des deux États, qui allaient se rapprocher d'assez près par la conquête : il était donc bien possible que cette objection tirée de l'absence de toute sujétion de Louis, envers son père, pour le royaume d'Angleterre, ne fût qu'un moyen de décharger de toute responsabilité religieuse Philippe et ses domaines.

Quoi qu'il en soit, les chroniques ne font nullement mention de cette combinaison d'une portée peut-être un peu trop moderne : elles disent au contraire que, le lendemain de saint Marc l'évangéliste, Louis vint trouver Philippe

---

[1] «Hoc audiens legatus iratus.» *Ibid.*

à Melun, et le supplia, les larmes aux yeux, de ne point mettre d'obstacle à son projet; il lui dit que tous les barons d'Angleterre s'entendaient avec lui, et qu'il avait leur serment et leur foi féodale. Le roi, voyant la ferme résolution de son fils, lui donna son consentement et sa bénédiction : mais il ne put dissimuler quelque terreur sur les périls de cette entreprise. En effet, Louis et les Français allaient se jeter dans une terre lointaine; et quels seraient les résultats de cette conquête? N'était-il pas à craindre quelque trahison? Jusqu'à quel point pouvait-on compter sur la fidélité incertaine des Anglais?

La permission paternelle une fois obtenue, Louis ne songea plus qu'aux préparatifs de son départ. Il somma tous les comtes, barons, chevaliers, qui avaient juré l'expédition, et le nombre en était grand! surtout en Normandie, de se hâter pour se mettre en mer, afin de prévenir l'arrivée du légat en Angleterre [1]. Ils se rendirent tous au port de Calais, où six cents navires et quatre-vingts barques bien équipées les attendaient. Louis avait

---

[1] « Festinavit ad mare ut legatum in Angliam præveniret. » *Ibid.*

choisi pour exécuter ses ordres, un pirate habile, nommé Eustache-le-Moine ; c'était un ancien clerc qui avait quitté le froc pour le bonnet de matelot, et qui, sur une barque, agile attendait les navires marchands pour les rançonner à leur passage. Eustache présida à tous les préparatifs de départ, et les chevaliers se mirent en mer par un vent favorable ; bientôt il devint un peu orageux, et les vaisseaux se dispersèrent dans le canal. Quelques-uns furent pris par les marins des cinq ports d'Angleterre, mais le plus grand nombre toucha à une petite île sur les côtes, afin de réparer les avaries et de choisir le lieu du débarquement[1].

Le roi Jean avait rassemblé une grande foison de chevaliers à Douvres, pour s'opposer aux Français, mais lorsqu'il vit se déployer les voiles nombreuses, et briller les armoiries et les gonfanons à mille couleurs, il prit la fuite[2], et laissa Louis tranquillement débarquer sur le rivage de Sandwich, le 30 mai à huit heures du matin. On disait cependant que Jean n'avait quitté Douvres que parce

[1] Math. Paris. *Ibid.*
[2] « Fugit ergo Rex à facie Ludovici. » *Ibid.*

qu'il craignait d'être abandonné par une partie des étrangers qui suivaient sa fortune.

Après avoir rassemblé, à Sandwich, ses hommes d'armes et les débris de sa flotte, Louis se dirigea vers Londres, où l'attendaient les barons d'Angleterre et les chevaliers français qui avaient précédé son débarquement. Le fils de Philippe, le nouveau sire des Anglais, fut reçu avec acclamation par les seigneurs et le peuple [1]. Les Saxons et les Normands croyaient trouver en lui le conservateur des priviléges de la race du sol. On le fêtait comme un prince national dont au moins on pouvait comprendre la langue, tandis que ces maudits provençaux parlaient un jargon si bizarre, qu'ils n'étaient entendus qu'à la cour des Plantagenets et dans quelques rares manoirs.

Tous les barons renouvelèrent leur hommage, et le suzerain se hâta d'écrire au roi d'Écosse et à tous les grands vassaux de la couronne d'Angleterre, qui lui devaient féauté, de venir en sa cour pour lui prêter leur foi. Tous s'empressèrent ; ceux qui étaient de-

[1] « Deindè Londonias veniens, cum ingenti omnium baronum lætitiâ susceptus est. » *Ibid.*

meurés fidèles jusqu'alors à Jean accoururent aussi auprès de lui; on remarqua surtout les comtes d'Arundel, de Sarisburi. De son coté, Louis, couronné roi, jura de maintenir, en leur entier, les priviléges des barons, de faire rendre à chacun ses terres, ainsi qu'il les possédait avant les dévastations commises par les étrangers[1]; et pour gage de sa conduite toute nationale, il choisit comme chancelier et son conseiller le plus intime, Simon de Langton, archevêque de Cantorbéry, qu'Innocent venait de frapper d'excommunication, et qui avait embrassé avec ardeur les principes de la cause féodale de l'Angleterre[2].

La plus vive opposition que Louis devait rencontrer était dans cette partie du clergé dévouée au pape, et par conséquent aux intérêts d'un roi vassal de la cour de Rome. Le légat Guala avait passé le canal sans opposition, et avait pu joindre le camp de Jean et de ses étrangers alors retirés dans un coin de l'Angleterre, et qui plaçaient toutes leurs espérances dans les

---

[1] « Ille verò juravit, quòd singulis eorum bonas leges redderet simul amissas hæreditates. » *Ibid.*

[2] « Constituit Simonem de Langton cancellarium suum. » *Ibid.*

forces spirituelles; en effet, Guala lança toutes les bulles papales. Il excommunia dans une lettre spéciale Louis de France, ses complices, et le chancelier Langton. Il ordonnait que cette excommunication serait publiée au son des cloches et à la lueur des cierges dans toutes les églises de l'Angleterre; mais Langton et le précepteur de Saint-Paul de Londres trouvèrent un biais pour s'en tirer; ils continuèrent les sacrifices et les mystères catholiques, appelant de la sentence du légat au pape, comme attentatoire aux statuts et aux édits du roi Louis. C'était un premier pas dans les voies de la résistance.

Le prince de France avait cependant senti toute l'importance de ne point avoir contre lui l'autorité de l'Église, et en même temps qu'il se préparait à passer en Angleterre, il envoyait deux clercs et deux chevaliers de son intimité pour faire connaître au pape les motifs de son invasion d'outre-mer, et les droits qu'il avait à faire valoir contre le roi Jean.

Ces délégués[1] arrivèrent à Rome. «Nous sommes venus auprès du pape, écrivirent-ils à

---

[1] Ils se nommaient le sire de Corbeil, et G. de Lemeth ou de Lameth.

leur seigneur, sains et saufs, et nous avons été introduits immédiatement; nous avons aperçu Innocent III; il était très-gai; mais dès qu'il nous a vus il a pris un visage triste. Nous l'avons salué de votre part; il nous a dit : « Votre maître n'est point digne de mon salut [1]. » Alors nous avons répondu sur-le-champ : « Père; nous croyons que tu comprendras les raisons et les excuses de notre sire, et que tu le trouveras digne de ton salut; car il est chrétien, catholique et dévoué à l'église romaine. » Nous n'ajoutâmes rien de plus ce jour-là, mais en nous quittant le pape nous répéta avec douceur qu'il nous entendrait quand et ainsi que nous le voudrions. Le lendemain, qui était un mardi, il envoya un de ses serviteurs afin de nous inviter à nous rendre auprès de lui; nous obéîmes, et à mesure que nous exposions notre cause et les raisons que vous nous aviez chargés d'exprimer, il les repoussait par des argumens, puis, se frappant la poitrine et poussant de profonds soupirs, il s'écriait : « Hélas ! quelle douleur pour moi, car dans cette affaire l'église de Dieu ne

---

[1] « Dominus vester non est dignus salutatione nostrâ. » *Ibid.*

peut éviter la confusion[1]! il s'agit d'un vassal que je dois défendre. Si le seigneur Louis triomphe (que Dieu nous en préserve), l'Église en éprouvera un préjudice; c'est elle qui sera vaincue. Il ajouta que d'un autre côté il aimerait mieux mourir plutôt qu'il ne vous arrivât quelque malheur à cause de cette triste affaire; nous l'avons ensuite laissé jusqu'à ce qu'il nous indiquât un jour pour prononcer sur nos réclamations, en présence des cardinaux. »

Durant la fête de l'Ascension, le Sacré-Collége se rassembla pour décider sur les droits respectifs de Louis de France et de Jean d'Angleterre. Voici ce qu'on y dit : « La première observation qui fut faite porta sur ce que Jean avait ensanglanté ses mains par la mort de son neveu Arthus, crime que les lois anglaises appelaient *meurtre*, et pour lequel il avait été condamné à perdre la vie par jugement de ses pairs.

Le pape répondit à cette objection : « Que les barons de France n'avaient pu le condamner

---

[1] « Heu! mihi quia in hoc facto Ecclesia Dei non potest evadere confusionem. » *Ibid.*

à mort, parce qu'il était roi couronné et par conséquent leur supérieur, et que les inférieurs ne pouvaient frapper de mort leurs supérieurs, car une dignité plus grande domine et absorbe une dignité au-dessous. Que d'ailleurs il était contraire aux canons de porter une sentence capitale contre un homme absent[1]. »

Alors les envoyés répondirent : « Il est d'usage en France que la cour du roi a toute juridiction sur les hommes-liges, et Jean d'Angleterre était homme-lige comme un comte ou un duc; peu importe qu'il soit d'autre part roi couronné, en tant que vassal il était dans la juridiction de son supérieur. Or, si un comte ou un duc commet un crime en France, il peut être condamné à mort par ses pairs[2]. Si le roi d'Angleterre, parce qu'il est roi couronné, ne pouvait être condamné à mort, il pourrait donc impunément entrer en France et tuer les barons comme il a assassiné son neveu Arthus!

---

[1] « In hominem absentem, non vocatum, non convictum, nec confessum mortis ferre sententiam. *Ibid.*

[2] Si comes et dux in regno francorum delinqueret, posset et debet judicari ad mortem per pares suos. *Ibid.*

» — Ne nous trompez pas par de vaines paroles, dit le pape, voici la vérité : le roi Jean n'a point été justement et légalement privé de la Normandie ; il ne l'a été que par la violence, car il avait envoyé auprès du roi deux hommes prudens, Eustache, évêque d'Ély, et Hubert du Bourg, pour signifier à Philippe qu'il viendrait volontiers à sa cour, mais avec un sauf-conduit; à quoi le roi de France avait répondu avec un visage ni calme ni loyal : Qu'il vienne librement et en paix, et l'évêque lui dit alors : « Seigneur, pourra-t-il retourner? — Si le jugement de ses pairs le permet. » Après d'autres menaçantes paroles, les évêques, s'apercevant bien que Jean n'aurait aucune sûreté en la cour de Philippe, s'en revinrent, et c'est pourquoi le roi anglais n'a pas voulu s'exposer au hasard d'un jugement rendu par les Francs qui ne l'aimaient point. Ceux-ci ont cependant fait un procès qu'ils ne pouvaient légalement commencer. On objecte la mort d'Arthus, mais, ajouta le pape, les annales rapportent qu'un grand nombre d'empereurs, de princes et même de rois de France, ont tué des innocens, et je ne sache pas qu'ils aient jamais été condamnés à mort[1]; Arthus a été pris près du château de Mirebel, non pas comme un innocent, mais comme un coupable et un traître à son maître et à son oncle, auquel il avait fait hommage, Jean a pu selon le droit le faire mourir d'une mort honteuse. »

Alors les députés firent une seconde objection. « Le roi anglais a été souvent cité et il n'a pas comparu; il n'a donc pas fait de réponse légale à la cour de France. »

A ce grief, le pape répondit : « Que si le roi d'Angleterre avait pu être considéré comme contumax, ce n'était pas une raison pour le condamner à mort, que ce qu'on pouvait faire de plus rigoureux était de le priver de ses fiefs ».

Les envoyés répliquèrent : « Il est de coutume dans le royaume de France que si quelqu'un est accusé devant ses juges naturels de l'espèce d'homicide qu'on appelle meurtre, et qu'il soit convaincu, il puisse être condamné à mort quoiqu'absent. »

Le pape dit : « Qu'il pouvait exister un pacte

---

[1] «Multi Imperatores et Principes et etiam francorum Reges multos in annalibus occidisse leguntur innocentes; nec tamen quemquam illorum legimus morte addictum. » *Ibid.*

entre le roi de France et le duc de Normandie, ou bien une antique coutume par laquelle ce dernier ne devait point répondre à la citation du roi; et que si en effet alors il n'était point venu, il ne pouvait être condamné; que d'ailleurs si une sentence avait été prononcée, elle était restée sans exécution, puisque le roi Jean vivait encore. Qu'après sa condamnation, il avait eu des enfans et que, ne s'agissant pas d'un crime de lèse-majesté ou d'hérésie, ceux-ci ne devaient point être exhérédés pour le délit de leur père? Il y a plus, quand même Jean n'aurait pas d'enfans ce n'était pas à Blanche, femme de Louis, que la succession d'Angleterre devait être déférée, mais à ses plus proches parens, savoir : les enfans de son frère duc de Bretagne, c'est-à-dire à la sœur d'Arthus, ou bien à Othon, issu du mariage d'Henri de Saxe et de Mathilde, fille de Henri II[1]. »

Les députés répondirent : « Les fils de frère ne doivent point succéder, et au moment où

---

[1] Cette pièce nous paraît curieuse, non-seulement en ce qui touche la conquête de l'Angleterre, mais parce qu'elle expose les principes de la jurisprudence criminelle et civile devant les cours féodales au moyen âge.

la sentence a été portée il n'existait pas de frère; et quant à la sœur d'Arthus, elle ne peut non plus hériter par la même raison que la représentation n'est point admise en ligne collatérale; la mère d'Othon ne vivait pas au moment de la sentence, mais la reine de Castille existait et elle a succédé. Depuis elle a transmis l'héritage à Louis.

« — Alors, dit le pape, le roi de Castille devait avoir la succession comme mâle et le premier en ligne. » Les députés répliquèrent : « Il est d'usage que lorsqu'il y a plusieurs héritiers appelés, si le premier en ordre ne réclame pas, le second peut se présenter et se faire investir de l'hérédité, sauf les droits d'autrui s'il les fait valoir; le roi Louis est entré en Angleterre comme dans une chose lui appartenant; que si un plus proche parent veut le revendiquer, Louis fera ce qu'il devra[1].

« — Mais, ajouta le pape, le royaume d'Angleterre est à moi à cause de l'hommage qu'on m'a fait et du cens qu'on me paye. Comme je n'ai rien fait à Louis, il serait injuste qu'il inquiétât

[1] « Et ideo dominus Ludovicus intrat regnum Angliæ ut suum; et si quis propinquior velit super hoc reclamare, dominus Ludovicus faciet inde quod debet. » *Ibid.*

ma propriété et qu'il s'en emparât. Que s'il a quelques injures à venger, Jean possède encore des terres en France, que Louis y porte donc les armes. »

Les députés dirent : « Une guerre juste a été commencée contre le roi anglais avant que l'hommage n'eût été fait à la cour de Rome. Guillaume-*Longue-Epée* et une grande foison de chevaliers anglais ont envahi les terres du seigneur Louis, au nom de Jean. Notre sire porte la guerre là où il croit convenable. »

Le pape se leva et dit encore : « Jean étant mon vassal, si Louis avait à se plaindre, c'était à moi qu'il devait s'adresser, comme à son supérieur.

» — La coutume est en France, lorsqu'un seigneur croit devoir se venger d'un baron et lui faire la guerre, qu'il puisse prendre cette résolution de sa propre autorité, sans s'adresser au supérieur dans l'ordre des fiefs, et que si, à cette occasion, le supérieur veut prendre fait et cause, il fait la guerre de son propre chef.

» Mais les conciles portent, dit le pape, que dans les discordes ambitieuses sur les intérêts temporels, les fiefs des pèlerins qui ont pris la croix pour la défense du saint tombeau doivent être à l'abri de toute invasion pendant quatre ans; or, Louis doit respecter la trève de Dieu.

»—Louis n'a pas été prévenu de cette trève, et, d'ailleurs, la malice du roi Jean était si connue qu'on n'y aurait ajouté aucune foi.

»—Jean est croisé, et par conséquent sous la protection des conciles et de l'église.

»—Mais avant qu'il ne se soit croisé, il avait envahi les terres du seigneur Louis et lui avait fait de grands dommages; il a saisi ses hommes d'armes et ses châteaux [1].

»— Les barons anglais ont été excommuniés ainsi que tous leurs fauteurs; le roi Louis encourt la même sentence.

»—Louis n'est point allé en Angleterre pour seconder les barons révoltés, il n'a fait le voyage que pour réclamer son dû. Le roi ne peut croire que, pour cet acte de justice, il puisse subir l'excommunication. Le pape n'a point ignoré, lorsqu'il l'a lancée, quels étaient les droits de Louis sur le royaume d'Angleterre; cette considération aurait dû l'arrêter.

[1] Mathieu Paris. *Ibid.*

» — Philippe et son fils Louis, après l'arrêt porté par les barons de France contre Jean d'Angleterre, et qu'ils invoquent, ne l'ont-ils pas néanmoins reconnu pour roi et traité en cette qualité?

» — Après la sentence des barons, jamais Jean n'a été salué comme roi, mais on l'a considéré comme un prince privé de sa couronne, ainsi que cela arrive pour les abbés déposés par les moines.

» — Eh bien! nous verrons tout cela, ajouta le pape en levant la séance, lorsque je recevrai les lettres de mon légat Guala [1]. »

Tandis que les envoyés de Louis justifiaient si faiblement les droits de leur sire auprès du pape, le jeune roi à la tête de ses Français et des barons de race normande soumettait diverses provinces de l'Angleterre. Une nombreuse chevalerie pillait les villes d'Essex, Suffolk, Norfolk, et s'emparait de Norwick. Tous les châteaux qui faisaient quelque résistance étaient rasés et les habitans traités en captifs; aussi les chevaliers revinrent-ils à Londres chargés

---

[1] Ce curieux document se trouve tout entier dans Mathieu Paris, p. 237, 240,

d'immenses dépouilles. Les Anglais s'empressaient de toutes parts à faire un prompt hommage au roi. Le comte de Lincoln renonça à son comté pour le recevoir ensuite en fief de son nouveau suzerain. Tout semblait seconder l'établissement des Français en Angleterre. Louis exigeait de tous une fidélité complète. Les clercs qui avaient refusé les prières ou les sacremens virent leurs fiefs confisqués, et on les distribua aux églises plus complaisantes, qui avaient chanté le *te deum* pour l'entrée des Français dans Londres.

Cependant les châteaux de Douvres et de Windsor n'étaient point encore au pouvoir des étrangers. Louis reçut de vifs reproches de son père, Philippe-Auguste, sur son ignorance des choses de la guerre, puisqu'il laissait ainsi dans la main des ennemis deux des points les mieux fortifiés au milieu d'une terre à peine domptée[1]; aussi, à la nativité de St. Jean-Baptiste, le roi se porta-t-il vers Douvres, suivi d'une nombreuse chevalerie; il avait envoyé

---

[1] « Ludovicus reprehensus a patre, tanquam nescius guerræ eo quòd relicto castro Dovere progrederetur, in fortitudine gravi militum et clientum. » *Ibid.*

quérir en France une forte machine qui lançait d'immenses pierres, afin d'en finir au plutôt. Le château était défendu par un vaillant homme du nom de Hubert Du Bourg, qui avait sous son gonfanon de châtellenie environ vingt chevaliers et un grand nombre de suivans d'armes. Les Français, avant l'arrivée de Louis au camp, s'étaient un peu retirés pour éviter une violente sortie, mais le prince jura sa foi qu'il ne quitterait pas le siège que Douvres ne fût pris. Afin d'en convaincre ses hommes d'armes, il fit construire à quelque distance du château de nombreuses baraques, des édifices, des murailles, de sorte qu'on aurait pris le camp des assiégeans pour une foire. C'est là qu'Alexandre, roi des Ecossais, vint faire hommage à Louis pour toutes les terres qu'il tenait des suzerains d'Angleterre. Quoiqu'une ancienne alliance unît déjà les Français aux Écossais, les chevaliers remarquèrent avec étonnement le pittoresque vêtement des barons qui accompagnaient leur roi Alexandre. Ils étaient en habits de deuil, car en passant devant le château d'un nommé Bernard, feudataire d'Hugues de Bailleul, un archer habile décocha une flèche à Eustache, époux de la sœur du roi; le dard l'atteignit entre les deux tempes, et le malheureux baron expira aussitôt [1].

Le siège de Douvres traînait en longueur, et le comte de Nevers n'était pas plus heureux devant Windsor; les machines de guerre faisaient peu de ravages sur les murailles, et les pierres n'atteignaient pas les hautes tours; en ce moment on apprit que le roi Jean rassemblait tout ce qu'il pouvait convoquer d'hommes d'armes et de chevalerie, et qu'il s'avançait à marche forcée pour délivrer les deux châteaux assiégés.

Ce malheureux prince s'était retiré dans le fond de ses terres et, appelant tous ses fidèles, il avait pu réunir quatre ou cinq mille lances, sans compter les Poitevins et les Gascons, seuls auxiliaires qui fussent demeurés auprès de lui [2], car les Flamands n'étant plus payés avaient quitté le pays; il n'était resté sous ses gonfanons que la race Provençale personnellement dévouée aux Plantagenets. Avec ces

---

[1] Mathieu Paris. *Ibid.*
[2] *Ibid.*

derniers débris de sa puissance, Jean parcourut les provinces de Norfolk et de Suffolk, et ravagea toutes les terres de ceux qui avaient pris le parti des Français. Il était suivi du légat du pape secondant par les foudres de l'excommunication la cause d'un roi vassal de la cour de Rome.

A l'approche des chevaliers de Jean, le comte de Nevers leva à la hâte le siège de Windsor. On disait, dans le camp, qu'il avait été gagné par les sterlings, car, si le roi était un maître en l'art de séduire, le comte de Nevers était de la race du traître Ganelon de Mayence[1], toujours prêt à abandonner les rois francs. Quoi qu'il en soit, le comte se retira devant l'armée de l'Anglais, pendant la nuit. Les chevaliers gascons et poitevins ne trouvèrent plus d'obstacles, et se répandirent dans les campagnes, tandis que les hommes d'armes du comte de Nevers pillaient les comtés de Cantbridge et Lincoln, se retirant en toute hâte dans Londres.

On voyait, sur presque tous les points de

---

[1] «Comes Niverniæ de Guanelonis genero proditoris.» Dans tous les romans de Charlemagne, le traître Ganelon de Mayence joue un très-grand rôle.

l'Angleterre, reparaître le gonfanon de Jean, et surtout, celui du terrible Savari de Mauleon, l'un des fidèles de race poitevine; ils remplissaient de terreur les châteaux, et dévastaient toutes les campagnes. Après avoir soumis les provinces de Suffolk et de Norfolk, Jean entra dans la ville de Lynn, où il fut accueilli par les habitans avec joie[1]; c'était une de ses cités fidèles. Le lendemain, il marcha sur Wisbeach, résolu de se rendre à Fossdike, en traversant le Wash de Cross-Keys; l'armée avait déjà passé la petite rivière, lorsque Jean remarqua qu'une partie de ses chars, de ses bêtes de somme avec son trésor et les précieux joyaux de sa couronne, dont il était infiniment avare, venaient d'être engloutis dans un gouffre formé par le flux de la marée, et du courant de la Weland[2]. Le roi en éprouva une profonde douleur; il partit néanmoins le même jour pour poursuivre ses guerres, mais

---

[1] Voyez d'ailleurs les grandes promesses de liberté, que faisait le roi Jean aux villes qui se soumettaient. Rimer, t. 1, p. 214.

[2] Il y a un peu de confusion dans l'itinéraire donné par Mathieu Paris. Il faut le rectifier, par le recueil de Bradi, t. 1, p. 515.

le chagrin que lui causait la perte qu'il venait d'éprouver, ne lui permit pas d'aller plus loin ; il s'arrêta dans le couvent des religieux de St. Benoît, fondé à Swineshade. Le soir, il se reput largement de pois nouveaux [1], se livra à quelques excès de femme et de vin, et le lendemain, la fièvre redoubla ; il voulut néanmoins se mettre en route. Mais, transporté sur une litière, on fut obligé de le déposer au château de Sleaford. Comme Jean sentit sa mort approcher, il se disposa à dicter ses dernières volontés. Il écrivit des chartes, revêtues de son scel, à tous les vicomtes et châtelains de son royaume, leur prescrivant des ordres particuliers sur sa succession déférée à l'aîné de ses fils, le jeune Henri. Alors, un religieux lui dit : « Si tu viens à mourir, quel lieu désignes-tu pour ta sépulture ? » Le roi répondit, d'une voix éteinte : « Je me recommande à Dieu et au corps de saint Wlstan. » Et il expira. Un abbé, fort savant dans l'art de la médecine, fit l'autopsie du cadavre, et les moines écrivirent des épitaphes pleines de violentes invectives ou de louanges, selon l'usage.

---

[1] « Novi ciceris potatione nimis repletus. » *Ibid.*

Dans l'une, on accusait Jean de tous les désordres : « l'Angleterre avait été infectée par les vices du roi ; il souillera l'enfer lui-même[1]. » Ce fut cependant moins le caractère de ce prince, que son imprudente conduite, qui précipita sa chute. Depuis l'avénement de Henri II, le premier des Plantagenets, aucun roi n'avait plus protégé les étrangers, les Poitevins, Angevins et Gascons, amis de sa famille. Richard avait quelque chose, dans ses manières belliqueuses, de la race normande ; et, hors ses affections poétiques pour les troubadours méridionaux, il s'était entouré des barons du sol. Presque tous les offices de son palais étaient occupés par eux ; et ses plus grands amis furent encore les Normands. Mais Jean ne l'imita point ; mou, et aimant le plaisir, comme les Provençaux, il les préférait à tous autres ; il les recevait à sa table, leur confiait les fiefs et les meilleures terres ; ce fut là une des causes principales de la haine qu'il inspirait aux grands vassaux. Ce n'est point que nous cherchions à justifier cet étrange carac-

---

[1] Anglia sicut adhùc sordet fætore Johanis,
Sordida fædatur fædante Johanne gehenna.

tère ; nous voulons seulement expliquer, par des causes générales, des événemens qui ne résultèrent pas de quelques faits privés, mais qui eurent un principe plus large. Jean avait toutes les violences du despotisme, mais c'était l'esprit de son siècle ! On raconte qu'ayant besoin d'argent, il manda un juif de Bristol, pour lui fournir comme rachat dix mille marcs. Le fils d'Israël ayant refusé, sous prétexte qu'il ne les avait pas, Jean dit à un de ses fidèles : « Arrachez une dent, chaque matin, à ce mécréant. » Le malheureux s'obstina ; on lui en arracha jusqu'à neuf. La douleur fut si vive, qu'enfin il sollicita un répit, et donna caution pour le paiement[1].

C'était surtout son ardent amour pour les femmes, qui signalait son origine méridionale. On ne pouvait compter le nombre de ses concubines ; pas un château qui ne connût ses adultères, et, en mourant, il laissa dix enfans naturels. Isabelle, sa femme, imitait son exemple, et le roi fit pendre ses amans aux colonnes de son lit, selon sa vengeance habituelle.

[1] Math. Paris, p. 192.

CHAPITRE XXXI.

Situation des Français en Angleterre. — Mort d'Innocent III. — Fautes du roi Louis. — Bruits qui courent sur ses desseins. — Le jeune Henri III. — Son couronnement. — Libertés anglaises. — Les barons prennent la cause de Henri. — Levée du siège de Douvres. — Bataille de Lincoln. — Retraite de Louis dans Londres. — Il sollicite le secours des Français. — Une flotte part de Calais, et est dispersée. — Capitulation de Louis ; conventions arrêtées.

1216—1217.

La mort de Jean semblait disperser la ligue formée sous ce prince contre les Français possesseurs du sol de l'Angleterre, et composée presque entièrement de Poitevins et de Gascons, dévoués personnellement au roi défunt; chacun reprenait le serment qui le liait au suzerain. Sous ce rapport, cet événement était très-avantageux aux Français, qui se trouvaient dans une position déjà critique, refoulés, pour ainsi dire, jusques sur les bords de la mer par la marche inopinée du roi Jean.

Le pape Innocent III mourut aussi à cette époque[1]; et ce zélé protecteur de la cause royale en Angleterre ne pouvait plus remuer, par ses excommunications, les barons du sol et le clergé. Innocent était un puissant génie, et Honoré qui lui succédait, quoique profondément dévoué aux intérêts de son église, n'avait ni cette force de volonté, ni ce caractère persévérant qui gouverna et troubla le monde pendant un demi-siècle. Ainsi la colonie des Français en Angleterre semblait devoir s'établir et se fortifier par ces deux morts presque contemporaines.

Mais des causes diverses amenèrent promptement la décadence de la royauté étrangère. Nous avons déjà dit que ce qui avait soulevé les pays contre les Plantagenets, c'était l'affection qu'ils avaient toujours montrée pour les hommes de leur race, les Poitevins et les Provençaux, à l'exclusion des barons du sol anglais. Pour réussir dans sa

[1] En 1216.

nouvelle domination, Louis devait tenir une conduite opposée, c'est-à-dire préférer les races Normande et Saxonne à ses propres hommes, en un mot se faire prince national; il faut le dire, c'est ce qui est le plus difficile dans les conquêtes ou dans les restaurations; les princes ont toujours un entourage qu'il faut satisfaire, des affections qu'ils veulent servir, et ils le font souvent aux dépens de leur propre intérêt, qui est toujours de se confondre avec l'esprit du peuple. Louis avait cependant heureusement commencé en choisissant l'archevêque de Cantorbéry, Langton, clerc d'Angleterre, un des plus constans défenseurs des libertés du pays; mais ce premier acte fut presque le seul qu'il sut empreindre de ce caractère de prévoyance et de nationalité. Le nouveau roi donna au sire de Nevers le comté de Winchester, et à Gilbert de Gand celui de Lincoln, le tout au préjudice des propriétaires du sol [1]; cette grande faute souleva bien des méfiances. On rapportait

[1] Voici ce que dit Mathieu Paris : « Ludovicus enim terras eorum et castella quæ jam in locis diversis subjugaverat, illis murmurantibus, Francigenis dedit. » Ibid.

une multitude de propos sur les desseins ultérieurs de Louis et des Français. Quelques-uns disaient, et c'était, rapportait-on, des témoins oculaires, que le comte de Melun, étant au lit de la mort dans Londres, avait fait appeler un grand nombre de barons anglais qui étaient restés pour la garde de la ville, et leur avait ainsi parlé :

« Je vous plains d'ignorer la désolation vous menace. Le roi Louis et seize barons principaux de son armée ont juré que s'il leur arrivait de subjuguer l'Angleterre, ils frapperaient de l'exil tous les vassaux qui ont trahi le roi Jean, et les priveraient de leurs terres[1]; afin qu'il vous soit impossible de douter de ce que je vous dis, moi qui suis ici sur mon lit de mort, j'ai été un des barons qui ont prêté le serment; faites profit de mon avis, mais ne trahissez pas le secret que je vous confie. »

Cette confession, vraie ou fausse, faisait un grand bruit parmi les barons de race normande,

---

[1] « Quod si contigerit eum Angliam subjugare et in rege coronari, ipse omnes illos qui nunc cum ipso militant et regem Johannem persequuntur, ut proditores domini sui, perpetuo damnavit exilio et omne genus deleret de terrâ. » *Ibid.*

elle semblait se confirmer chaque jour, car les meilleures terres, le sol le plus gras et le mieux cultivé, étaient confiés à des Français au préjudice des barons du territoire; ceux-ci se disaient entre eux : « A quoi bon nous exposer à l'excommunication pour voir des étrangers profiter de nos biens? » quelques-uns s'étaient déjà réunis au roi Jean en son vivant; d'autres n'étaient retenus que par la crainte du châtiment qu'il pouvait réserver à leur désobéissance [1].

Henri, héritier du trône d'Angleterre, était encore enfant et ne pouvait inspirer la même terreur. On n'avait aucun grief à lui opposer. Son père en mourant l'avait confié au souverain pontife Honoré, et celui-ci le prenant sous sa protection pastorale déclarait dans une bulle que l'excommunication serait levée pour tous les vassaux qui viendraient lui faire hommage. Rien ne plaisait plus à la noblesse féodale que l'enfance et ces longues minorités des princes, qui les laissaient maîtres du gouvernement de l'état et

[1] « Sed timuerunt valdè, ne ille quem tot talibusque conviciis in odium sui provocaverunt vellet eos admittere penitentes. » *Ibid.*

de leurs fiefs; les mécontentemens qu'excitait Louis avec ses Français réveillèrent donc une sorte de zèle pour la légitimité des Plantagenets. On songea à couronner le jeune fils de Jean sous le nom de Henri III.

Le vingt-huitième jour d'octobre 1216, dix jours après la mort du roi, les barons restés fidèles, ceux qui étaient revenus à la cause des Plantagenets, conduisirent Henri, alors âgé de dix ans, dans la cathédrale de Glocester; là, en présence du légat du Saint-Siège, des évêques de Winchester, de Bath et d'Exester[1], il reçut un cercle d'or que les évêques posèrent sur sa tête, car la couronne avait été perdue avec le trésor du roi. Puis le nouveau monarque, les mains nues sur l'Évangile, jura qu'il rendrait bonne justice au peuple qui lui était confié[2]. Il fit ensuite hommage à l'église de Rome, comme ses prédécesseurs, et s'obligea à payer la redevance accoutumée, ou le denier de Saint-Pierre. Il se rendit au festin, où tout le monde mangea et but avec grande joie. Le lendemain,

[1] Rimer, t. 1, p. 215. Math. Paris, p. 243.
[2] « Quod in populo sibi commisso rectam justiciam tenebit. » *Ibid*

les seigneurs féodaux firent leur hommage pour les terres qu'ils possédaient.¹ En même temps, des chartes furent adressées à tous les magistrats des comtés : le jeune roi, ou le comte de Pembroke, grand-maréchal, son tuteur, gémissait sur les dissentions qui avaient agité l'Angleterre ; il promettait amnistie générale pour le passé, et les libertés légales pour l'avenir. Il requérait enfin les tenanciers de la couronne de venir prêter immédiatement serment à Henri, leur suzerain légitime, et comme il fallait donner un signe distinctif aux partisans du roi mineur, on défendit à tous les sujets anglais de paraître en public, sans avoir ceint leur tête d'un petit bandeau blanc, pour rappeler la fidélité qu'on devait au nouveau prince.

Tous les barons présens, sur la convocation royale, tinrent un conseil suprême pour régler les droits du roi, les prétentions des vassaux et les usages ; il fut, en conséquence, procédé à la révision de quelques articles de la grande charte imposée au roi Jean,

---

¹ Rex cepit homagium et fidelitates ab omnibus episcopis, comitibus et aliis omnibus qui aderant. *Ibid.*

et cause première de la révolte. Les barons fidèles fortifièrent ensuite leurs tours et leurs châteaux, afin de résister aux Français.

L'armée de Louis était toujours devant Douvres, dont elle pressait le siège. Ce castel était un point essentiel pour assurer la domination nouvelle; car, il protégeait les communications avec la France et la sûreté de Londres. Après la mort de Jean d'Angleterre, Louis envoya auprès d'Hubert du Bourg, auquel la garde en était confiée, le comte de Sarisburi, Guillaume-Longue-Épée, et, par précaution, Thomas du Bourg, frère d'Hubert, tous Anglais. Lorsqu'ils arrivèrent aux portes, et que les sentinelles eurent sonné du cor, le châtelain vint au-devant d'eux avec cinq arbalétriers, l'arc tendu comme s'il s'agissait de recevoir des ennemis : le comte Guillaume prit la parole et dit à Hubert : « Je pense que tu n'ignores pas la mort de Jean, notre ancien seigneur, et le serment qu'a fait Louis de faire pendre tous ceux qui s'opposeraient à ses desseins; consulte tes intérêts et ton honneur; tu ne peux plus long-temps conserver Douvres, car les forces de Louis s'accroissent à tout moment. Il n'y a pas trahison en celui qui se rend lorsqu'il n'a plus moyen de se défendre. » Thomas, frère d'Hubert, lui dit à son tour : « Mon frère, tu te perds toi et les tiens, en refusant une chose que tout le monde a acceptée ; » le comte Guillaume ajouta : « Acquiesce à nos offres ; on te donnera, à titre héréditaire, Norfolk et Sufolk. » Hubert répondit d'une voix colère : « Traîtres que vous êtes, si le roi Jean est mort, il laisse des enfans ; » et jetant sur eux tous un furieux regard il s'écria : « N'ajoutez plus rien, car si vous ouvrez encore la bouche, je vous ferai percer de mille flèches ; je n'épargnerai même pas mon frère [1]. »

Les Français n'ayant aucun espoir de s'emparer de Douvres, rentrèrent dans Londres ; Hubert du Bourg et ses chevaliers se répandirent alors dans la campagne, livrant aux flammes tous ces riches manoirs qui entouraient la métropole. C'est ainsi que les Anglais se mu-

---

[1] Chroniq. Mss. de Guill. Watz dans la bibloth. Cottoniene, et imprimée dans Dm. Brial, collection des Hist. de France, t. XVII, p. 731 aux notes.

nirent de tout ce qui pouvait leur être nécessaire, et conservèrent Douvres à Henri III.

Louis s'était porté vers Hertfort, pour occuper sa bouillante chevalerie. Après un long siège, le château se rendit : il s'agissait d'en confier la garde à un brave et loyal chevalier. Robert, fils de Gauthier, de race anglaise, le réclama, comme un droit de sa famille qui l'avait toujours possédé. Louis consulta ses barons qui répondirent, « que les Anglais, qui avaient trahi leur roi, n'étaient pas dignes d'une telle confiance. » Le prince français se contenta d'exhorter Robert à la patience [1]; il lui dit qu'une fois que le royaume serait soumis à sa domination, il rendrait à chacun ses droits anciens. Mais ce n'était là que des promesses, et les faits aliénaient de plus en plus la race normande! Les barons soumirent ensuite Berkhamstead; de là, ils se répandirent dans la campagne, levant des contributions, incendiant les manoirs et les riches mo-

---

[1] « Quod Angli non erant digni tales habere custodias, qui proprii domini proditores fuerunt. Tunc Ludovicus dicto Roberto respondit, ut patienter sustineret, donec regno subjugato, singulis reddens jura sua. » *Ibid.*

nastères. Les Français s'étaient rendus à Saint-Alban, abbaye toute saxonne et la plus nationale, celle où la conquête des Normands n'avait pas même encore été pardonnée. Le roi exigea foi et hommage de la part des bons moines qui maudissaient toutes ces nouveautés. L'abbé lui répondit : « Je ne ferai point de serment aux envahisseurs, tant qu'on ne m'aura pas délié de celui que j'ai prêté à Henri III. » Louis, très-irrité de cette réponse, s'écria : « Je jure, foi de chevalier, que je réduirai en cendres l'abbaye et ses domaines, si tu ne fais sur-le-champ ce que j'exige [1]. » L'abbé, terrifié, dut à l'intervention des barons d'en être quitte pour un rachat de quatre-vingts marcs d'argent, et il obtint une trêve jusqu'à la Purification prochaine. Mais les pauvres moines ne furent point encore hors des mains de ces maudits hommes d'armes ! Les désordres de la guerre civile favorisaient le pillage. A peine les Français s'étaient-ils éloignés du monastère, que les hardis routiers se précipitent dans les cellules, enlèvent

---

[1] « Ludovicus, vehementer indignatus, juravit se igne ipsam abbatiam cum villâ totâ crematurum, nisi faceret quòd petebat. *Ibid.*

tous les meubles, les bons sterlings des religieux, et déclarent à l'abbé que, s'il ne leur donne pas cent livres d'argent dans la forêt prochaine, ils mettront encore le feu à l'église, au réfectoire et aux manoirs de l'abbaye. Il fallut obéir! En se retirant, les routiers rencontrèrent grand nombre de moines qui s'étaient réfugiés au fond des bois; nos ribauds s'en emparent pour leur faire payer rançon; mais le chef de la bande, Falcasius, s'étant endormi, rêva qu'un rocher immense se détachait de la tour de Saint-Alban, et, le frappant comme la foudre, le réduisait en poussière; il raconta cette vision à sa femme, qui lui dit : « Tu vois bien que tu as offensé saint Alban [1]. » Terrifié par ces paroles, notre routier vint dans le chapitre, tout nu, des verges à la main, et sollicita son pardon. Il embrassa tous les moines un à un [2], mais il ne rendit rien de ce qu'il avait enlevé. C'était trop bon à garder; aussi l'absolution fut difficile.

Les possesseurs de terres étaient dans une

---

[1] Ce qui fait dire à Mathieu Paris : « Salvabitur vir infidelis per mulierem fidelem. » *Ibid.*

[2] Osculans singulos monachos, quasi sic omnes placasset. *Ibid.*

grande perplexité sur la conduite qu'ils avaient à tenir. Lequel devaient-ils préférer pour l'hommage, ou le jeune roi Henri, ou Louis de France? Ils recevaient tant d'humiliations de la race française, qu'il n'y avait que peu d'espoir de ce côté. Malgré ses promesses, Louis continuait à inféoder, au profit des barons qui l'avaient suivi dans sa conquête, les fiefs, les forêts, les châteaux dont il s'emparait, au préjudice des anciens possesseurs légitimes. Voilà ce qui détachait les tenanciers nationaux de ses intérêts : de l'autre côté, si ceux-ci revenaient à la cause de Henri, « ne ressemblaient-ils pas à des chiens, vomissans? [1] » Ils n'osaient donc se déterminer. Cependant vinrent se réunir au roi légitime, les comtes de Sarisburi, d'Arundel, de Warvick et beaucoup d'autres nobles hommes. Ainsi, le parti des étrangers s'affaiblissait de jour en jour.

Louis était alors en France, par suite d'une trêve conclue avec le jeune roi anglais [2]. Il allait solliciter les secours de son père pour la cause française, presque isolée en Angleterre.

---

[1] Mat. Paris, p. 245.

[2] Transfretavit igitur Ludovicus tempore quadragesimali ; eo

Quelques hommes du Continent consentirent à le suivre, mais il n'obtint pas les appuis qu'il espérait. A son retour, il trouva presque tous les barons anglais revenus à l'hommage de Henri III. Sur la convocation de Guillaume, le maréchal, tuteur du jeune roi, ils s'étaient réunis pour aller assiéger le château de Montsorel, défendu par dix chevaliers de race franque avec leurs suivans d'armes. Ceux-ci firent prévenir Louis, qui venait d'arriver à Londres, et demandèrent aide. Quelques jour après, les barons s'assemblèrent en effet, et une résolution fut prise de délivrer les chevaliers de Montsorel.

Les Français sortirent de Londres, au nombre de six cents chevaliers et vingt mille servans d'armes; ils avaient pour chef le comte du Perche : quelques barons anglais suivaient son gonfanon; mais le plus grand nombre servait la cause nationale. Les Français se dirigèrent du côté de Saint-Alban. Les moines font un triste récit de leur marche ; ils n'épar-

---

pacto, quòd numquam deinceps gratiam baronum angliæ habuit sicut priùs. » *Ibid.*

gnaient rien, ni les églises, ni les cimetières[1]. Comme l'abbé de Saint-Alban avait fait un dernier traité de rançon, les Français se contentèrent de bien se repaître et se nourrir dans les cellules du monastère[2]. Ils mangèrent toutes les provisions que les bons pères avaient réservées depuis longues années.

Le comte du Perche et Louis s'avancèrent ensuite sur la petite ville de Dunestaple. L'église fut complètement dévastée, et les moines dépouillés jusques à leur chemise. Les gens de France dérobèrent même une croix d'argent[3], où était une relique vénérée, (un morceau de la vraie croix;) plus tard les chroniqueurs racontèrent que le chevalier pillard qui avait porté la main sur ce signe révéré fut saisi par le démon, et qu'il eut force grincemens de dents; mais, ce qu'il y a de positif, c'est que le mécréant vendit la croix à des juifs, qui la convertirent en bonne monnaie.

---

[1] « Ruptuarii verò et prædones nequissimi de regno Francorum villas in gyrum perlustrantes ecclesiis et cimeteriis non parcebant. » *Ibid.*

[2] « Omni genere cibariorum at poculorum, » etc. *Ibid.*

[3] « Crucem quamdam argenteam et deauratam, in quâ portio quædam dominicæ crucis continebatur, tulens. » *Ibid.*

Lorsque les barons anglais, qui pressaient Montsorel, apprirent que les Français s'approchaient de leur tente, ils résolurent de lever le siège, et de marcher sur Lincoln, pour y attendre la bataille. Guillaume, le maréchal, fit convoquer les châtelains et les chevaliers possédant fiefs; il les invita à venir combattre les étrangers dans une action décisive; qu'il y allait tout à la fois de l'église et de leurs terres. Car, il s'agissait d'expulser des usurpateurs et des excommuniés. On se réunit; et lors de leur *monstre* ou revue, on compta dans l'armée cinq cents chevaliers, et environ deux cents balistaires, (hommes armés de balistes.) Le nombre des écuyers, servans d'armes, était tellement considérable, qu'il eût été difficile de l'indiquer. Toute cette noble troupe de chevalerie reçut le corps et le sang du Seigneur, dans le sacrement de l'Eucharistie, et se prépara à la bataille. Le légat leur fit un long sermon, dans lequel il montra, combien l'invasion de Louis et des Français était injuste. Puis, se revêtant de l'aube et des vêtemens sacrés des clercs, il excommunia nominativement le prince Louis et ses complices qui combattaient contre le roi légitime d'Angleterre[1]. Il promit à tous les barons fidèles à la cause nationale l'absolution de leurs péchés. Ainsi, animés d'une ardeur nouvelle, les chevaliers de Henri se mirent en marche.

Les Français méprisaient tellement la race anglaise qu'ils se moquèrent de cette tentative du baronnage d'outre-mer[2]. Ils envoyèrent néanmoins deux Normands, hommes de confiance, pour connaître quelles étaient les forces de l'armée nationale ; ceux-ci revinrent, et dirent : « Les Anglais s'avancent en bon ordre, mais nous sommes plus nombreux qu'eux ; notre avis serait donc d'aller à leur rencontre jusqu'au penchant de la colline, car nous pourrons les prendre comme des moutons. » Le maréchal de l'armée de France répondit : « Vous jugez peut-être d'après vos habitudes, nous allons voir pour apprécier ce nombre d'après les coutumes françaises. » En effet, le maréchal et Guillaume, comte du Perche, s'approchèrent. mais ils se trompèrent dans leurs calculs ; ils

---

[1] Mathieu Paris. *Ibid.*

[2] Ut referentibus sibi nunciis de adventu adversariorum sannas redderent et cachinnos. *Ibid.*

crurent que l'armée des Anglais était formidable, et voici quelle fut la cause de l'erreur. Comme les bagages faisaient corps avec la chevalerie, ils s'imaginèrent que toute cette masse était formée de combattans. Chaque baron portait deux gonfanons; l'un précédait ses hommes, l'autre désignait ses voitures. Effrayés par cet immense carré de lances, le comte du Perche et le maréchal jugèrent qu'il était prudent de se retirer derrière la ville de Lincoln alors en leur possession, et de mettre cet obstacle entre eux et les Anglais. Mais le château qui dominait Lincoln n'avait pas encore subi le joug des Français. Une garnison dévouée à la cause de Henri, sous la conduite d'une jeune héroïne, Nicolette de Camville, put se mettre en communication avec l'armée des confédérés qui lui envoya ses balistaires, que guidait le routier Falcasius [1]. Tandis que les Français traversaient la ville, ces balistaires ne cessaient de tirer du haut des tours, de sorte que les rangs des chevaliers s'éclaircissaient à tous instans. Lors-

---

[1] Mathieu Paris, p. 248. Dunstaples, 78 — 79 Rimer, t. 1, p. 216.

que Falcasius vit ce désordre, il se précipita sur eux et bientôt l'étonnant courage des routiers compléta la défaite. Le comte du Perche fut tué l'un des premiers[1], et une grande partie des chevaliers qui suivaient ses bannières se rendit volontairement; l'autre fit péniblement sa retraite sur Londres. Le petit nombre d'Anglais qui avaient pris parti pour Louis l'abandonna. La plupart de ses archers qui se dirigeaient vers la capitale furent tués et assaillis dans la campagne par les paysans. Ainsi la haine nationale contre les étrangers se manifestait d'une éclatante manière; à ce sentiment se joignait alors le mépris, car les chevaliers de France ne s'étaient point comportés avec courage à Lincoln. Ce grand combat pouvait devenir une nouvelle victoire de Hasting et assurer la domination de Louis sur l'Angleterre, comme la bataille de Guillaume-le-Conquérant avait accompli celle des Normands; mais les Français montrèrent de

---

[1] Comme il était excommunié, Mathieu Paris dit de lui : Et corruens in terram, nec Deum invocavit, nec verbum unum edidit; sed in summo rancore et superbia ad inferos peregrinavit. *Id.*

l'inexpérience et de la couardise. Ils se renfermèrent dans Londres [1].

Louis était plein de douleur et de soucis. Au milieu d'une grande cité qui ne l'aimait pas, il ne pouvait compter que sur la chevalerie qui l'entourait et sur les secours qu'il espérait de la France. Il se hâta d'écrire à son père et à Blanche, sa femme, pour leur exposer le désastre de Lincoln. Il annonçait que Henri s'était rendu maître de presque tout le sol de l'Angleterre, qu'il parcourait déjà les campagnes des environs de Londres; il finissait en déclarant qu'il n'avait aucun moyen de résister, pas même de se sauver si l'on ne se pressait de lui envoyer une vaillante chevalerie.

Lorsque Philippe reçut ce message, il en fut vivement affecté ainsi que la princesse Blanche. « Guillaume, le maréchal d'Angleterre, vit-il encore, demanda le suzerain? — Oui, Sire Roi. — Alors je ne crains rien pour mon fils [2]. » Ce qui fit soupçonner Guillaume, le

---

[1] Mathieu Paris dit des chevaliers de France : « Fracta eorum superbia. » *Ibid.*

[2] « Rex autem Franciæ cùm hæc audisset ait : Nonne adhuc

tuteur de Henri, d'être d'intelligence avec Louis et les Français. Toutefois, le roi fit disposer des secours. Trois cents chevaliers furent destinés à passer outre-mer. Ces préparatifs n'étaient pas tellement secrets que les Anglais n'en pussent être instruits. Les barons fidèles à la cause nationale se pressèrent d'assiéger Londres; quelques autres reçurent mission de se rendre sur tous les points de la côte pour s'opposer au débarquement. Des ordres furent aussi donnés aux marins des cinq ports de suivre la flotte française, et de la couler bas si on pouvait l'atteindre.

Cette flotte, en effet, partit de Calais sous la garde du pirate Eustache-le-Moine. Il s'était engagé à conduire les chevaliers sains et saufs à Londres. Elle se composait de quatre-vingts gros navires et d'une multitude de petites embarcations escortées par des galères. Le vent favorable les poussait à pleines voiles sur le rivage de l'Angleterre, mais les

---

vivit Willelmus, marescallus ? et dictum est : Ita ; et rex : Non ergo timeo de filio meo. Unde Willelmus, marescallus, semper notatus fuit de proditione. » *Ibid.*

marins des cinq ports étaient sortis avec une quarantaine de navires de toutes grandeurs pour joindre les Français; ils les aperçurent voguant en pleine mer; le nombre des vaisseaux les étonna d'abord; puis se rappelant la victoire de Lincoln, l'ignorance complète des hommes du Continent pour les combats sur l'eau, ils se précipitèrent en travers de la flotte; la bataille s'engagea par les balistaires, dont l'arme meurtrière, mieux connue des Anglais, porta la mort dans les rangs des chevaliers de France. Se plaçant sous le vent, les habiles marins jetèrent dans les yeux de leurs adversaires de la chaux vive réduite en poussière[1]; ils abordaient avec agilité, se sauvaient avec adresse par les écoutilles pour couper les câbles, serraient, corps-à-corps, les chevaliers inexpérimentés et les poussaient dans les flots. Enfin, en quelques heures, tous ceux qui ne périrent pas se rendirent à discrétion aux braves matelots qui les conduisirent à Douvres attachés par des cordes. Ainsi toute espérance de secours était

---

[1] Calcem quoque vivam, et in pulverem subtilem redactam, in altum projicientes, vento illam ferente, Francorum oculos excæcaverunt. *Ibid.*

perdue, et le prince Louis n'avait plus d'autre espoir que de se soutenir dans Londres (chose qui paraissait impossible, puisque la ville était assiégée par terre et par eau), ou de traiter avec Henri et l'armée qui défendait sa cause. Le fils de Philippe se détermina pour ce dernier parti; il envoya un de ses fidèles auprès du légat et de Guillaume, le maréchal, offrant de quitter l'Angleterre à des conditions qui ne fussent point indignes de sa haute naissance. Les barons anglais et particulièrement Guillaume, le maréchal, consentirent à une entrevue.

Le jeune roi Henri donna des saufs-conduits à quatre barons français pour venir conférer sur la trêve à conclure [1]. Le seul frère Isembert, chapelain de Louis, se rendit au camp du comte de Pembrock, où il fut noblement accueilli et festoyé. Dans une charte adressée à Enguerrand de Coucy et au comte de Nevers, le maréchal de l'armée anglaise dit : « Nous vous signifions que nous avons accepté la trêve, et nos hommes ont juré, sur leur foi, qu'ils la tiendront fidèlement. »

[1] Rimer, Fœdera, t. 1, p. 73.

A la suite de cette trêve, le traité suivant fut arrêté.

« Qu'il soit connu de tous que voici la forme de paix qui a été conclue entre le seigneur roi d'Angleterre et le seigneur Louis. Premièrement, que tous les hommes qui se sont donnés à Louis, et qui possédaient des terres au commencement de cette guerre, puissent les tenir de la même manière, avec tous les privilèges, immunités, portés par la constitution anglaise. Il en sera de même de ceux qui se sont attachés à la cause de Henri : que la cité de Londres, les citoyens, les bourgeois jouissent de leurs libertés particulières. Tous les prisonniers faits, de part et d'autre, depuis l'invasion française, seront rendus ; ceux des barons captifs, qui ont combattu le roi Jean, prêteront l'hommage à Henri, selon les coutumes d'Angleterre. Le seigneur Louis rendra tous les otages qui lui ont été donnés pour promesse d'argent.

» On restituera au roi d'Angleterre les villes, bourgs, châteaux et terres occupés pendant cette guerre. Quant aux îles, le seigneur Louis s'engage à envoyer des lettres aux pirates d'Eustache-le-Moine, afin qu'ils aient à les évacuer. Louis et Henri écriront au roi d'Écosse que s'il veut participer à cette paix, il ait à remettre toutes les terres et châteaux dont il s'est emparé.

» Le seigneur Louis tient quittes les barons d'Angleterre du serment et de l'hommage qu'ils lui ont prêtés; dans l'avenir, ils ne pourront faire alliance ou fédération au préjudice du légitime suzerain; ils s'engagent à ne prêter désormais fidélité ni au prince Louis, ni à qui ce puisse être.

» Quant aux dettes, voici ce qui est réglé : Tout ce qui est dû au prince Louis sera payé dans les termes convenus; les présentes conventions demeurent arrêtées pour établir une paix solide. Donné à Lameth, l'an du Seigneur 1217, le 11 septembre[1]. »

A la suite de cette charte de paix, le roi Henri donna des saufs-conduits à Louis; ils étaient adressés aux maires et barons de Londres, aux magistrats de Norfolk, Essex, Sussex et Hertfort; il y était dit : « Défendez,

[1] Rimer, t. 1, p. 74.

comme notre propre corps, Louis de France et ses hommes qui s'éloignent d'Angleterre. »

Louis arriva dans sa noble cour de Paris; il fut reçu avec bonté par son père, qui lui adressa quelques reproches sur la manière inhabile avec laquelle il avait conduit ses affaires d'outre-mer; et, en effet, il n'avait montré ni persévérance, ni capacité. Quant au jeune roi, Henri III, il demeura sous la tutelle du maréchal Guillaume, et après avoir dompté les derniers barons infidèles à sa cause, il régna paisiblement.

Ainsi s'accomplit cette aventureuse expédition qui rendit quelque temps les Français maîtres de l'Angleterre; elle n'est qu'un épisode dans le vaste cadre des événemens du XIIIe siècle; sa durée fut trop passagère pour laisser des traces et des résultats.

CHAPITRE XXXII.

État de la Langue-doc après le départ de Louis de France. — Esprit des populations. — Réveil de l'hérésie. — Arrivée du comte Raymond et de son fils. — Enthousiasme pour leur cause. — Prise de Beaucaire. — Soulèvement de Toulouse. — Raymond reçu dans sa capitale. — Alliance des Aragonais. — Montfort veut résister à ce mouvement. — Ses batailles. — Le clergé dévoué à la cause anti-nationale. — Mort de Simon de Montfort. — Triste situation des Français. — Nîmes, le Rouergue, et le Quercy, viennent à la domination de Raymond. — Arrivée de Louis de France. — Faible succès de cette nouvelle croisade. — Retour des cités aux lois provençales. — Mort de Raymond. — Son fils lui succède. — Dernière lutte. — Institutions cléricales pour soutenir la domination franque et le catholicisme.

1216 — 1222.

Au départ du prince Louis de France, et après le concile de Latran, la domination du comte de Montfort sur la Langue-doc semblait être assurée; toutes les grandes cités reconnaissaient son gonfanon; les castels fortifiés obéissaient à ses hommes d'armes; une inféodation nouvelle rattachait à son autorité plus de cent cinquante chevaliers tenant fief et portant penonceaux et bannières. Le comte Raymond et son fils avaient quitté leur patrimoine et s'étaient réfugiés à Gênes; tout le clergé favorisait les efforts des nouveaux possesseurs; on prêchait l'obéissance aux Francs comme un dogme, et la haine aux comtes exilés comme un article de foi religieuse.

Contre tant de causes qui favorisaient les envahisseurs du sol, croissait et se fortifiait, cependant, cette puissance à laquelle rien ne résiste, l'opinion publique. Les Français maîtres par les armes n'en étaient pas moins considérés comme les oppresseurs du pays, comme d'injustes conquérans qui avaient expulsé la famille nationale des comtes de Toulouse; les antipathies de race se manifestaient dans toute leur force; le Provençal n'obéissait qu'avec contrainte à son supérieur d'origine franque, et il n'aspirait qu'après le jour de l'indépendance. Les capitouls, jurats, magistrats municipaux, les châtelains qui avaient conservé leurs domaines, toute la population, en un mot, ne reconnaissait que par la violence cette autorité nouvelle opposée à ses mœurs et à ses habitudes.

D'un autre côté, l'hérésie un moment effrayée par la terrible persécution des croisades françaises, s'était partout réveillée plus forte et plus fervente; après le concile de Latran, cette grande invasion d'hommes qui venait du nord avait cessé quelque temps, et alors les opinions livrées à leur propre puissance s'étaient librement manifestées. Au clergé insolent et anti-national dévoué à la cour de Rome, l'hérésie avait opposé une hiérarchie de prêtres simples, qui n'avaient pour richesses qu'un humble vêtement, et pour caractère religieux que l'imposition des mains. A cette époque les albigeois eurent des pasteurs supérieurs, ayant chacun une circonscription épiscopale, non point fixe et invariablement déterminée comme dans la discipline catholique, mais simplement désignée comme la limite de leurs devoirs de surveillance. Tandis que les prédications furieuses de l'évêque Folquet étaient sans auditeurs à Toulouse, la population accourait en foule pour écouter la parole de Guillebert de Castres et de Benoît de

Termes; l'un présidait à la province du Toulousain, l'autre au diocèse de Carcassonne; on parlait même d'un pontife suprême de l'hérésie avec lequel les pasteurs entretenaient une correspondance suivie et dont ils recevaient les ordres. Il prenait le titre de serviteur de la Sainte-Foi, et résidait dans la Bulgarie; Barthélemi de Carcassonne, l'un des *parfaits*, était son plus intime confident; il avait conféré le gouvernement spirituel de la province d'Agen à Vigoureux de Bathone[1].

Ce fut dans ces circonstances, dans la ferveur de ces souvenirs et de ces opinions, que le comte Raymond et son fils partirent de Gênes et vinrent débarquer à Marseille; on se rappelle que le concile de Latran, en dépouillant le comte, avait concédé à son jeune fils la Provence, proprement dite, les terres qui s'étendaient depuis le Rhône jusqu'au Var, en partant d'Avignon; le retour des vieux seigneurs de la Langue-doc

---

[1] J'ai puisé tous ces détails dans le registre de l'inquisition de Toulouse. Il y est fait mention de Guillebert de Castres, évêque du Toulousain; Benoît de Termes est ordonné évêque de Carcassonne; il y eut une sorte d'assemblée ou de concile d'hérétiques, à Picussan, dans le Rasez, en 1222. Dm. Vaissète en parle, t. 3, p. 319. Voyez aussi Concil. t. x, p. 288 et seq. Martène, anecdot. t. 1, p. 900.

n'avait donc rien que de conforme aux dispositions du concile ; mais bientôt l'effervescence publique, l'enthousiasme des populations, les engagèrent à jouer un rôle plus noble, et à reconquérir l'héritage dont ils avaient été injustement dépouillés.

Marseille formait alors une véritable république sous ses vicomtes ; sa population était de race provençale, et sauf les étrangers qui étaient venus s'établir dans cette commerçante cité, et quelques familles, vieux débris de la colonie de Phocée, tous ses habitans avaient une commune origine ; des rapports intimes unissaient les magistrats et le peuple avec les capitouls et les jurats de Montpellier, Toulouse et Carcassonne ; les vicomtes de Marseille et les comtes de la Langue-doc s'étaient rapprochés par des alliances de famille ; et comme si tous les motifs d'union devaient se retrouver dans ces hommes sortis d'une même race, l'hérésie avait fait d'immenses progrès à Marseille comme dans le reste de la Langue-doc [1].

Aussi, lors du débarquement dans cette cité

[1] L'Histoire de Provence, par Papon, est la source la plus exacte où l'on doit puiser pour l'origine de cette cité.

du comte Raymond et de son fils, l'enthousiasme fut à son comble. Les magistrats et les populations tout entières se donnèrent à eux, et promirent de soutenir leur cause[1]. Les Avignonais, depuis long-temps fédérés avec les Marseillais, envoyèrent également une députation pour offrir leurs services, et lorsque les descendans de l'ancienne race des seigneurs de la Langue-doc entrèrent dans le comté venaissin, on entendit de toutes parts ces cris de joie, ces nobles exclamations : *Vive Toulouse ; vive Avignon et Provence*[2]. Dès ce moment, des intelligences s'établirent entre les magistrats des cités de la Langue-doc et leurs vieux seigneurs; Raimbaud de Calm, Raymond Pelet, Lambert de Monteil, Bertrand Pourcelet, Raymond de Montauban, Pons de Montdragon, vinrent joindre leurs gonfanons à ceux des communes d'Orange, de Marseille et d'Avignon[3], qui s'étaient publiquement déclarées

---

[1] « Son partite del dit Gena et drech à Marseilla son vengut an grand honor et joya, dit conte Ramon se son donats et las claus de la villa l'y an presentadas.»—Chroniq. Provenç., col. 65.

[2] «Viva Toloza, Avinhon et Provenza, » col. 64.

[3] Pierre de Vaulx-Cernay, c. 83. Guillaume de Puy-Laurens, c. 27 et suiv.

pour Raymond et la cause provençale. On résolut de dénoncer la guerre au comte de Montfort. La prise de possession de Beaucaire ¹ fut le premier manifeste de ce soulèvement; les hommes d'armes et les communes entrèrent dans cette cité qui secoua le joug des étrangers.

Le comte Simon, alors encore paisible possesseur du plus riche et du plus vaste fief de la couronne, songeait à l'agrandir et à le transmettre à sa famille, car toutes les conditions extérieures d'ordre et de tranquillité se montraient au moins à la surface; l'hommage, comme on l'a dit, avait été reçu par le suzerain; un grand nombre de terres était inféodé à des hommes de la race de France; les capitouls et magistrats obéissaient; l'Église allait plus loin encore que la servilité; le comte, toujours en avant, domptait ses voisins, et soumettait leurs domaines; on voyait même un changement s'opérer dans sa politique religieuse. Montfort, ce grand exterminateur des hérétiques, lors de la con-

---

¹ La ville de Beaucaire avait offert d'avance de se livrer à lui.
« La villa de Belcaire era deliberada de se donar à el. » *Ibid.*

quête, ne les poursuivait plus avec le même acharnement, une fois possesseur du sol, et maître des cités. Il sentait qu'il avait assez à faire pour établir sa domination politique, sans heurter encore des opinions religieuses; aussi les zélés catholiques commençaient à le trouver timide pour la cause de Dieu, et ils attribuaient à ce refroidissement de zèle, les malheurs qui menacèrent à cette époque les Francs dans la Langue-doc [1].

Le jeune Raymond, renfermé dans Beaucaire, eut bientôt à soutenir le siège des hommes réunis sous le gonfanon de Montfort. Il n'avait pu encore s'emparer du château gardé par douze chevaliers valeureux, lorsque Simon parut devant les murailles. Après une courageuse bataille où le succès fut incertain, celui-ci céda Beaucaire au comte Raymond; mais cette concession ne termina rien [2].

Toulouse avait à peine appris l'arrivée du fils de son ancien seigneur, que déjà une sourde conjuration se tramait parmi les habitans con-

---

[1] Guill. de Puy-Laurens, c. 27.
[2] Le siège de Beaucaire tient une très-grande place dans la Chronique Provençale déjà citée.

tre Montfort; on n'osait point encore arborer les couleurs nationales, mais des symptômes d'effervescence se faisaient remarquer. Simon résolut de marcher contre la cité rebelle; il s'avançait avec ses cavaliers bardés de fer, tandis que les bourgeois prenaient les armes pour résister, lorsque, par les inspirations d'une sage politique, le comte franc se décida à pardonner, moyennant une soumission absolue. Il était dans ces dispositions d'esprit, lorsque le turbulent évêque Folquet vint le trouver dans son camp, revêtu de ses habits pontificaux, et lui dit : « Tirez vengeance de ces maudits bourgeois; vous n'en viendrez jamais à bout avec la clémence[1]. » Ce conseil plut très-fort aux Français, car l'évêque leur promettait le pillage des maisons et du fonds commun confié à la garde des capitouls; puis notre prélat traître et vindicatif vint trouver les bourgeois et leur dit : « Allez au-devant du comte; il arrive avec ses vaillans

---

[1] L'évêque disait au comte : « Que non l'amavan sinon per forsa et que no l'y laisse res si un corps es dedius la villa; mais que lo prengua et bens et gens, car saches, senhor, que si vos non fassiez ainsi que tart serez al repentir. » Col. 78.

hommes; il faut le calmer ou tout sera perdu. »
Les bourgeois crurent leur perfide évêque[1];
mais à mesure qu'ils sortaient de la ville
en habits de fête, les archers de Montfort
les saisissaient violemment et les attachaient
à de longues cordes. Lorsque les citoyens
virent quel était le sort qu'on leur réservait,
ils prirent les armes. On voyait ces bons bourgeois s'attrouper dans les rues, mettre des
chaînes et des barricades. Mais voici venir le
comte et l'évêque Folquet : « Brûlez, brûlez
les maisons de ces maudits serfs, » s'écriait
le prélat. Tandis que les varlets agitaient
des torches pour exécuter le barbare conseil de l'évêque, les citoyens de Toulouse rassemblés sur la place se précipitaient contre
les chevaliers armés et les mettaient en
fuite[2]. Voilà donc une première victoire des
bourgeois sur les hommes de race franque;
elle fit réfléchir Montfort et l'évêque; ils consentirent à voir les capitouls pour traiter

---

[1] La chronique dit de l'évêque : « La qualla causa et persuasion fasia los dit évesque per granda trahison. » *Ibid.*

[2] « Et talamen an frappa sur lors ennemis que tua et blessa les an faict recular. » *Ibid.*

de la paix entre le seigneur et les citoyens. Le parlement se tint à l'hôtel-de-ville, selon le privilége de la commune. L'abbé de Saint-Sevrin porta la parole : « Messers, dit-il, le sire comte qui est ici présent vous fait assembler pour conclure la paix avec vous et vivre en parfaite union. » Le peuple répondit qu'il la désirait aussi; elle fut donc conclue et scellée. Mais à peine les bourgeois avaient-ils quitté l'hôtel-de-ville que les Français arrêtèrent encore les principaux d'entre eux. Le comte ne les mit en liberté que pour trente mille marcs d'argent, ce qui greva beaucoup les pauvres citoyens [1]. Montfort avait été forcé de quitter la ville pour porter ses armes du côté du Valentinois; les Toulousains profitèrent de son absence, et envoyèrent des missives secrètes à Raymond, qui levait alors, au profit de sa cause, des corps d'Aragonais et de Catalans, au-delà des Pyrénées. Le sire provençal traverse au pas de course les montagnes, joint sur sa route les comtes de Cominges et de Foix, nobles

---

[1] « Gran pieta, dit le chroniqueur, era se veser lo mal que adonc fasian las gens del dit conte de Montfort. » *Ibid.*

soutiens de la cause nationale, et, à la tête de plus de mille lances, passe la Garonne et pénètre pendant la nuit dans les murs de Toulouse. Le lendemain, au bruit de cornets et trompettes, le vieux gonfanon est arboré sur les remparts, à demi-détruits, et sur les tourelles des principaux bourgeois [1].

Lorsque les Provençaux eurent appris que le comte Raymond était en possession de sa capitale, tous vinrent à l'envi lui faire hommage. On vit bientôt arriver les possédant fiefs de la Gascogne, du Quercy et de l'Albigeois; tels étaient, Gaspard de la Barthe, Bertrand Jourdain de Lille, le sire de Caraman, Bertrand de Montaigu, Guitard de Marmande, Étienne de la Valette, Gérard de la Mothe, Bertrand de Pestillac; tous chevaliers de noble race : ils entrèrent dans Toulouse enseignes déployées.

Le comte de Montfort et ses Français, au contraire, éprouvèrent de l'étonnement et de la

[1] Le Chroniqueur provençal, dans son enthousiasme pour la vieille cause de son pays, s'écrie : « Et quand lo dit conte Ramon estat repaira dins lo dit Tolosa adonc visias chacun dels habitans tant grands que petits, chacun armar et prendre les uns guisarma, l'autre une lansa, ho basto, ho fiissena, que jamais tel bruit no foust vist n'y ausit entant pau d'hora. *Ibid.*, p. 86.

frayeur. Simon avait cherché à lever quelques Provençaux dans ses nouveaux domaines, ils se débandèrent et vinrent grossir la troupe de leur droit seigneur, le comte Raymond. L'évêque d'Auch, qui amenait un renfort, se vit aussi abandonné, tant la cause nationale se réveillait avec énergie! Montfort se présenta avec ses propres servans devant Toulouse, mais les vigoureux chevaliers de Cominges et de Foix le forcèrent de prendre garde à lui et de convertir ses fougues militaires en un siège régulier.

En même temps que Toulouse se proclamait indépendante, Montauban faisait une semblable tentative, mais moins heureuse; Montfort avait demandé des otages aux bourgeois comme gage de leur foi. Il avait même désigné le sénéchal d'Agenois pour surveiller leurs démarches et les maintenir dans l'obéissance. Un corps de chevaliers français tenait le château de la ville: que firent les habitans? Ils députèrent, secrètement, auprès de Raymond, pour qu'il leur envoyât cinq cents hommes d'armes; mais les Français prévenus à temps fermèrent les portes et punirent les citoyens en mettant le feu aux principales maisons[1].

Avec ce mouvement énergique qui se manifestait sur tous les points de la Langue-doc, la situation des Français devenait très-difficile; il ne restait à Simon que deux moyens de se procurer des auxiliaires : appeler des secours de la France; puis intéresser le pape au succès de sa nouvelle domination, et par conséquent à maintenir son ouvrage. Le clergé de la Langue-doc était tout entier pour Montfort; l'ordre des prédicateurs, fondé par Dominique, prêchait, mais en vain, au milieu de cette population moqueuse. L'intervention du pontife romain et la publication d'une nouvelle croisade paraissaient impérieusement commandées par la situation difficile où se trouvaient les envahisseurs.

Les exhortations de Rome ne se firent point attendre. Honorius III tenait la chaire de Pierre, et cet esprit ardent se prononça avec vivacité pour cette nouvelle famille, que son prédécesseur avait établie dans la Langue-doc, et qui tenait son pouvoir du Saint-Siège. Il

---

[1] Chronique provençale, p. 369.

écrivit aux habitans et consuls de Toulouse, d'Avignon, de Marseille, de Tarascon, de Beaucaire et de Saint-Gilles, qui avaient fait une ligue contre le comte de Montfort, de la rompre immédiatement s'ils ne voulaient subir une sentence d'excommunication, et voir leurs biens donnés au premier occupant [1]. Ce qu'avaient aussi le plus à craindre les Français, c'était l'intervention du roi d'Aragon, et de ces belliqueuses bandes catalanes et aragonaises, si renommées dans le moyen âge. Honorius s'adressa au jeune roi Jacques, pour le détourner de son alliance avec le comte Raymond [2]; c'était demander l'impossible. Toutes ces populations avaient de communes idées, des opinions semblables; Jacques ou Jacmes entrait avec ses Aragonais dans Montpellier, et s'en faisait proclamer le vrai sire, comme cela existait avant la domination des Français [3].

Montfort s'adressait mieux en appelant le secours des lances de France. Là il était bien

---

[1] Raynaldi, Annal., ad ann. 1217, n° 58.
[2] Raynaldi, Annal., ad ann. 1217, § 55 et Sequ.
[3] Chroniq. o comment. del Rey en Jacme. Col. 12.

compris, et les promesses de riches cités, de terres abondantes, alléchaient plus d'un cadet de race pauvre, possesseur d'un cheval de bataille. Une grande foison d'hommes d'armes vinrent joindre Montfort devant Toulouse, dont il poursuivait péniblement le siège depuis neuf mois. Les assauts devenaient chaque jour plus meurtriers. Le lendemain de la Saint-Jean de 1218, le comte Simon apprit que les Toulousains avaient fait une violente sortie afin de détruire les machines de guerre construites pour ce siège. Il court s'y opposer. Tandis qu'il lutte avec effort contre les bourgeois et les Aragonais, il est frappé à la tête d'une pierre lancée par un tout petit nain, les autres disent par une femme qui s'était placée sur les remparts pour défendre sa cité et l'hérésie. Montfort fut renversé raide mort[1]. Ainsi tomba celui que les chroniques contemporaines comparent à Judas Machabée, et qui avait soumis au joug des

---

[1] Ici l'intéressante chronique provençale des comtes de Toulouse offre une lacune de 48 pages dans le Mss. du roi, depuis le fol. 378 jusqu'à 429. On trouve la même lacune dans le Mss. Peyresque ; voici les seules phrases relatives à la mort du comte de Montfort qui sont conservées : « To incontinent son dit fraire

Français les populations libres de la Languedoc; on le couvrit de son manteau, et il fut transporté sous la tente du légat. Puis Amaury, son fils, fut militairement reconnu comme légitime et droit successeur dans toutes ses seigneuries. Mais cette mort jeta la consternation dans le camp. Les chevaliers levèrent le siège en toute hâte, et Toulouse put demeurer en paix, sous la domination des seigneurs du sol, auxquels les bourgeois avaient juré complète soumission pour leurs personnes et leurs terres.

Le jeune Amaury de Montfort suivit les lugubres funérailles de son père, jusque sur les terres de France, car Simon avait légué son corps à un monastère de l'ordre de Fontevrault, à une lieue de Montfort-l'Amaury, comme s'il avait deviné que la terre de la Langue-doc ne serait point hospitalière à sa race! Puis son jeune héritier parcourut toutes les villes de ses domaines afin d'inspirer du zèle pour sa cause. Le clergé réchauffa, autant qu'il le put, le dé-

---

fes prendre lo dit corps et portat devers lo cardinal et l'évesque de Tolosa losqu'als foguen fort marrits et dolens quand veguen lo dit corps et an grands pleurs et lagremas l'an ressaubat. » *Ibid.*

vouement des Provençaux; mais pas un bras ne se leva pour le comte franc; il eut beau concéder domaines, priviléges de communes, fondations de monastères; un mois ne s'était pas écoulé depuis son avénement, que Nîmes, le Rouergue et le Quercy arboraient les couleurs de leur comte national, et secouaient la domination étrangère. A Avignon, le comte de Baux, prince d'Orange, fut mis en pièces par les citoyens pour s'être opposé à ce mouvement général qui éclatait dans la Langue-doc[1].

La seigneurie d'Amaury était donc menacée, et l'influence des Français diminuait sensiblement; ce fut alors qu'intervint encore une fois le souverain pontife, pour maintenir son ouvrage. Il ordonna, dans une bulle, à tous les fidèles, de courir sur les Toulousains et les Avignonais, sur Raymond, comte de Toulouse, son fils, les comtes de Foix et de Cominges et sur leurs enfans, pour avoir tué et mis en pièces Guillaume de Baux[2]. Une

---

[1] Nicolas de Braya. Gest. de Louis VIII. Duchesne, t. v, p. 317.
[2] Trésor des chartes, bulle contre les hérétiques, n. 15.

lettre spéciale fut adressée au roi Philippe-Auguste; il invita ce prince à venir, lui et son fils, à la tête d'une puissante armée, pour défendre le jeune comte Amaury, alors son homme-lige, puisque Montfort avait été reçu à l'hommage[1].

Le roi n'avait pas attendu l'exhortation du pape, et des hommes d'armes étaient déjà prêts pour soutenir les Français dans la Languedoc; Honorius l'autorisa, pour seconder ses bonnes intentions, à prendre la moitié du vingtième qui avait été imposé sur les biens du clergé, et destiné à une expédition en Palestine. Ce vingtième, tout entier, dans les diocèses d'Arles, Vienne, Narbonne, Embrun et Aix, fut même exclusivement appliqué à cette expédition contre les Toulousains et les loyaux bourgeois de la Langue-doc[2].

En attendant ces secours puissans, Amaury cherchait à ranimer le petit nombre de chevaliers qu'il avait conservés à son service; il y avait alors bien des faibles, et l'on n'était plus retenu que par la possession de la

[1] Duchesne, t. v, p. 851.
[2] Duchesne, t. v, p. 858.

terre! Aussi Amaury témoigna-t-il une vive joie lorsqu'il apprit qu'au commencement du printemps 1219, Louis, fils de Philippe-Auguste, de retour d'Angleterre, était parti de sa cour de Paris, se dirigeant vers la province d'Aquitaine, à la tête d'une nombreuse chevalerie. On sent bien que le comte Raymond et son fils, les princes de la race du sol, firent tous leurs efforts pour conjurer l'orage, mais l'impérieux pontife, Honorius III, s'empressa de détourner le roi de France de toute concession, « parce que ce serait aller contre l'honneur et les statuts que l'église a dressés, que d'enlever au fils de Simon de Montfort ce qui a été légitimement donné à son père; le but des Toulousains et de leurs complices, disait le pape au roi, est de rendre inutiles les préparatifs que vous avez faits[1]. »

Philippe-Auguste n'était que trop disposé à suivre ces conseils du pontife; il refusa d'entendre les remontrances des deux Raymonds. Louis pénétra dans l'Aquitaine, en même

[1] Duchesne, t. v, 851 et suiv.

temps que le jeune Amaury marchait sur l'Agenois pour reconquérir ce pays, qui avait secoué la domination de son père. La première opération des Français fut le siège de la Rochelle. Il paraît que leur expédition n'avait pas seulement pour objet de secourir le comte de Montfort, car le meilleur parti eût été de marcher immédiatement sur Toulouse; Louis voulait aussi affaiblir la domination anglaise dans les provinces méridionales, et se venger de l'échec qu'il venait d'éprouver à Londres.

Le fils du comte Raymond s'avançait pour secourir Marmande, assiégée par Amaury, lorsque, sur l'avis qu'un corps de Français menaçait le comte de Foix, le jeune sire y accourt « comme un lion rugissant [1], » et là s'engagea une de ces batailles chevaleresques où le courage personnel brillait de tout son éclat. « Francs cavaliers, disait l'un, voilà un rude colps en l'honneur de ma dame. Par Saint-Jean, disait l'autre, vous allez avoir affaire à de terribles jouteurs. » L'avantage resta aux Provençaux.

[1] Rien ne ressemble aux plus poétiques chants de l'Arioste

Après avoir pris la Rochelle, Louis se dirigea vers Marmande. Son armée était nombreuse ; on y comptait trente-huit comtes, parmi lesquels, le plus illustre était Pierre Mauclerc, duc de Bretagne, et le sire de Saint-Pol, une multitude de châtelains portant bannières, plus de six cents chevaliers et dix mille archers. Il y avait aussi dans le camp du roi bien des évêques, ceux de Noyon, de Senlis et de Tournon. Les pauvres Provençaux, assiégés dans Marmande, demandèrent à capituler ; ils furent obligés de se rendre à discrétion. Alors, l'évêque de Saintes se levant sur ses pieds, dit : « Cette garnison est hérétique et rebelle ; il faut livrer ces hommes à la mort [1]. — Évêque, dit le comte de Saint-Pol, les chevaliers ne peuvent se couvrir d'une telle honte ; crai-

comme le récit que fait le chroniqueur provençal sur cet engagement entre les Français et ses compatriotes. Col. 97-98.

[1] « Senhor io so d'avis que tot incontinent vos fassas moris et brûlar tot aquestas gens comme heretges et fe mentits. » On voit que, dans le cours de cette guerre, comme dans bien d'autres circonstances, les évêques n'étaient pas pour les partis modérés. Col. 99.

gnons d'ailleurs les représailles[1]. Raymond n'a-t-il pas dans ses mains un bon nombre de chevaliers de France, sur lesquels il pourra se venger. » Louis comprit ces raisons et se borna à mettre en sûreté la garnison de Marmande ; mais, sur le conseil des évêques, la ville fut livrée au pillage. Cinq mille personnes périrent dans ce massacre.

Enfin, Louis vint devant Toulouse. Le jeune Raymond s'y était renfermé avec son père. Il avait eu le temps d'élever ses murailles et de fortifier ses tours. Mille chevaliers étaient accourus de tous les points de la Provence, et plus de cinq mille archers, sans compter le secours des bourgeois aguerris durant ces dissentions civiles. Lorsque les Français arrivèrent, le 16 juin 1219, toutes les mesures étaient prises pour soutenir un long siège. Les capitouls et magistrats avaient réuni des vivres, employé tous les bras valides à la défense commune ; aussi, dans le premier assaut, les Français trouvèrent une forte résistance sur

---

[1] « Le conte de Saint-Pol l'y a respondut : « Senhor évesque vos parlats mal à propos, car si mon senhor lo filhe del rey fassia ainsi que vol disia a nos terres, à jamais ne seria Fancia reprochada. » Col. 99.

tous les points. Le mauvais succès de cette tentative dégoûta Louis, fort inconstant et presque aussitôt découragé qu'enthousiaste. On disait que plusieurs chevaliers de France protégeaient les albigeois; et que cette circonstance l'avait déterminé à lever le siège. Ce qu'il y a de certain, c'est que le 1ᵉʳ août, il s'enfuit de devant Toulouse, abandonnant toutes ses machines de guerre, après avoir tenu la ville assiégée, sans succès, pendant quarante-cinq jours. Cette belle défense fit le plus grand honneur aux bourgeois[1]; aussi, leur comte s'empressa-t-il de les en récompenser, car il les exempta de toutes redevances et impôts, si ce n'est des droits accoutumés sur le sel, le pain et le vin[2].

Les chances devenaient chaque jour plus favorables pour la cause de la Provence; Lavaur, Puylaurens, Castelnaudary, Montauban, arboraient les vieilles couleurs de leur droit sire. Raymond inféoda ces cités au vicomte de Béziers, le plus sincère défenseur de l'hérésie et

[1] Pour les détails de ce siège et les services rendus par chaque bourgeois, il faut consulter la chronique provençale, f. 101. Cet intéressant document finit à cette époque.

[2] Regist. 163 du trésor des chartes du Roi, art. 423.

de la Langue-doc. Vainement le pape écrivit-il au jeune comte Raymond que sa conduite pourrait attirer contre lui les foudres ecclésiastiques, que le prochain concile le priverait des terres au-delà du Rhône, comme celui de Latran [1] avait dépouillé son père des fiefs de la Languedoc. Le *jeune homme* [2], c'est ainsi que l'appelaient les clercs, continua ses conquêtes, et les peuples coururent au-devant de lui.

Jamais mouvement national ne s'était opéré plus unanimement. Avec le gonfanon des comtes du sol, reparut encore l'hérésie. En 1222, une assemblée générale des albigeois se tint encore à Pieussan dans le Rasez : plus de cent des principaux prédicans se réunirent pour discuter et examiner l'état de leur église. Tout s'y passa paisiblement, sans qu'aucun comte du pays tentât de les troubler. Deux nouveaux adeptes furent admis par l'imposition des mains. Raymond-Agulerius reçut le titre de fils majeur, et Pierre Bernardi celui de fils mineur [3]. Ce fut aussi dans cette

---

[1] Raynal, Ann. 1221, n. 42.
[2] La chronique provençale le nomme *lo conte Jovo*.
[3] Registre de l'inquisition de Toulouse, t. 1, Mss. bibliothèque du roi.

assemblée, que la dame du château de la Penne, en Albigeois, se fit recevoir dans la secte des hérétiques ; elle était la noble mie de Raymond, vicomte de Saint-Antonin, en Rouergue, gentil troubadour et brave chevalier. La dame de la Penne le croyait mort, et c'est ce qui la décida à quitter la pompe et la gaîté des castels, pour se soumettre aux austérités de la vie du désert [1].

Le parti catholique et de la race française était donc perdu dans la Langue-doc. Les clercs se voyaient menacés dans leur riche existence ; le pape dans son autorité. Il fallait au moins organiser une résistance religieuse contre cet énergique amour de la patrie, qui animait les braves Provençaux. Ce fut là l'origine de l'ordre de la milice du Christ. Le but de cette congrégation était l'extirpation de l'hérésie et le maintien de la domination des comtes de Montfort. Un Franc, nommé Pierre Savari, en fut le promoteur et l'instituteur ; chaque associé pro-

---

[1] Nostradamus : poëtes provençaux, p. 90, Dm. Vaissète. t. III, p. 327.

mettait aide et secours à Amaury et à ses héritiers, pour la défense de sa personne et de ses possessions féodales; tous s'engageaient à rechercher et détruire les hérétiques, les rebelles à l'Église, et tous les autres qui faisaient la guerre au comte franc[1]. A côté de cette institution, s'en établit une seconde plus formidable, et dont les annales offrent tant de pages sanglantes! Je veux parler de l'inquisition. Ce tribunal, tout ecclésiastique, fut chargé de poursuivre et de punir, en-dehors même de la puissance publique et territoriale, et malgré elle, les hérétiques et ennemis de l'Église. Composée de clercs, d'évêques ou de moines, l'inquisition s'occupait d'exterminer au profit de la cour de Rome tous les rebelles à la roi catholique. Les registres de ce formidable tribunal, établi à Toulouse, subsistent encore. On y voit des enquêtes par témoins, de minutieuses recherches par le moyen des proches, des amis, des parens, sur les hérétiques traduits devant les inquisiteurs[2].

[1] Heliot, Hist. des ordres religieux, t. VIII, p. 286 et suiv.
[2] La bibliothèque du roi possède ce curieux monument dans les Mss. Colbert.

Les uns déclarent où se sont tenues les assemblées, les cérémonies qui ont accompagné l'imposition des mains *aux parfaits* ou *aux fils majeurs*; quelles sont les doctrines prêchées dans ces assemblées au désert. On y remarque une perfection de formes, une subtilité de moyens, que l'Église opposait alors à la franchise des batailles, caractère essentiel du moyen âge.

Les braves et loyaux bourgeois n'en continuaient pas moins leur ligue nationale. L'Église s'organisait par corporation armée du double glaive de la puissance civile et cléricale; les habitans des villes resserrèrent les liens de leur confédération municipale; ils obtenaient de leurs comtes des priviléges, des droits absolus d'élection et de justice. Ainsi régularisée, chaque cité s'unissait ensuite avec d'autres cités, Toulouse avec Marseille, Avignon avec Béziers, et toutes se juraient de maintenir l'intégralité de leurs domaines et la jouissance de leurs libertés[1].

---

[1] C'est, en effet, un des caractères des XIIe et XIIIe siècles que cet esprit d'association, comme nous aurons plus tard l'occasion de le montrer.

Que pouvaient faire les clercs et les comtes francs dans cette situation? Il n'y avait plus d'espoir de consolider la domination étrangère dans la Langue-doc. L'esprit des croisades s'était singulièrement attiédi : comment réveiller l'intérêt pour cette cause, si ardemment embrassée il y avait quelques années? Amaury s'empressa, par l'organe du pape Honorius [1], d'offrir encore toutes ses conquêtes à Philippe-Auguste, et déclara ne plus les tenir que comme fief immédiat de la couronne, avec toutes les obligations des hommes-liges. Le roi ne fit aucune réponse directe; mais le comte de Champagne l'ayant consulté pour savoir s'il devait prendre part à la guerre des albigeois, pour laquelle il était sollicité, Philippe, en l'y autorisant, répondit : « Nous ne voulons point nous engager dans cette affaire par aucune obligation. Nous allons bientôt avoir la guerre avec le roi des Anglais, car la trève que nous avons conclue expire aux fêtes de Pâques; il ne nous convient pas de nous livrer à d'autres entreprises; nous devons laisser toutes celles qui nous détourneraient de notre défense personnelle et de la

[1] Raynaldi, Ann. ecclesiast. ad ann. 1222, n. 44.

protection due à notre royaume ,. » Philippe venait de recevoir les instantes supplications du jeune Raymond, orphelin depuis quelques jours; le vieux comte, son père, était mort en impénitence finale dans les mains des hérétiques et des templiers; son corps n'avait point reçu la sépulture, et il était resté exposé dans la maison du Temple. Raymond s'adressait au suzerain, en ces termes : « A son très-sérénissime seigneur, Philippe, roi des Français, salut : J'ai recours à vous comme à mon unique refuge, à mon maître et à mon proche parent; ayez pitié de moi; obtenez que l'on me décharge de l'opprobre d'une honteuse exhérédation[2]. Seigneur, j'invoque Dieu à témoin que je ferai votre volonté. Je serais allé volontiers au-devant de vous, mais je ne le puis, attendu mes grandes et pressantes affaires. Je vous prie d'ajouter foi à ce que vous dira de ma part Gui de Cavaillon, porteur des présentes.

» Donné à Montpellier, le 16 juin, l'an 1222. »

[1] Sciatis quod de nullâ promissione volumus in hoc *affario* (affaire) nos ligari, quia guerra nostra quæ in promptu est, vel treuga non duret inter nos et regem Angliæ, nisi ab instanti paschâ in unum annum. Mss. Colbert, n. 2269.

[2] Exhæredationis opprobrio sublato per vos, meam recipiam hæreditatem. Trésor des chartes de Toulouse, sac. 3, n. 54.

La résolution de Philippe-Auguste de ne prendre aucune part à la croisade contre les albigeois fut définitive; les évêques de Lodève, de Maguelonne et de Béziers, lui écrivirent en vain pour lui offrir toutes les conquêtes faites par les Francs, il demeura inébranlable dans son refus; les périls de la foi ne purent pas même le toucher. Les clercs eurent beau lui dire qu'ils attendaient tous les jours la mort, à cause qu'ils étaient environnés des ennemis de la religion et de la paix. Le roi ne consentit à autre chose, si ce n'est à la convocation d'un parlement à Melun, pour délibérer sur l'affaire des albigeois.

Ainsi les Français et leur comte furent abandonnés à leurs propres forces dans la Langue-doc. Le découragement se mit parmi eux quand ils virent tous les châteaux, villes et communes passer sous la domination des anciens seigneurs; voilà que soixante braves chevaliers quittèrent le camp de Montfort faute de solde; ils s'en allaient du côté de Béziers, pour retourner dans leurs domaines d'outre-Loire, lorsqu'ils furent assaillis par une nuée de bourgeois et de petit peuple, sous les ordres du comte de Toulouse. Ils offrirent de se rendre, de remettre leurs chevaux de bataille et leurs armes, pourvu qu'on les laissât aller sur de simples palefrois; comme on leur refusa cette prière et qu'on voulait les retenir prisonniers, les braves Francs élisent un chef, fondent sur cette multitude et la dispersent. Ainsi ils échappèrent par vaillance à la maudite race des Provençaux[1].

C'était une fureur de quitter la Langue-doc; tous les chevaliers d'Amaury de Montfort s'en prenaient la route de France. Le comte emprunta trois mille livres à des Juifs qu'il hypothéqua sur ses domaines paternels, car personne ne voulut prêter un sou sur ses terres méridionales[2]; encore, malgré cette bonne somme, il ne trouva que vingt chevaliers qui consentirent à rester, parmi lesquels se trouvaient son oncle Gui et le maréchal de Lévis.

[1] Guillaume de Puy-Laurens, chap. 4. Alberic. Triafont, ad ann. 1223.

[2] Voyez la lettre que les évêques de la Langue-doc écrivirent au roi de France sur la triste situation d'Amaury de Montfort dans Dm. Vaissète, t. III, p. 286.

Enfin, le 14 janvier 1223, il conclut un traité d'évacuation de la Langue-doc pour les Français. On y convint qu'Amaury et ses chevaliers quitteraient cette terre, et iraient consulter leurs amis en France afin de savoir ce qu'ils devaient faire [1]; ils promettaient de rendre réponse pour la paix définitive au plus tard à la Pentecôte prochaine. Toutes les églises devaient demeurer avec leurs priviléges, et une trève de deux mois serait accordée aux habitans des lieux qui étaient encore au pouvoir d'Amaury, tels que Narbonne, Adge; les Provençaux s'engageaient à ne point y entrer à moins d'être appelés par les citoyens eux-mêmes. Un pardon général fut accordé au petit nombre d'habitans qui avaient suivi le parti des Français, et leurs terres leur étaient rendues sans distinction de services. Les comtes méridionaux s'obligèrent en outre à payer dix mille marcs d'argent à Amaury [2] comme indemnité.

Ces conventions arrêtées, le comte de Mont-

---

[1] Debet idem Amalricus consulere amicos suos de Franciâ et facere quòd pro consilio sibi dabunt. (*Charte de Foix, caisse* 20.)

[2] Dabimus tibi decem mille marchas argenti. *Ibid.*

fort et ses chevaliers sortirent de Carcassonne, et prirent la route de France. Leur domination avait duré près de quatorze ans, et n'avait pas été un moment paisible. Plus tard, de nouvelles violences troublèrent encore la Langue-doc, mais jamais les Français ne purent s'y consolider. La cession faite à Saint-Louis d'une partie de ces provinces fut le seul résultat de ce grand trouble, mais la Langue-doc conserva ses mœurs, ses habitudes, ses institutions municipales libres et son gouvernement à part. Les opinions religieuses s'y maintinrent dans leur indépendance; la réforme du XVe siècle y trouva et y rencontre encore de nombreux partisans. Quoique la révolution française en passant le niveau sur les vieilles distinctions coutumières tende à rapprocher toutes les populations diverses qui composent le territoire, des traits caractéristiques distinguent toujours les deux races; l'idiome populaire n'est pas le même; des désignations méfiantes ou moqueuses séparent les habitans des rives opposées de la Loire, et il faudra bien des siècles d'un gouvernement uniforme et central pour opérer une complète fusion.

CHAPITRE XXXIII.

Famille du roi.—Naissance de Saint-Louis.—Mariage de Philippe, petit-fils du roi, avec l'héritière de Nevers. — Il meurt. — Mariage de Philippe, second fils du roi, avec Mahaud de Dammartin. — Du sire de Lusignan et de la reine d'Angleterre.— Grands fiefs.—Procès sur le comté de Champagne.—Succession du comte de Blois.—La Bretagne.— Le comté de Brienne. — Rapports à l'extérieur. — Pierre de Courtenay et l'empire de Constantinople.—Croisade.— Siège de Damiette. — Droits sur la succession de Castille. — Trève avec l'Angleterre.— Chartes des communes. — Rapports de féodalité. — Actes sur le clergé.

1215 — 1222.

Lorsque le prince Louis portait pour la première fois ses armes dans la Langue-doc, sa femme, Blanche de Castille, lui donnait un second fils[1]; elle était alors à Poissy, où se trouvait une sorte de ferme royale et de château,

---

[1] Le 25 avril 1215.

dont les revenus de deux cents livres avaient été cédés au prince Louis par une charte de son père. Quand la princesse connut qu'un fils lui était né, elle demanda avec empressement pourquoi les cloches ne tintaient pas selon l'usage; on lui répondit que les clercs et les moines avaient craint de troubler son repos par le double carillon. La pieuse Blanche dit : « Qu'à cela ne tienne, » et se fit transporter dans une grange lointaine, afin qu'on pût sonner à grands bras pour ce joyeux événement.

L'enfant royal ne devait point cependant être appelé à la couronne. Il n'était que le puiné d'un autre enfant, Philippe, premier rejeton dans la lignée. Ce prince, alors âgé de neuf ans, s'était fiancé à Agnès de Donzi, héritière du riche comté de Nevers[1]. Avant la bataille de Bouvine, Agnès avait été promise à l'aîné des fils du roi Jean, du nom de Henri; mais Philippe-Auguste vainqueur exigea que le comte dégageât sa foi, et donnât sa fille au successeur présomptif de la couronne. Au mois de juillet 1215, un traité fut signé à Me-

---

[1] Elle était fille d'Hervé, quatrième seigneur de Donzi.

lun[1]. Le comte de Nevers livrait sa fille à Louis de France, et lui donnait pour dot Alluye, Montmirail et Brou. A son tour Louis, père du fiancé, assurait comme douaire à Agnès les villes d'Aire et de Lens, dans le comté d'Artois. On décida enfin que si le prince venait à mourir, le mariage conclu tiendrait pour le nouvel enfant dont Blanche de Castille venait d'accoucher.

Philippe-Auguste avait lui-même un fils qui portait également le nom de Philippe, comme son père[2]. Les fêtes et les tournois des fiançailles avec l'héritière de Nevers n'étaient point encore terminés, que déjà le roi songeait au mariage de ce puîné, et il choisit Mahaud de Dammartin, élevée à sa cour, et remarquable par sa blonde chevelure et ses yeux noirs qu'un grand nombre de trouvères avaient célébrés. Mahaud était fille de Renaud de Boulogne, de ce vaillant paladin, retenu captif dans la tour de Péronne, à la suite du

---

[1] Preuves de l'Hist. de Châtillon, Anc. Cart. de Philippe-Auguste, fol. 138.

[2] On le surnommait *Hure-Pel* (tête pelée); depuis son mariage, il fut comte de Boulogne et de Dammartin.

triomphe de Bouvine. Elle apportait en dot la succession du comté de Boulogne, alors sous l'administration d'Ide, sa mère, et le roi faisait don à son fils du fief de Dammartin, confisqué sur Renaud captif; par ce moyen Boulogne et ses dépendances tombaient, en quelque sorte, dans les domaines du roi; il ajoutait trois mille livres de revenu pour soutenir l'éclat et l'établissement du nouveau comte[1].

On apprenait en même temps, à la cour de Philippe-Auguste, un bizarre retour de fortune, qui faisait *deviser* (causer) les dames et les chevaliers. Il a été dit comment Jean d'Angleterre, tout-à-coup amoureux d'Isabelle d'Angoulême, fiancée de Lusignan-le-Brun, l'enleva dans une chasse du milieu de ses hommes d'armes et de ses preux chevaliers, et la conduisit, sur sa blanche haquenée, dans ses domaines de Guyenne; puis il s'unit à la noble dame, flattée de devenir l'épouse du roi des Anglais. Veuve, et jeune encore, Isabelle se rappela sa première foi donnée, et ses engagemens envers Lusignan-le-Brun, alors cependant très-âgé. Elle revint dans les

---

[1] Ancien cartul de Philippe-Auguste, fol. 100.

provinces du Continent, et, sur l'invitation du roi Philippe-Auguste, elle épousa celui qu'elle avait d'abord trompé. Il n'y eut point de fiançailles, car la reine d'Angleterre avait déjà connu nombreux ébats d'amour. Dans sa vieillesse Isabelle se fit sorcière et empoisonneuse : ce fut elle qui prépara de sa propre main une mixtion pour le roi Louis IX; et c'est à ce sujet que les chroniques de Saint-Denis disent : « Quand elle vit qu'elle ne pouvait faire sa volonté, elle déchira sa guimpe et ses cheveux, et aussi fut longuement malade de despit. »

L'histoire des grands fiefs se lie à cette époque tellement au gouvernement de la France, qu'il est impossible de ne pas y revenir sans cesse. Cette haute féodalité qui compose la cour du suzerain, est continuellement en rapport avec lui, signe ses chartes, transige pour ses domaines; de sorte qu'on ne pourrait se faire une juste idée de la société territoriale, sans y comprendre l'histoire des seigneuries qui la composent.

Un parlement de pairs venait de se réunir à Paris pour décider une question fort grave, relative au comté de Champagne; Guillaume des Barres, Mathieu de Montmorency, avaient reçu commission spéciale pour convoquer le duc de Bourgogne, le premier des pairs : voici pour quel motif [1]. Henri II, comte de Champagne, était parti pour la croisade avec le roi Richard et Philippe-Auguste. Dans cette expédition chevaleresque, le comte, veuf d'Hermansette de Namur, s'était pris d'amour pour Isabelle, héritière du royaume de Jérusalem, et l'avait épousée. Il était mort peu d'années après ce mariage, laissant deux filles au berceau. Son frère s'empara sans réclamation du comté de Champagne, et le transmit à son fils, qui avait succédé sous la tutelle de Blanche de Navarre. Le roi avait reconnu son droit, comme on l'a vu, en le prenant sous sa garde. Cependant, Jean de Brienne, qui s'était uni à l'aînée des filles du sire de Champagne, mort dans la Palestine, réclama le comté du chef de sa femme. Il se fondait sur les principes de la féodalité, qui admettaient les filles à la succession des grands fiefs. Blanche de

---

[1] Brussel, t. 1, p. 651, et dans la préface des historiens de France, de Dm. Brial, t. XVII, p. 29.

Navarre, citée par un pair et deux chevaliers[1], invoquait la longue possession réelle, la prescription contre l'ancien seigneur du comté. Elle faisait valoir, mais faiblement, la préférence de la ligne masculine, motif sans force, parce qu'il était sans antécédens; enfin, elle se fondait sur l'illégitimité des filles d'Isabelle, du chef de laquelle on revendiquait la Champagne. On soutenait devant la cour des pairs, que la dissolution du premier mariage d'Isabelle avec Baudoin, roi de Jérusalem, n'avait pas été tellement complète, que les époux ne se fussent très-souvent rapprochés, et qu'en conséquence on doutait de la légitimité des enfans qu'elle avait eus de Conrad, marquis de Tyr, son second mari, et à plus forte raison du comte de Champagne son troisième[2].

Ces motifs parurent suffisans à la cour des

[1] Per ducem Burgundiæ Math. de Montmorenciaco et Willel. des Barres ut in Curiam nostram veniret jure paritura. (Comitissa Campania.) *Ibid.*

[2] C'est dans ce procès qui eut lieu en 1216 que les pairs de France sont positivement distingués des autres barons: Judicatum est à paribus regni nostri, videlicet: Alberic Remensi archiepiscopo, Willelmo Lingonensi, Willelm. Catalaunensi, Philippo Belvacensi, Stephano Noviomensi episcopis et Odone duce Burgundiæ. (Les autres grands fiefs étaient alors comme vacans.) *Ibid.*

pairs. Réunis en parlement à Paris, ils adjugèrent le comté de Champagne au possesseur actuel, le jeune Thibaut, sous la garde et tutelle de sa mère. Ils parurent adopter les motifs indiqués par la défense, mais il est à croire que des idées d'un ordre plus général présidèrent à ce jugement [1].

En effet la féodalité exigeait la possession réelle de la terre, afin que le service militaire, première condition de la concession du fief, pût en tout temps être accompli. Il ne pouvait alors exister de ces situations fictives, de ces droits immatériels indépendans de la jouissance de fait, et l'on considéra sans doute le long éloignement des héritiers de Champagne comme une renonciation tacite, et la possession actuelle du jeune comte comme un remplacement nécessaire dans les obligations féodales.

En même temps se morcelait le beau fief de Chartres, de Blois et de Clermont, réunis sur la tête de Thibaut second de nom. Deux fois marié, avec Marie d'Alençon et Clémence des Roches, il n'avait point eu d'héritiers. Les

---

[1] Cet arrêt ne fut que provisoire, mais par le fait il devint définitif. Art de vérifier les dates, t. III, p. 130, édit. in-4.

comtés de Blois et de Chartres retournèrent aux enfans de Marguerite et d'Isabelle de Champagne, ses tantes. Marguerite n'avait qu'une fille, Marie d'Avesne, unie à Hugues de Châtillon, comte de Saint-Pol. Une seule fille restait également à Isabelle ; elle avait épousé Richard de Beaumont. D'après le droit féodal, comme il n'existait point d'aîné, les fiefs devaient être partagés. Les deux comtes procédèrent à cette division territoriale. St.-Pol eut le comté de Blois[1], Beaumont celui de Chartres. Philippe-Auguste acquit la terre de Nogent-L'Érimberg et le comté de Clermont en Beauvoisis ; de sorte qu'un des grands fiefs de France se trouva ainsi morcelé. Ces terres servirent encore à augmenter l'apanage de Philippe, second fils du roi.

Vers cette époque, Alix, duchesse de Bretagne, mourut regrettée de ses vassaux toujours fidèles à sa race. Elle avait épousé, comme on l'a vu, le comte de Dreux, et trois enfans étaient nés de cette union : Jean, Arthur et Iolande. D'a-

---

[1] Les auteurs de l'Art de vérifier les dates ont placé mal à propos cette division sous le règne de St.-Louis ; la Charte est scellée du sceau de Philippe-Auguste, et appartient à son règne.

près la coutume féodale, Jean devait être immédiatement investi de la couronne ducale, puisqu'elle provenait du chef de sa mère; les nobles Bretons se réunirent en parlement, et comme ils étaient satisfaits du gouvernement du comte de Dreux, ils le choisirent pour *Bail* ou tuteur du duc jusqu'à sa majorité.[1] Alix fut ensevelie avec toute la pompe des vieilles funérailles. Son tombeau, placé aux pieds des sépultures de son père et de sa mère, devint un objet de dévotion publique. Le comte de Dreux sollicita la main de la comtesse de Flandre. Elle n'était point veuve, mais l'intention du noble sire était de faire annuller le mariage de cette riche héritière avec le comte Ferrand, retenu prisonnier dans la tour du Louvre, depuis la bataille de Bouvine. La dame de Flandre préféra son veuvage et conserva fidélité au malheur. Il y avait dans le caractère de son premier mari, quelque chose de chevaleresque, capable de séduire et d'imposer des sacrifices. La Bretagne se trouva donc pendant quelque temps comme sous l'empire d'une régence.

Mais rien n'était plus indomptable que les

[1] D'Argentré, p. 288 et 289.

seigneurs bretons. Fiers de leurs priviléges, ils ne reconnaissaient dans leur duc qu'une simple autorité de protection et de tutelle. Ils avaient accueilli Pierre de Dreux avec enthousiasme : un mois s'était à peine écoulé, qu'ils se révoltèrent contre lui, parce qu'il avait imposé des droits sur les marchandises et prétendait à la garde des fiefs des mineurs, jusqu'à ce que ceux-ci eussent atteint l'âge de vingt ans. Pierre céda d'abord aux vives représentations de ses barons; mais ayant disputé un service féodal à Guiomar, vicomte de Léon, une ligue se forma contre lui. Le sire de Rohan, Amaury, seigneur de Craon, Salomon et Conan, dépouillés de leurs terres, se réunirent, et appelèrent à leur secours, Jean de Montoire, comte de Vendôme, et le sire Hardouin de Maillé[1].

Tous les seigneurs n'entrèrent pas dans cette confédération territoriale. Les sires d'Avaugour, de Fougères, de Châteaubriand et de Dol, suivirent le gonfanon du duc. Ainsi, la Bretagne se trouva divisée. Une grande bataille de chevalerie se donna, et les défenseurs de

---

[1] Actes de Bretagne, t. 1, col. 108. Ann. 1219 à 1222.

l'indépendance féodale, après des prodiges de valeur, furent défaits. Les seigneurs de Vendôme et de Craon tombèrent au pouvoir de Pierre de Dreux. La paix fut conclue et la Bretagne pacifiée. Les priviléges des barons en subirent quelque atteinte [1].

Une question nouvelle s'éleva devant le parlement des pairs sur le comté de Brienne. Gauthier de Brienne, l'aîné de la race, était mort sans postérité, et le fief héréditaire était passé à Jean, qui fut appelé à la couronne de Jérusalem. Marguerite, femme de Gauthier, se déclara enceinte, accoucha d'un fils, et revendiqua en son nom le comté. C'était la première fois que la cour avait à prononcer sur le droit des posthumes. Elle se décida en faveur de l'enfant. Jean de Brienne alla poursuivre ses prodigieuses destinées dans l'Orient, où la couronne de Jérusalem reposa sur sa tête.

On résolut ensuite une autre difficulté féodale sur le comté de Vendôme. Il s'agissait de la représentation dans la ligne collatérale. Jean II, comte de Vendôme, mort

---

[1] Chroniq. de Tours, ad ann. 1222.

en 1190, laissa trois fils : l'un qui succéda à son père, sous le nom de Jean III, le second qui fut baron de Laverdin, le troisième qui embrassa l'état ecclésiastique. Jean III mourut sans enfans, en 1214, et son frère, le sire de Laverdin, l'avait précédé d'une année, laissant un fils. La question était de savoir, si ce jeune neveu devait succéder, ou si le comté de Vendôme serait réuni au domaine royal. La cour des pairs se prononça pour l'héritier naturel. Philippe-Auguste, qui avait élevé la réclamation, ne put demander que le droit de rachat et de relief, comme pour les fiefs transmis en légitime lignée [1].

Telles étaient les affaires importantes qui occupaient la cour des barons. Les événemens à l'extérieur avaient alors non moins de gravité. Comme ils se lient essentiellement à l'histoire des grandes familles de France, à ces généalogies nobiliaires dont la féodale galerie frappe notre imagination, il ne sera peut-être pas sans intérêt de jeter encore un regard sur les nombreuses colonies de barons et de chevaliers.

[1] Cartulaire de Vendôme, ad ann. 1218.

L'empire de Constantinople avait éprouvé de nouvelles vicissitudes. Henri de Flandres était mort sans postérité ; les barons élurent pour son successeur le roi de Hongrie, qui refusa, et ensuite Pierre de Courtenay, comte d'Auxerre. Le comte avait épousé Iolande de Flandres, sœur du dernier empereur, il était proche parent du roi de France, et accepta avec joie cette couronne lointaine. La famille de Courtenay était alors une de ces races chevaleresques qui allaient quérir des aventures et des royaumes outre-mer ; Pierre convoqua de nombreux vassaux et ses hommes d'armes ; puis tous se mirent en route, se dirigeant vers Marseille. Un noble baronnage les suivait ; le comte d'Auxerre s'embarqua sur une flotte préparée d'avance et prit le chemin de Rome, où le pape l'accueillit avec le témoignage de la plus vive tendresse. Il le couronna empereur dans l'église de St.-Laurent, et plaça auprès de sa personne un légat, pour indiquer tout l'intérêt que le Saint-Siège prenait à la bonne réussite de son voyage. De Rome, Pierre de Courtenay se rendit à Venise, où il conclut avec la république un traité, par lequel le Doge s'engageait à fournir des navires garnis de matelots et de soldats, et les croisés à leur tour consentaient, au profit de la république, à assiéger Durazzo, alors au pouvoir des Grecs et de Théodore Lascaris, un des héros de l'Hellénie dégénérée. Tandis que la dame de Courtenay et ses trois plus jeunes enfans se rendaient directement à Constantinople, les chevaliers de France et les Vénitiens allaient de concert investir Durazzo, comme ils avaient quelques années avant, assiégé Zara. Ils furent moins heureux. Obligés d'abandonner leur résolution, ils se mirent en marche à travers les terres. Les Grecs ne leur laissèrent pas un moment de repos; ils les harcelèrent dans les montagnes, et soit par ruse, soit par violence, ils s'emparèrent de l'empereur, du légat, du comte de Sancerre et des chevaliers qui suivaient leur sire dans ce pèlerinage. On ne sut plus ce qu'était devenu le sire de Courtenay. Quelques-uns disaient que Lascaris l'avait fait massacrer

1 Sur la mort de Pierre de Courtenay consultez Ducange, *hist. Constantinop.* l. 11, chap. 22. Philippe Monske, évêque de Tournay, a composé une espèce de poème sur les empereurs francs de Constantinople. Il a été publié par Ducange à la fin de la chroniq. de Vilhardouin, p. 224, dans l'édition qu'il en a donnée.

ainsi que ses infortunés compagnons; quelques autres qu'il était mort dans une prison affreuse. Ainsi, dans l'espace de moins de dix années, deux empereurs francs avaient péri misérablement, ou dans les fers, ou sous les coups des défenseurs demi-barbares de la vieille civilisation grecque. L'impératrice et ses enfans étaient arrivés à Constantinople, et c'est là qu'elle apprit le triste sort de son mari. Le trône impérial devint encore ainsi une fois vacant [1].

Le droit de naissance appelait à la couronne Philippe de Courtenay, marquis de Namur, fils aîné de Pierre de Courtenay. Les barons francs de Constantinople députèrent quelques-uns d'entre eux auprès de ce noble héritier. Mais les fortunes incertaines et les hasards qui avaient marqué les destinées de sa race, l'arrêtèrent. Il refusa ces offres; Robert, son frère puîné, dont le patrimoine était fort obéré, se montra plus hardi chevalier, il accepta la pourpre, et vint dans la cité de Constantin où il fut reconnu et proclamé empereur. Robert se montra politique et bien inspiré. Il s'efforça de

---

[1] Acropolita, c. 14, affirme que Pierre de Courtenay fut poignardé.

concilier les Grecs et les Latins et d'opérer une fusion entre les deux peuples; madame Marie de Courtenay, sa fille, épousa Théodore Lascaris, empereur de Trébisonde, et la paix régna quelque temps dans la nouvelle colonie des chevaliers de France[1].

Il y a cela de particulier dans cette histoire du moyen âge, qu'on est entraîné de tableaux en tableaux par cette génération voyageuse qui porte sa fortune et ses armes sur tous les points du monde alors connu. Nous venons de voir la famille de Courtenay se revêtir de la pourpre des Césars; voilà que maintenant une brave et vaillante race de barons quitte ses manoirs pour voguer vers l'Égypte. C'est sur Damiette qu'elle dirige ses gonfanons.

Le concile de Latran avait envisagé tous les besoins de la catholicité; ce n'était pas seule-

[1] La destinée bizarre des Courtenay descendans de la famille royale de France a porté tous les érudits à dresser leur généalogie; la branche des Courtenay du Continent, car il y a une branche anglaise, s'est légalement éteinte dans Charles Roger de Courtenay, qui mourut en 1730, et par les femmes dans Hélène de Courtenay qui épousa Louis de Baufremont. Le parlement de Paris lui défendit le 7 février 1737 de prendre le titre de princesse du sang. Des branches cadettes des Courtenay subsistent encore, mais dans l'obscurité.

ment les croisades contre les albigeois et les Maures d'Espagne, qu'il avait encouragées par l'appât des récompenses spirituelles, mais il déplorait dans ses canons le triste état des colonies chrétiennes de la Palestine, la perte de Jérusalem, et l'avilissement du saint tombeau[1]. De telles paroles produisaient toujours leur effet sur l'ardente imagination des chevaliers; mais de trop graves intérêts retenaient encore les barons de France dans leur patrie. Lorsque la victoire de Bouvine et l'inutile expédition d'Angleterre eurent rendu disponible une nombreuse et vaillante chevalerie, on se détermina à porter des secours aux nobles hommes qui assiégeaient alors Damiette.

Cette direction nouvelle qu'avaient prise les pèlerinages armés des chrétiens, jusqu'alors s'acheminant dans la Palestine, avait été inspirée par le pape[2], au milieu du concile de Latran. Il avait désigné le pays d'Égypte comme une riche proie, offerte à l'avidité des barons et au zèle ardent des prédicateurs. Il n'en

[1] Labbe concil. t. xi.
[2] Baronius Annal. Ecclesiast. ad ann. 1215 et vit Innocent dans Muratori l. 3, p. 40 et 50.

fallut pas davantage pour que les croisades s'engageassent désormais dans cette route. Jean de Brienne avec toutes les forces de Jérusalem, le duc d'Autriche, Guillemin, comte de Hollande, qui étaient venus porter, dans un pieux voyage, des secours aux hommes de la Palestine, assiégèrent Damiette, alors considérée comme la clef de l'Égypte[1]. A la seule nouvelle des périls et des succès de leurs frères d'Orient, les chevaliers français se hâtèrent de prendre les armes. Eudes, duc de Bourgogne, le comte de Nevers, Savary de Mauléon, Milon, comte de Bar-sur-Seine, Questin, grand chambrier de France, Pierre de Nemours, évêque de Paris, le redoutable évêque et comte de Beauvais, si expert dans le métier des armes, Gauthier, évêque d'Autun, Guillaume de Beaumont, évêque d'Angers, tous ces vaillans hommes convoquèrent leurs

[1] Comparez pour le siège de Damiette le continuateur de Guillaume de Tyr que j'ai déjà cité; Olivier Scolastique *hist. damiatina*, ch. 7 et 8 dans le 18ᵉ vol. des historiens de France de Dom Brial; les auteurs arabes qui ont traité le siège de Damiette sont : l'historien des patriarches d'Alexandrie et Makrisi ; il existe une excellente dissertation de M. Hamaker, professeur à Leyde, sur ce sujet, Amsterdam 1826, sous ce titre : « Commentatio de expeditione à græcis franciscque adversùs dimyatham susceptis. »

vassaux sous les gonfanons, pour secourir leurs frères d'outre-mer. Eudes partit le premier; il laissa la régence du grand duché de Bourgogne à sa femme Alix de Vergi, puis il vint à Lyon. Tandis qu'il y faisait séjour pour arranger les querelles survenues entre les habitans et leur évêque, une violente maladie le surprit. Il mourut, léguant son corps à Cîteaux, et son duché à son fils aîné qui prit le nom d'Hugues IV[1].

Les autres pèlerins arrivèrent à temps devant Damiette pour suivre toutes les opérations du siège : il y avait dans cette expédition un esprit plus clérical, peut-être encore, que dans les précédentes croisades. C'était un pape qui l'avait inspirée; c'était le fougueux cardinal Pélage qui la conduisait. Enfin, comme pour compléter ce caractère spécial, François d'Assise était venu au camp avec une compagnie de frères mineurs, nouvel ordre qu'il venait de fonder, et dont la mission était de prêcher et de convertir les infidèles. C'était une guerre, comme le fait très-naïvement re-

---

[1] Art de vérifier les dates, t. 3, in-4°, 2e partie, p. 18.

marquer le continuateur de Guillaume de Tyr, entre l'apostole (le pape pour le calife) de Bagdad et l'apostole de Rome[1].

Le courage ne manquait cependant jamais aux guerriers de France. Damiette fut emportée, et c'est alors que les Sarrasins offrirent, en retour de cette grande cité, le royaume de Jérusalem et ses dépendances, depuis long-temps en leur pouvoir. L'esprit clérical domina ici la raison, et les combinaisons de la guerre; Damiette ne fut point rendue et les Sarrasins restèrent maîtres de Jérusalem et de son territoire. Lorsque Philippe-Auguste apprit cette grande faute, « lorsqu'il oït dire, que les chevaliers pouvaient avoir un royaume pour une cité, si les tint pour fous et pour musards de ce qu'ils ne le fesaient[2]. »

En effet, par les imprudens conseils du légat, les chevaliers s'engagèrent dans l'intérieur de

---

[1] Voyez les pieux et ridicules efforts de saint François pour convertir le soudan du Caire, dans Olivier Scolastique et dans la vie de ce saint, écrite par les Bollandistes; la patience et la tolérance du sultan sont admirables; malgré les clercs de sa loi qui voulaient la *teste couper* aux prédicateurs, il leur fit servir à manger et les renvoya en l'*ost des chrétiens*.

[2] Continuateur de Guillaume-de-Tyr, à l'année 1219.

l'Égypte. Les eaux du Nil débordé les entourèrent au milieu des sables, où toutes les populations en armes les forcèrent à capituler¹. On s'engagea à rendre Damiette, dont la possession avait coûté tant de combats, et à quitter ces malheureux rivages. Un grand nombre de chevaliers de France périrent dans cette expédition sans résultat.

Tandis qu'on se battait à Damiette, et que les chrétiens y éprouvaient de tristes revers, une question successoriale pouvait appeler le prince Louis de France à la couronne de Castille, et par conséquent à devenir le chef de cette autre grande croisade contre les musulmans d'Espagne.

Le roi de Castille don Henriquez Ier était mort sans enfans. Il n'avait que deux sœurs. L'aînée, Bérangère, avait épousé don Alfonse, roi de Léon, dont elle avait un fils du nom de Ferrand ou de Fernand. L'autre était Blanche de Castille, femme du prince Louis. La succession devait échoir à la mère de Ferrand, puis à ce comte lui-même. Mais le

---

1 Voyez M. Reynaud dans les extraits des historiens arabes qui accompagnent l'histoire des croisades de M. Michaud, § 76.

mariage de Bérangère avait été déclaré nul et son fils illégitime. Blanche pouvait donc faire valoir ses droits ; mais les fiers Castillans préféraient un prince de leur race, un enfant élevé, pour ainsi dire, dans leurs habitudes et leurs priviléges. Le prince Louis n'avait pour appui que la maison de Lara, rivale de la famille de Léon ; elle écrivit, sollicita auprès de Philippe-Auguste pour le décider à soutenir les prétentions de Louis par les armes ; mais le peu de succès de l'expédition d'Angleterre, l'incapacité que le prince y avait déployée, avaient dégoûté le roi de tous ces grands essais de fortune. Il ne fut donné aucune suite à cette affaire. Louis se contenta d'écarteler ses armes des couleurs et émaux de la maison de Castille, pour constater ses droits et les empêcher de prescrire.[1]

« La paix était ainsi dans les vœux du roi. L'âge commençait à glacer ses membres. On disait dans les castels et dans les manoirs que le lion devenait vieux. Il consentit à prolonger pour quatre ans la trêve avec l'Angleterre ; tous

---

[1] Cartulaire de l'abbé de Camps, article *Castille* ; dans le volume des traités de paix et négociations, § IV.

ses amis, ses compagnons de bataille, expiraient autour de lui : l'année 1218 fut bien triste, et les obituaires des monastères sont remplis du nom des nobles trépassés [1]. Le comte de Dreux, le comte d'Angoulême, et la vieille comtesse Mahaut de Flandres, moururent dans le plus court intervalle. Ce qui affligea plus profondément encore le roi, ce fut la perte du prince Philippe, son petit-fils, qui étonnait déjà les clercs par son savoir. Les droits à la couronne passèrent alors à Louis, le second dans la lignée, qui régna dans la suite sous le nom de Louis IX.

La famille du roi se composait ainsi de l'héritier immédiat de la couronne, Louis, comte d'Artois, de Philippe son frère, qui avait pour apanage le comté de Boulogne, et de Marie de France, unie au duc de Brabant. Le prince Louis avait trois fils : Louis l'aîné, Jean et Robert, également apanagés.

Tous les chagrins domestiques qu'il éprouvait ne détournaient pas cependant Philippe-Auguste du maniement des affaires publiques; il s'occupait encore de l'administration

[1] Chronique Saint-Denis, ad ann. 1218.

des communes, des rapports de la féodalité, et des droits de l'Église.

Dans la période que nous venons de parcourir, peu de communes obtinrent de nouveaux priviléges. C'était dans le commencement des règnes, et presque jamais à leur déclin, que les bourgeois sollicitaient la confirmation de leurs coutumes. On voulait profiter de cette bienveillance des jours de l'avénement, de ce besoin qu'avaient les rois d'acquérir l'amour et l'appui des vassaux; aussi presque toutes les confirmations des communes datent-elles des premières années du règne de Philippe-Auguste. Nous ne trouvons qu'une charte de privilége accordée aux bourgeois de Baron en Picardie[1]. Ce sont toujours les mêmes formules de libertés grandes et larges : le roi veut que si les habitans ont reçu une injure, et que ses officiers refusent justice, ils puissent se la faire eux-mêmes. La commune de Crépi, en Valois, obtint une charte de confirmation de ses droits. Le roi lui en avait déjà concédé une précédente, mais, pour con-

[1] Regist: de Philipp.-Aug. Biblioth. du Roi, n° 9852. A f° 71. R° Ann. 1215.

server des libertés si chères, on ne croyait pas avoir trop de garanties [1]. Philippe confirma en même temps la charte par laquelle le comte de Ponthieu donnait une commune aux habitans de Dourlens, et accordait quelques priviléges à de petits hameaux dépendans de ses domaines [2]. Le besoin de ces franchises locales se faisait tellement sentir, qu'il n'était pas de petite réunion d'hommes libres qui ne songeât à s'organiser en commune.

Si les concessions aux bourgeois ne sont pas très-nombreuses, dans cette dernière période de la vie du roi, les immunités accordées aux églises s'y multiplient au contraire.

C'était, en effet, dans les temps de vieillesse du suzerain, que les clercs adroits tourmentaient sa personne et exploitaient ses faiblesses. Il serait fastidieux de rapporter toutes les chartes, qui concèdent des terres au clergé, ou l'accablent de priviléges. Nous nous contenterons d'en donner la formule pour l'abbaye la plus importante de cette époque, celle de Citeaux. Le roi la prend sous sa pro-

---

[1] Collection des ordonnances du Louvre, t. xi, p. 304.
[2] *Ibid.* t. xi, p. 311.

tection spéciale; il veut que les religieux de cet ordre, en quelque lieu qu'ils soient réunis, jouissent de toutes les garanties des vassaux immédiats. Il ordonne qu'aucun homme, baron ou bourgeois, ne puisse entrer sur les terres de l'abbaye, pour y percevoir une redevance quelconque sous le prétexte de féodalité, de communes ou même de tournois. Les religieux doivent être exempts de toute espèce de service militaire même pour un fief[1].

Une curieuse concession faite au clergé est, sans contredit, la charte, connue sous le titre de convention entre le roi et l'évêque de Paris. Philippe s'y déclare l'homme de l'évêque au service de trois chevaliers pour le porter le jour de son intronisation dans la métropole, et il s'oblige à un don de 45 sols pour les cierges. Il lui concède encore la faculté d'avoir dans le parvis de Notre-Dame, un marchand de tout état, boucher, tavernier, faiseur de haubert, brodeur, tréfileur, etc[2]; enfin il reconnaît la seigneurie absolue de l'é-

---

[1] Recueil des ordonnances du Louvre, t. 5, p. 142.

[2] Charte de la métropole, conservée par Dm. Felibien. Hist. de Paris, t. 1, p. 265; elle est aussi en entier dans de Lamarre; traité de la police, t. 1, p. 140.

vêque sur les balles des Champeaux et le bourg de Saint-Germain.

Les actes qui doivent surtout fixer l'attention dans cette période concernent la juridiction civile et criminelle. Tout se décidait encore par les combats judiciaires; les champions entraient en lice, et l'adresse ou la force jugeaient du bon droit. Les barons, et chevaliers de race noble, se battaient à la lance ou à l'épée; mais les vilains joûtaient au bâton. Un mandement de Philippe, adressé à la comtesse de Champagne, fixe la longueur du bâton que le champion pouvait employer dans les combats. « Il ne sera pas plus long ni plus court que de trois pieds[1]. » C'est ainsi que lorsqu'une coutume, quelque absurde qu'elle puisse être, s'introduit dans les lois, elle y reçoit des règles et s'y revêt de toutes les formes de la justice et de l'impartialité.

Une ordonnance importante et qui s'est conservée dans les vieilles coutumes de Normandie, déclare que, lorsque la femme meurt

[1] Quod campiones non pugnant de cætero cum baculis qui excedant longitudinem trium pedum. Recueil des ordonn., t. 1, p. 35.

sans enfans, tous les biens de la communauté appartiennent au mari, sauf les petits legs faits par elle avant son décès¹. Une autre charte fixe le douaire coutumier pour la femme à la moitié de la fortune du défunt².

Après avoir été expulsés du domaine du roi, les Israélites y étaient revenus, comme cela arrivait toujours, moyennant rançon. C'était une mine excellente à exploiter qu'un juif dans une seigneurie. Aussi, dès l'année 1210, il avait été convenu entre le roi et la comtesse de Champagne qu'ils ne se prendraient pas mutuellement leurs juifs³. Une ordonnance plus générale fixa les limites dans lesquelles devait avoir lieu le prêt à intérêt. D'après ces dispositions, l'enfant d'Israël ne pouvait prêter à chrétien qui n'aurait meubles, et qui vivrait du travail de ses mains. L'usure était fixée à deux deniers par livre chaque semaine, et ne pouvait se prolonger au delà de l'année. Le juif ne devait avancer ses écus ni à moine, ni à chanoine, sans le consen-

---

1 Ordonnances du Louvre, t. 1, p. 38.
2 Beaumanoir, ch. 13, p. 35; Desfontaine, Conseil XXI, n. 52.
3 Brussel, De l'usage des fiefs, t. 1, p. 571.

tement de l'abbé ou du chapitre. Il ne pouvait prendre en gage ni les ornemens des églises, ni les vêtemens ensanglantés, ou mouillés, ni la charrue du laboureur, ni le blé non vanné. Si le débiteur assignait à la dette d'un juif un revenu fixe et certain, celui-ci ne pouvait demander l'usure, à moins qu'il ne fût troublé par l'emprunteur dans la perception de ce revenu; au cas de violence, ce débiteur paierait l'amende au roi; si un chevalier veut engager ses armes, son cheval de bataille, l'escarboucle qu'il a rapportée de la Palestine, l'Israélite les pourra prendre, et le roi n'aura point à se mêler de cette transaction [1].

Ces larges principes sur l'usure furent sans doute inspirés au roi par le besoin d'argent : ils ne s'appliquèrent pas seulement aux juifs, mais encore aux chrétiens; le roi renonça, en faveur des habitans de Caen, au droit de confiscation qui lui appartenait sur tous ceux qui se livraient à l'usure, et sur leurs femmes; le même acte ajoute que le suzerain n'aura plus le droit de donner des maris à leurs filles

---

[1] Dominus rex super hoc non se intromittet. Collect. du Louv., t. 1, p. 55.

PRIVILÉGES DES CROISÉS.

et des tuteurs à leurs enfans hors les cas prévus par les coutumes en Normandie[1].

Une législation exceptionnelle subsistait toujours en faveur des croisés. Le respect qu'inspirait le pèlerinage à la Terre-Sainte, l'absence plus ou moins prolongée, hors de la patrie, exigeait un corps de règles spécial appliqué aux chevaliers partis pour la Palestine, ou qui avaient manifesté le désir d'accomplir le passage d'outre-mer. L'ardeur de ces voyages s'était étendue aux habitans des villes, leur privilége fut réglé de la manière suivante :

« Aucun bourgeois ou vilain ne devra être imposé à la taille la première année qu'il aura pris la croix, à moins qu'elle n'ait déjà été répartie avant son départ; les croisés encore sur leurs domaines ne sont pas exempts de l'ost et de la chevauchée, c'est-à-dire du service militaire. Si le roi ordonne qu'une ville fournira son contingent pour les batailles et que les habitans préfèrent se racheter pour de l'argent, les croisés pourront être taxés comme les autres; s'ils possèdent des terres soumises à la taille, ils

[1] Regist. de Philippe-Auguste. Mss. n° 8408. Col. 142.

seront également taxés; toutes les charges municipales, clôtures de la ville, routes, ponts, sont aussi dans les obligations des croisés; quant aux dettes de la commune, ils sont tenus pour toutes celles qui ont été contractées avant le pèlerinage. Si les baillis royaux arrêtent un croisé pour crime à la suite duquel il puisse perdre la vie ou un membre, l'Église ne pourra le réclamer dans sa juridiction. Quand le roi demandera quelque chose à une cité pour la subsistance de ses troupes, les croisés ne paieront rien dans la première année; ils sont obligés de comparaître devant la cour de leur supérieur dans l'ordre des fiefs pour tout ce qui concerne les services féodaux; mais s'ils se prétendent surchargés, ils se pourvoiront devant l'évêque; hors les cas spécialement déterminés, le croisé sera toujours dans la juridiction ecclésiastique [1]. »

Les corporations marchandes recevaient en même temps des priviléges et des concessions. Les boulangers de Pontoise avaient la permis-

---

[1] Trésor des chartes, regist. 2. f. 17; elle a pour titre : *Stabilimentum cruce signatorum.*

sion de s'organiser en corps avec des magistrats et une juridiction. Tous ceux qui entraient dans cette association devaient offrir à dîner aux autres, et payer une obole[1]; de semblables chartes étaient concédées aux bouchers d'Orléans, moyennant une redevance de sept deniers qu'ils donnaient au roi[2]. Afin de protéger les vignerons de ses domaines, Philippe défendit de transporter par eau sur le cours des rivières, les vins de la Gascogne, de l'Anjou et du Poitou[3]. Il accorda le criage à perpétuité de toutes sortes de denrées à la *hanse*, ou compagnie de marchands de Paris, avec la basse justice sur le *fait des marchandises*, c'est-à-dire sur toutes les questions commerciales qui ne tenaient pas aux grands délits[4]. Enfin le roi réglait que pour la foire du *landit* à Saint-Denis, chaque marchand pouvait désigner sa place[5], lorsqu'elle n'avait pas été prise auparavant, et

---

[1] Ordonnance du Louvre, t. xi, p. 308.
[2] Ordonnance du Louvre, t. xi, p. 310.
[3] *Ibid.*, t. xi, p. 317.
[4] *Ibid.*
[5] Charte de Saint-Denis. Félibien, hist. de Paris, aux preuves, 1re partie, p. 95.

le prévôt était forcé de la lui donner avec toutes les dépendances.

Tels sont les actes épars de la législation pendant la dernière période du règne de Philippe-Auguste. Ils n'offrent aucun caractère général, aucune pensée qu'on puisse résumer. Ce sont des faits isolés, curieux sans doute, mais dont on ne pourrait tirer des résultats systématiques sans tomber dans l'arbitraire et dans de vagues conjectures. On sent pour ainsi dire, que la vieillesse de ce règne approche!

CHAPITRE XXXIV.

Symptômes de la maladie du roi.—Comètes et prédictions.—Testament.—Réunion d'un parlement à Paris.—Mort de Philippe-Auguste.—Pompe funèbre.—Caractère du roi.—Jugement des chroniques.—Résumé de ce règne.—Célébrités contemporaines.—Le pape Innocent III.—Le roi Richard.—Le roi Jean.

1222—1223.

Philippe-Auguste était parvenu à sa cinquante-sixième année. Un règne de quarante ans si largement occupé, toute cette vie de batailles et de fatigues avait affaibli son corps, de manière qu'il montait difficilement à cheval, et il était obligé de préférer les vêtemens de camelot, de serge et de velours, aux nobles armures; il avait abandonné toutes les volages idées de sa jeunesse. La reine Ingerburge était revenue auprès de lui, et ils habitaient ensemble le château de Pacy-sur-Eure, où Rigord, son médecin et son historien, lui avait conseillé de séjourner pour réparer ses forces affaiblies. Là, Philippe s'occupait à bâtir des églises, à réparer les monastères. Le chroniqueur de Saint-Denis admire cette grande piété qui ne cessait de gratifier les cellules bénies, de sous d'argent, de mesures de blé ou de vin. Plus de vingt chartes contemporaines contiennent des donations pieuses[1]. C'était toujours à l'approche de la mort que les clercs triomphaient; ils profitaient, comme on l'a dit, de ces momens de terreur et de faiblesse de l'âme, pour arracher, des barons pillards et batailleurs, quelque large don en faveur de la châsse du saint vénéré ou pour la nourriture et le vêtement des moines. Saint-Denis eut vingt arpens de vignes, Notre-Dame de Paris, Saint-Germain-des-Prés, des redevances

[1] La collection des chartes de M. de Brequigny n'est point imprimée depuis l'année 1214 jusqu'à la mort de Philippe-Auguste; elle existe cependant en MSS. dans les combles de la bibliothèque du roi; c'est une compilation, dont je me suis beaucoup servi.

et des terres royales; aussi, chantait-on, en tous les monastères, en plain-chant, pour la conservation de ce monarque.

Cependant, le roi tomba dans les accès d'une fièvre quarte; il était saisi, à divers intervalles, d'un frisson mortel, et frappé d'une sorte de paralysie. Gillon et le moine Rigord, ses médecins, qui ne le quittaient pas, considéraient sa maladie comme très-dangereuse. On consultait jour et nuit les livres d'Avicenne et des Arabes; on faisait tout à la fois des prières et des exorcismes; enfin, Philippe se fit transporter à Saint-Germain-en-Laye, demanda lui-même à dicter sa charte testamentaire; l'évêque Guérin prit la plume, et le roi, d'une faible voix, s'exprima en ces termes :

« Au nom de la sainte et indivisible Trinité, Philippe, par la grâce de Dieu, roi des Français; sachez qu'au mois de septembre 1222, gisant sur mon lit, et voulant pourvoir à ce qui nous touche, si la mort arrive, j'ai fait les dispositions suivantes :

» Je veux que mes exécuteurs testamentaires prennent, sur mon trésor, cinquante mille livres parisis (600,000) avec lesquelles ils feront, à leur discrétion, réparation des dommages que j'ai pu causer.

» Nous donnons aussi à notre bien méritante épouse, Ingerburge, dix mille livres parisis (120,000 liv.); nous aurions voulu lui accorder davantage; mais nous nous sommes ainsi restreint, afin de pouvoir réparer tout ce que nous avons encore fait d'injuste.

» Nous léguons à notre fils Louis, premier né, cent mille livres parisis (1,200,000 liv.) qu'il pourra employer à la défense du royaume de France, ou bien dans un pèlerinage, si Dieu lui en inspire la pensée.

» Nous laissons à l'abbaye que nous avons fait construire près le pont de Charenton, et aux vingt chanoines qui s'y sont établis, une rente de deux cent cinquante livres à prendre sur la prévôté de Paris, et de plus, dix mille livres pour y construire une chapelle.

» Ensuite, nous léguons à Jean de Brienne, roi de Jérusalem, trois mille marcs d'argent, et aux hospitaliers, dix mille, ainsi qu'aux templiers; et ces diverses sommes leur seront payées au premier passage d'outre-mer.

» Nous destinons au même roi et aux mêmes ordres militaires cent cinquante mille marcs d'argent, afin qu'ils les emploient à entretenir trois cents chevaliers pendant trois ans, après que la trêve aura été rompue avec les Sarrasins, et ces trois cents chevaliers seront répartis entre le roi et les ordres militaires.

» Nous léguons aux pauvres orphelins, aux veuves et aux lépreux, vingt-une mille livres parisis, qui seront distribuées par les mains de nos exécuteurs testamentaires.

» Nous laissons à notre second fils Philippe dix mille livres parisis et à nos serviteurs deux mille.

» Nous donnons à l'abbaye de Saint-Denis, où nous élisons notre sépulture, tous nos joyaux garnis de pierres précieuses, nos croix d'or, à condition que, pour le salut de notre âme, tous les jours vingt moines célèbreront la messe.

» Ce testament nous le scellons de notre scel, en nous réservant cependant pleine puissance de le modifier, changer; nous nommons comme nos exécuteurs testamentaires, Guarin, évêque de Senlis, Barthélemy De Royes, chancelier de France, et le sire Aymard, trésorier du Temple.

» Fait, l'an du Seigneur 1222, au mois de septembre, à Saint-Germain-en-Laye. »

P. S. « Nous donnons et laissons à l'Hôtel-Dieu de Paris, une somme de vingt sous par jour, destinée au service des pauvres, à prendre sur la prévôté de Paris; ce que nous confirmons de notre scel.[1] »

Philippe survécut quelque temps encore à ses dernières volontés; il était retourné à son château de Pacy-sur-Eure, lorsque se réunit à Paris un parlement féodal, pour délibérer sur les affaires de la Terre-Sainte et la croisade des Albigeois[2]. Le baronnage devait être considérable, et le roi Jean de Brienne y implorer la commisération des barons d'Occident pour les affaires d'outre-mer. Quoique bien faible encore, et perclus de ses membres, Philippe-Auguste, porté sur une litière, se mit en route, mais

[1] Ce testament existe en original; il est rapporté dans les Hist. de France de Dm. Brial, t. XVII, p. 114.
[2] Ce parlement fut favorable aux comtes de Toulouse et aux Albigeois.

ses douleurs redoublèrent tellement, qu'il fut obligé de s'arrêter à Mantes, où il s'alita. Son corps était brûlant et dévoré par une fièvre violente; il expira dans le délire, et la chronique de Saint-Denis rapporte que, durant son agonie, il prononçait le nom d'Agnès, de cette Agnès qu'il n'avait jamais oubliée, et dont le souvenir avait sans doute contribué à ses répugnances pour Ingerburge. La pieuse reine ne le quitta pas, cependant, et se retira, après sa mort, dans un monastère.

Les chroniqueurs, avides de merveilleux, ne laissent point passer une si grande douleur sans raconter des prédictions, des sortiléges et des miracles. Une comète parut cette année, crénue (chevelue) et grande, et l'on ne douta pas qu'elle n'annonçât quelque sinistre événement[1]; chose plus extraordinaire encore! le pape apprit la mort du roi au même moment qu'elle le frappa, et tous les cardinaux en furent profondément attristés[2].

[1] « En ce temps que la main de la mort prit le bon roi Philippe, une orible comète aparut en Occident, et donna signe de la mort d'un si grand prince. Chroniq. de Saint-Denis, ad ann. 1223.

[2] Guillaume le Breton, Philippéide, chant XII, intitule un chapitre : *Quod Papa scivit mortem Regis per miraculum.*

Toutes les chroniques parlent de la douleur publique; le poète Guillaume-le-Breton ne manque pas, dans sa verve classique, de nous peindre les gémissemens des pères et les larmes des enfans; on dirait la description des funérailles d'Hector ou de Turnus. Il n'y avait point en France, comme en Angleterre, la muse caustique des moines mécontens; il ne fut donc point fait d'épitaphe sanglante comme à la mort de Richard et de Jean. Le corps du roi fut transporté à Saint-Denis en grande pompe; on voyait à ce funèbre convoi, le prince Louis et son frère, le comte de Boulogne, revêtus de leurs longs habits de deuil. Leurs chevaux de bataille caparaçonnés; le lugubre cortége fut obligé de s'arrêter sur la route, et au lieu où le corps fut déposé on éleva une croix, et, par la suite, une chapelle desservie par des moines; à Saint-Denis la pompe fut plus grande encore; les chanoines n'avaient point été oubliés dans la charte testamentaire, et les joyaux qu'ils avaient reçus étaient estimés près de douze mille livres; aussi chantèrent-ils à pleine voix, et tous les ans ils célébrèrent une messe en l'honneur d'un prince si libéral.[1] Guillaume-le-Breton assure même qu'il se fit des miracles sur son tombeau, comme sur celui de Charlemagne.[2]

Le prince Louis succéda à son père sous le nom de Louis VIII, son règne compte à peine dans l'histoire de la troisième race, car il ne fut, pour ainsi dire, qu'une sanglante et longue croisade contre les albigeois.

C'est une de habitudes d'école de tracer des portrai. .storiques. Il n'est roi ni prince dont il ne soit d'usage de qualifier les actions et de juger la politique, et peu importent le siècle auquel ils appartiennent, les mœurs contemporaines, la part que l'inconstante fortune a eue dans les merveilles ou dans les fautes d'un règne! Cette manière d'apprécier les hommes a donné des résultats d'une vérité remarquable, et nous lui devons la variété d'épithètes si exactes qui se rencontrent à côté de chaque nom dans le catalogue royal. Nous avons des rois *bons, justiciers, grands, victorieux*, et pour justifier ces titres, on a décerné avec je

---

[1] Necrol. parisiens. Apud Dubois, t. 2, p. 274.
[2] Guillaume-le-Breton, chant XII.

ne sais quelle prodigalité féconde toutes les vertus, toutes les grandes qualités aux princes de nos trois races.[1]

Nos vieux et naïfs chroniqueurs n'ont pas toujours cette faculté de résumer en épithètes brillantes la vie du suzerain. Rigord, l'historien de Saint-Denis, qui a suivi pas à pas le roi Philippe, dont il est le biographe, se demande pourquoi on l'appelle *Auguste*. Quelques-uns de nos modernes nous répondraient que l'admiration des contemporains lui décerna ce noble titre. Le bon moine, qui n'a pas de ces enthousiasmes éclatans, n'y voit que le participe du verbe *augeo* (j'augmente), et comme Philippe a augmenté de beaucoup le territoire de la monarchie, il a mérité ainsi le titre d'Auguste, et, pour ainsi dire, d'*agrandisseur*.[2]

Cette réflexion du chroniqueur est de nature à désenchanter nos historiens poétiques et enthousiastes, et plus d'un historiographe a dû fermer le livre pour ne pas voir ces insolentes interprétations d'un moine, qui con-

[1] Aucune de ces épithètes royales n'est contemporaine dans le sens qu'on les a prises.

[2] Rigord. prolog. in lib. gestar. Philip. Aug. Dm. Brial, collect. des Hist. de France, t. xvii, p. 5.

trariaient son hymne historique. Quoiqu'il y ait bien plus d'esprit dans l'école du XVIIIe siècle que dans nos vieilles chroniques, j'ai préféré voir les hommes d'après les contemporains, et si l'on trouve que j'ai rapetissé le grandiose de Philippe-Auguste, je répondrai que je ne voulais pas faire un poème épique ; je n'en ai ni la force ni le talent ; je ne m'étais pas engagé à faire agir un personnage de convention, mais à le produire tel qu'il était, tel que les débris de ces temps nous le donnent.

Philippe-Auguste nous paraît tout à fait de son siècle ; c'est la valeur et la brutalité chevaleresques ; Egidius de Paris, en dédiant son plan d'éducation au prince Louis, lui rappelle que son père était plus violent que juste, plus sévère que miséricordieux, qu'il accablait ses vassaux de services et d'aides, et qu'il aurait pu obtenir beaucoup de choses par la justice qu'il n'arrachait que par la guerre et la cruauté[2].

Personne mieux que Philippe ne combat-

---

[1] Je ne sais si M. Parseval Grandmaison a puisé aux sources contemporaines ; en tous les cas, elles m'ont produit une autre impression que sur son imagination classique.

[2] Egidius parisiensis. Dm. Brial. Collect. des historiens de France, t. XVII, p. 391.

tait à outrance, ne brisait une lance avec plus d'adresse. Il était un des vaillans chevaliers de son temps. L'idée qui paraît le dominer est celle d'agrandir les terres de son domaine, et ses droits sur ses vassaux ; c'était, comme on le sent, une pensée purement matérielle, une préoccupation commune à tous les seigneurs féodaux. Depuis le plus puissant baron jusqu'au dernier vassal, tous songeaient à augmenter leur manoir et à étendre leurs manses productives. Les moyens par lesquels le roi parvint à son but furent souvent empreints d'un caractère violent et dissimulé : il est bien difficile de lui trouver une idée grande, forte, et en dehors de cet instinct grossier de puissance qui animait communément tous les princes de cette époque.

Il n'eut pas de plan arrêté, de pensées généreuses et politiques dans ses concessions aux communes et à la bourgeoisie ; quelquefois, les évêques et les seigneurs trouvent auprès de lui partialité et gain de cause ; quelquefois, les bourgeois obtiennent une large protection ; il est impossible de voir et de reconnaître nettement un caractère général et permanent dans cette législation.

Certes, beaucoup de changemens s'opérèrent sous son règne, la société marche largement; mais quelle part faut-il laisser au mouvement naturel de la civilisation; quelle part faut-il faire à l'influence du prince? Il est des temps où les révolutions arrivent toutes seules, et l'on fait honneur au génie des hommes de ce qui se serait accompli sans eux comme avec eux.

Ce qu'il faut bien remarquer, c'est le bonheur qui marqua incessamment son gouvernement. Il occupa le trône pendant quarante années, et durant ce même intervalle, trois ou quatre générations disparurent dans les royaumes étrangers et dans les grands fiefs. Il put donc profiter de tous les troubles des successions, de toutes les faiblesses de minorité, en un mot des chances les plus variées du gouvernement féodal. A côté d'une couronne, pour ainsi dire immobile et continuée sur une même tête, passait une suite de princes et de grands vassaux avec des caractères différens, des passions diverses, et qui ne pouvaient opposer que leur inconstante fortune à l'ambition fixe et dominante du suzerain.

La conduite politique de Philippe ne fut

empreinte d'aucune loyauté; la captivité de Richard est une étroite et mesquine vengeance. La violation des traités, l'invasion des terres d'un prince dans les fers, tout cela suppose de bien faibles notions des lois de l'honneur et des plus saints devoirs; mais qu'on accuse moins le roi que son siècle. Ce siècle, qu'on nous vante tant par la noblesse de ses sentimens et sa franchise chevaleresque, offre plus d'une fois le triste spectacle du scandaleux oubli de toute pensée morale. A tout prendre, notre temps vaut encore mieux! Il est tel acte des princes du moyen âge qui ferait mettre au ban de l'Europe le souverain qui se le permettrait aujourd'hui.

Philippe était un prince jovial, aimant le vin et la bonne chère; il n'était pas insensible au charme des vers, et Hélinant fut son trouvère favori, mais il était personnellement d'une profonde ignorance. Toute sa passion était pour les armes et pour les femmes. Il préférait les tournois, les cours plénières, où sa mine hardie, son adresse prodigieuse, lui attiraient tous les regards. On est toujours tenté de pardonner bien des choses aux princes, mais on ne peut oublier les mauvais traitemens que Philippe fit éprouver à sa femme Ingerburge ; cette conduite domestique était peu digne d'un souverain. Des historiens ont vanté, à cette occasion, ses résistances à la cour de Rome. La circonstance était au moins mal choisie, et encore cette résistance, pour une cause injuste, fut plus brutale que forte et persévérante.

Le caractère de Richard Cœur-de-Lion, qui paraît sur la même scène, et comme en opposition à celui de Philippe, nous semble plus grandiose, et rester dans les plus nobles proportions de l'honneur et de la chevalerie. J'aime à suivre dans son pèlerinage à la Terre-Sainte ce caractère fougueux, cet impétueux courage, ce Cœur-de-Lion dont le souvenir s'est perpétué en Orient comme une grande tradition ; quand le cheval d'un Sarrasin hésitait, il était passé en proverbe de dire : « Est-ce que tu crains le roi Richard[1] ? » Avec ces qualités brillantes de la

[1] Le sire de Joinville retrouva cette tradition lors de la croisade de Saint-Louis en Égypte : « Cuides-tu, disaient les Sarrasins, qu'y soit le roy Richard ? »

chevalerie, Richard en exagérait tous les défauts; il avait surtout cette insensibilité que donne l'habitude des batailles, cette teinte farouche qu'imprime l'amour du carnage; son gouvernement fut tyrannique et superbe; rien ne pouvait résister à cette volonté de fer qui se manifestait par des violences. Quelque chose dominait cependant ses fureurs, c'était l'avidité. Toujours dévoré par un insatiable besoin d'argent, il se permettait toute espèce d'exaction sur les feudataires; rien n'était respecté, ni les terres des barons, ni les biens des églises, ni les immunités des villes. La plupart des forêts furent réunies sous son règne au domaine, contre le droit et les chartes[1]. La reine Éléonore, sa mère, adoucit un peu ses rigueurs. Ce fut une femme d'un caractère élevé, chez qui l'amour excessif des plaisirs n'absorbait pas les grands devoirs de la suzeraineté. Ses vassaux lui durent d'excellentes coutumes. La Guyenne, les hommes d'Oleron, se souvinrent long-temps de ses bons priviléges[2], et les navigateurs invo-

[1] Voyez ce qui a été dit sur la grande charte anglaise aux chap. 29, 30 et 51 de cette histoire.
[2] De nombreuses concessions furent faites aux hommes d'Oleron Rymer, t. 1.

quèrent ses lois de la mer, un des plus anciens monumens de la jurisprudence nautique [1].

Richard était brusquement loyal, ami des plaisirs et surtout des troubadours. Né dans le Poitou, d'une race essentiellement nationale en ces provinces, il avait pris le goût des vers inhérent aux familles méridionales. Le roi aimait les sirventes, les chansons d'amour, il en faisait lui-même qu'il se plaisait à lire et à répéter. C'est souvent dans cette langue poétique qu'il excite ses vassaux aux batailles, qu'il se plaint de leurs trahisons ou de leur indifférence. De la tour où il est captif, il adresse de tristes chants à sa dame, et des reproches à ses barons. C'est un de ses amis de science gaie, un de ses joyeux compagnons qui le cherche en toute terre. C'est par une *cançon* que Blondel reconnaît son suzerain; aussi le nom de Richard brille-t-il sur le catalogue des troubadours, comme dans la race royale d'Angleterre.

Quel contraste que le caractère de Jean ! Il ne possède aucune des vertus de cette époque; ni le noble courage du champ de bataille, ni

[1] Les lois d'Oleron ont été pour la navigation de l'Océan méridional ce que le *consulat de la mer* a été pour la Méditerranée.

cette poétique ardeur qui poussait la chevalerie dans toutes les hardies entreprises; c'est une de ces figures ombrées qui semblent posées dans un tableau pour faire ressortir la fermeté et le coloris des principaux personnages !

J'ai déjà parlé du pape Innocent III, et ce nom est si grand dans le moyen âge, qu'on ne saurait trop le contempler. Suzerain universel de toute la chrétienté, il gouverna ce monde si plein de troubles, avec une science, une habileté qui manquaient aux rois de la terre ! Que d'événemens dont il fut le mobile et le régulateur ! Quel immense gouvernement ne fut-il pas appelé à faire mouvoir ! Les querelles si vives et si grandes avec l'empire d'Allemagne, il les excite et en triomphe ! Le roi de France veut un moment résister, il le frappe et le dompte; l'Angleterre devient une vassalité du Saint-Siège; son roi lui fait hommage comme à un suzerain féodal; l'empire franc de Constantinople s'établit, le pontife dirige sa naissante organisation; il soutient les colonies d'Orient par des levées d'argent et des croisades; il arrête les efforts des Maures de l'Afrique et d'Espagne, débordés comme au temps de Charles-Martel, et soulève contre eux l'Europe chrétienne; sa parole est entendue sur tous les points du monde, en Prusse, en Hollande et jusqu'au fond du Danemarck et de la Suède; pas une question qu'on ne lui soumette; pas une difficulté de gouvernement, de religion, ou de famille qu'il ne soit appelé à résoudre. Sa correspondance est un monument précieux sous le rapport historique; elle donne une haute idée de la science et de l'esprit du pontife[1]. Toutefois bien des choses du moyen âge, que l'on attribue à la force et à la puissance des caractères, tiennent à la situation des opinions, au siècle auquel les hommes appartiennent, et lorsque nous contemplons cette immense influence des papes sur toute cette vaste société, nous nous trouvons plus que jamais dans la nécessité de porter nos regards sur l'esprit et les mœurs de cette grande période que domine le règne de Philippe-Auguste.

[1] La correspondance d'Innocent III a été publiée par Baluze, sous ce titre : *Innocentii III epistolarum libri undecim, collecti à Stephano Baluzio*. Paris, 1682, 2 vol. in-fol. MM. Brequigny et Laporte-Dutheil ont donné d'autres lettres inédites de ce pape, dans leur tome III du Recueil, sous ce titre : *Diplomata chartæ ad res Franciæ spectantia*. Paris, 1791, in-fol.

CHAPITRE XXXV.

Caractère général des XII° et XIII° siècles. — Lutte entre les forces matérielles et la force morale, depuis la conquête.—Organisation de l'Église. — Hiérarchie féodale.— Marche de l'un et l'autre système. — Dénombrement des forces de l'Église. — Propriété territoriale. — Lumières des clercs. — Superstitions des peuples.—Triomphe complet de l'Église.—Révolution dans sa hiérarchie. — Puissance du pape.— Interdit, excommunication, déposition des rois et des évêques. — Levées d'argent. — Croisades.

Je me suis attaché, jusqu'à présent, à peindre les événemens du règne de Philippe-Auguste, et les grandes scènes féodales qui nous révèlent l'esprit de cette époque. Une tâche plus importante reste à remplir. Au milieu de ces faits épars, quelle a été la marche de la civilisation? Y a-t-il eu, dans cette période, quelques-uns de ces phénomènes moraux, de ces révolutions dont les conséquences aient agi sur les progrès de la société, sur l'ordre intellectuel des idées, sur les formes du gouvernement et le caractère général des faits? Dans notre âge tout investigateur, ce grand côté de l'histoire doit vivement fixer l'attention.

Le règne de Philippe-Auguste touche à deux siècles, le douzième et le treizième, dont l'influence a été immense sur la civilisation; rien ne s'y est accompli, mais tout s'y est commencé. Nous resserrons trop souvent l'époque d'une révolution dans les temps où elle apparaît par des signes visibles et des résultats achevés; mais ces résultats sont préparés de longue main quand ils éclatent. La société ne se modifie pas en un jour; quelques idées jetées d'abord se fortifient par le cours des âges, et deviennent, pour une autre époque, le principe des événemens qui la dominent. Ainsi la grande réforme religieuse et politique des quinzième et seizième siècles a commencé à s'essayer aux douzième et treizième. Les élémens en étaient encore confus et désordonnés, les forces anciennes en possession de la société absorbaient sans doute les faits nouveaux qui se produisaient çà et là, mais successivement ces faits se régularisent et prennent place dans les mœurs publiques et les institutions.

Ainsi la période dont nous avons à résumer le caractère est d'une haute importance. Elle fut l'aurore de la grande réformation intellectuelle, un temps difficile d'épreuves et de combats entre des principes divers. Tout n'est encore qu'ébauché, mais il y a néanmoins tendance à une modification dans l'état social.

Depuis la conquête des barbares et leur établissement dans la Gaule romaine, une lutte s'était engagée entre deux élémens, la force matérielle et la force morale intelligente; l'une était apparue avec toute l'énergie du glaive; c'étaient ces guerriers francs, ces vaillans envahisseurs se partageant les terres, devenues pour eux comme un campement militaire; l'autre force était le clergé; il avait conservé quelque tradition de lumières et de science, parlait au nom du ciel, et lançait toutes ses foudres. Ce conflit entre des influences si diverses dura depuis le septième siècle jusqu'au dixième. Les annales des Mérovingiens et des Carlovingiens sont toutes remplies de querelles et des envahissemens respectifs des guerriers sur les clercs, et des clercs sur les guerriers[1]; les uns agissaient par la saisie violente des terres ou des richesses des cathédrales et des monastères; les autres se vengeaient par des interdits et des excommunications. Cependant au Xe siècle, le triomphe de l'Église était presque complet. Après la terreur vive, mais passagère, occasionnée par les pilleries des Normands, cette grande institution s'était raffermie dans sa hiérarchie régulière; elle conservait des formes consacrées, un code écrit, des maximes invariables; elle poursuivait avec ordre et constance un but déterminé. La féodalité guerrière, au contraire, n'était qu'un amas confus de forces morcelées; il n'y avait aucune possibilité de pouvoir pour un gouvernement sans pensée commune, résistant et obéissant tour-à-tour. Violent dans ses invasions, mais incertain dans ses desseins, il

[1] Plusieurs envahissemens des richesses et des terres du clergé eurent lieu sous la première race par les guerriers Francs. La plus remarquable usurpation est celle des compagnons de Charles-Martel; mais toutes furent passagères; l'église reprit bientôt ses propriétés et son influence. V. Montesquieu, *Esprit des Lois*, l. 30 et 32.

devait perdre la domination, parce qu'il faut à celle-ci, tout à la fois, durée et persévérance. Quel ascendant pouvait se conserver le baron, qui, la veille, avait pillé le monastère, et le lendemain, prosterné au pied d'une châsse bénite, demandait pardon aux saintes reliques de ses grandes offenses envers Dieu, et accablait les pieux réclus d'offrandes, en expiation de ses péchés[1]? Aussi, au Xe siècle, le pouvoir était tout entier passé aux clercs; l'Église présentait une vaste et complète organisation, agissant dans une même pensée. Elle se divisait d'abord en clergé territorial, monacal et cloîtré. De grandes métropoles embrassaient dans leur juridiction des évêchés suffragans, et chacun de ceux-ci avait une cathédrale et des églises succursales; les moines appartenaient à une hiérarchie à part, et presque toujours affranchis du pouvoir de l'évêque, ils tenaient leurs droits, leurs règles du pape, dont ils reconnaissaient et défendaient la juridiction absolue; mais, évêques, chanoines et religieux cloîtrés, tous étaient

[1] Le grand recueil des chartes de Brequigny contient la notice de plusieurs milliers de donations des barons aux églises, depuis le VIIIe siècle jusqu'au XIe, t. 1 à IV.

animés d'un commun esprit, le triomphe des idées religieuses et des prérogatives de l'Église[1].

Près de la moitié du territoire des Gaules romaines appartenait au clergé des monastères ou des cathédrales, et à chaque métropole, évêché ou presbytère, étaient attachées de riches propriétés bien tenues, qui se transmettaient de génération en génération de clercs, sans qu'il fût permis de les aliéner, car il s'agissait de biens en main morte. Chaque église avait de nombreuses familles de serfs, qui défrichaient ses forêts et labouraient les jardins de l'évêque et des abbés. Par une application des principes du vieux testament et des droits de l'ancien temple, les clercs percevaient la dîme en nature sur tous les produits du sol; pas un castel, pas une maison royale, pas un coin de terre du pauvre serf ou du pastourel, qui ne fût soumis à cette redevance ecclésiastique. A l'approche de toutes les récoltes, les délégués de la cathédrale se rendaient dans les

---

[1] En consultant les écrits des principaux pères de l'Église du moyen âge, on les voit animés d'une commune pensée, le triomphe et les intérêts des monastères et des clercs. Voyez particulièrement St. Bernard, dans l'édition de Mabillon; 2 vol. in-fol. Paris, 1694.

champs, et recevaient la dixme du vin, des troupeaux, de l'huile sortant du pressoir, du blé foulé, du cidre, des fruits et même des fleurs.

A cette influence que donnent la terre et les richesses, venaient se joindre celles des lumières et de l'instruction. Le petit nombre de faits connus, les élémens épars de quelque science défigurée, les traditions de la littérature sacrée ou profane, s'étaient concentrés dans les mains des clercs; possédant seuls ou presque seuls la faculté de lire ou d'écrire, ils étaient nécessaires dans tous les castels de France; depuis le suzerain jusqu'aux plus petits vavasseurs, tous avaient leur chapelain pour dresser leurs chartes, réciter, au coin du vaste foyer domestique, le bréviaire ou quelque conte et légende chevaleresque, afin d'égayer les longues soirées d'hiver. On les consultait dans les transactions de famille, pour les mutations de la propriété. Toutes les affaires de la vie privée se mêlaient alors à des idées religieuses : la naissance d'un fils, son admission au noble corps de la chevalerie, ses vœux de pèlerinage, et jusqu'à sa passion pour sa dame. Les croyances chrétiennes, au moyen âge, offraient comme un vaste polythéisme dont toutes les divinités étaient en perpétuel rapport avec les faibles mortels. Le catalogue de l'église de Cluny offre le nombre effrayant de onze mille saints invoqués par la ferveur du peuple[1]. Sur la vaste surface de la Gaule chrétienne s'élevaient des oratoires ou des églises plus ou moins ornées par la piété. Chacune d'elles était consacrée au culte d'un patron; et si cette église avait le bonheur de posséder une sainte relique, le bras ou la mâchoire d'un pieux personnage, on accourait en pèlerinage des plus lointaines contrées, on venait appeler son intervention pour la guérison des maladies ou des infirmités humaines. Dans l'antique Rome, les jeunes filles invoquaient Vénus secourable aux amours. La matronne, impatiente dans ses désirs, sacrifiait le noir bélier pour retenir le jeune homme qui, couronné de fleurs, volait à de nouveaux embrassemens. Dans le moyen âge, une autre superstition s'adressait à un autre polythéisme;

---

[1] Ils forment cinquante-trois volumes in-fol. des Bollandistes (ils ne sont pas achevés). Mabillon a relevé encore quelques omissions dans les *Acta sanct. ordini sanct. Benedict.*

la Vierge, sainte Marthe ou sainte Magdelaine, étaient alors les divinités secourables aux amans. On visitait leurs cellules bénites. Pas de chevaliers, pas de nobles dames qui, en quittant ces réduits sacrés, ne fît dresser quelque charte de donation en blé, vin, ou terres, ne s'obligeât à quelques redevances en l'honneur de la sainte et dont les clercs profitaient. Sous ce rapport, leur influence était immense sur la population pieuse ; ils s'en servaient pour effrayer l'imagination et alarmer les consciences. Les peintures de l'enfer étaient multipliées dans les prônes ou les sermons ; ils les appropriaient à la grossière intelligence des seigneurs et des serfs. C'étaient sans cesse des images sensibles et matérielles d'affreux tourmens, et le pénitent, plein d'effroi, aurait donné ses biens pour échapper à une éternité de souffrance réservée à l'impie[1]. Puis, osait-on s'écarter des préceptes de l'Église, des commandemens qu'elle prescrivait ? les foudres n'at-

---

[1] Ils employaient même quelque fois la langue vulgaire pour frapper plus vivement l'imagination du peuple. Voyez l'excellent discours préliminaire de M. Daunou, en tête du XVIe volume de l'histoire littéraire de France, continuée par l'Institut.

tendaient pas pour tonner, les peines d'une autre vie : l'évêque avait le droit d'excommunication, d'interdit contre l'homme assez audacieux pour méconnaître les saintes expressions de la volonté divine.

Cette immense puissance exercée par l'Église était ramenée à l'unité d'esprit par la réunion fréquente des conciles. Tandis que l'autorité territoriale agissait isolément et dans une sorte d'individualité, sans se déterminer par des règles précises et communes, les clercs se rassemblaient, soit dans des conciles généraux, soit dans des conseils particuliers à chaque province ecclésiastique, et là, ils délibéraient sur ce qu'il était plus convenable de faire, soit pour maintenir la pureté des doctrines, soit pour perpétuer l'autorité de l'Église. Depuis le XII° siècle jusqu'au XIII° siècle, la grande collection du père Labbe [1] nous offre quatre conciles généraux, où tous les évêques de la chrétienté furent réunis au nombre de plus de mille, et trois cent dix-sept conciles particuliers ou de province, dans lesquels les

---

[1] T. IX, X, XI, XII. Les conciles de Lyon et de Latran sont les principales réunions ecclésiastiques de cette époque.

besoins des églises locales étaient examinés et décidés par les évêques et prélats du voisinage. Ces assemblées fréquentes maintenaient les rapports, et faisaient de l'Église un corps puissant toujours animé du même esprit.

Tandis que les coutumes féodales, capricieuses dans leurs principes, toutes barbares dans leur exécution, n'étaient confiées qu'à la mémoire des hommes et changeaient selon les volontés mobiles des sires châtelains, quelquefois même de clocher à clocher, l'Église avait un code de lois écrites, des canons sur tous les actes de la vie publique ou privée. La souveraineté territoriale n'avait que des juridictions incertaines, des tribunaux sans suite, sans hiérarchie, sans formes de procédures. L'Église avait un ordre juridictionnel, fixé pour toutes les phases variées d'une poursuite régulière. Combinant les principes du code Théodosien et Justinien, elle leur avait emprunté l'organisation des tribunaux, les idées d'appel, et tous ces ressorts que les lois romaines avaient multipliés; par d'adroites extensions, presque tous les cas ressortissaient de la juridiction ecclésiastique [1].

[1] Fleury a traité avec une science et une impartialité remar-

S'agissait-il d'une cause de mariage? l'Église l'évoquait comme touchant au sacrement; s'agissait-il d'un serment? elle l'évoquait également comme un acte de foi; enfin s'élevait-il une question de mineur? on la discutait devant la cour ecclésiastique, parce que l'orphelin était sans défense et qu'il avait besoin de protection.

En réunissant tous les faits que nous venons d'exposer, il est facile de s'expliquer comment, à la fin du XI° siècle, l'Église était devenue la source unique de la vie sociale. C'était d'elle que tout émanait : ordre moral et intellectuel, puissance active et régulière, source rationnelle des lois de la juridiction, rien n'existait au dehors que des forces brutales et morcelées, qui ne pouvaient opposer une résistance longue et décisive, et s'humiliait presque aussitôt qu'elle se révoltait contre une autorité sacrée aux yeux de tous.

L'Église, ainsi en possession de toute l'influence morale sur la société, fit elle-même sa

quable l'état des juridictions et des usurpations ecclésiastiques depuis le X° jusqu'au XI° siècle. Voyez son quatrième discours sur l'histoire ecclésiastique. Comparez avec son histoire du Droit français et son histoire ecclésiastique, liv. 80, n° 46, et liv. 82, n° 47.

propre révolution. Depuis la prédication du christianisme jusqu'à la fin du Xe siècle elle avait formé une sorte de république fédérative; chaque clergé de localités reconnaissait bien l'autorité spirituelle du pape sur l'ensemble de l'Église chrétienne; mais cette suprématie avait ses limites fixées dans des règles écrites. On consultait avec respect les décisions de l'évêque de Rome; mais les conciles, seule véritable expression de l'Église, donnaient des lois, prescrivaient les mesures de discipline. Le clergé local avait sa propre hiérarchie sous la direction du métropolitain. S'agissait-il de déposer un évêque, de juger des clercs? c'était le concile provincial assemblé qui décidait sur leur honneur et leur dignité. Ils étaient sûrs ainsi d'un jugement par leurs pairs, et trouvaient toutes les garanties d'équité au sein de la république chrétienne.

Au XIe siècle, cette forme toute libérale du gouvernement ecclésiastique se modifia sensiblement; les évêques de Rome soutinrent qu'ils exprimaient à eux seuls l'Église du Christ, et que, successeurs de saint Pierre, ils étaient de véritables monarques spirituels que Dieu avait placés sur la terre. Grégoire VII (le fameux Hildebrand) mit le premier cette maxime en action. L'Église prit alors un caractère monarchique, et toute la puissance se concentra dans l'autorité d'un seul. Le clergé territorial perdit ses priviléges[1]; le pape déposa de son propre chef les clercs et les évêques, modifia l'ordre de juridiction, brisa l'antique hiérarchie des métropoles, et, comme pour achever son ouvrage, il établit et protégea spécialement un corps du clergé en dehors de la juridiction des évêques territoriaux. Dans les premiers jours du christianisme, il s'était formé dans le sein de l'Eglise des associations d'hommes pieux, qui, à l'imitation des sectateurs de Pythagore et des Esséniens, avaient choisi la solitude pour se livrer à la contemplation et à la prière. Ces associations de moines ou de solitaires s'étaient répandues partout où le christianisme avait été annoncé, dans la Palestine, la Grèce, dans les Gaules, où elles se multiplièrent au milieu des invasions des barbares. Ils avaient bâti des cellules, défriché des terres et pris une haute impor-

---

[1] Voyez les épîtres d'Innocent III, t. II, p. 254, et liv. I, épit. 55, 130.

tance du IXᵉ au XIᵉ siècle. Presque tous les monastères suivaient la règle de saint Benoît. Les reliques dont ils étaient en possession, la réputation de piété, les talens que déployaient souvent les abbés, attiraient sur eux les dons de terres, de riches revenus, et une lucrative vénération. Dans l'origine, tous ces établissemens religieux s'étaient placés sous la seule autorité et dans la juridiction du clergé territorial, de l'évêque diocésain, ou du métropolitain [1]. Mais sous prétexte de leurs mérites pieux et de la sainteté de leur vie, les papes les exemptèrent de cette dépendance; ils durent immédiatement ressortir de l'autorité de Rome, de sorte qu'à côté du clergé national attaché à des localités, par des circonscriptions fixes, et qui par conséquent pouvait opposer son corps fédératif à la puissance absolue des papes, se forma une milice cléricale et dévouée qui ne connut d'autre supérieur que le pontife romain et ne dut aucune obéissance à l'évêque et même au métro-

---

[1] Presque tous les monastères ne dépendaient pas du clergé territorial; ce privilége résultait ou de la bulle générale qui fondait l'ordre, ou d'une charte spéciale accordée à une communauté pour son mérite particulier.

politain[1]. Un esprit de jalousie naquit entre ces deux fractions du clergé, celui des cathédrales et celui des monastères, mais l'autorité du pape ayant triomphé, le clergé monastique conquit une haute importance dans la hiérarchie religieuse.

Cette révolution qui changea l'Église, jusqu'alors libre dans ses constitutions et formant une sorte de république, en une véritable monarchie, s'opéra depuis l'avénement de Grégoire VII, jusqu'au pontificat d'Innocent III. Les vieux droits de l'épiscopat vinrent se perdre, avec les hautes prérogatives des conciles. Le pape devint le seul et visible organe de l'Église, et comme alors elle était la source unique de tout pouvoir, de toute influence, il en résulta pour le pontife romain une sorte de monarchie universelle sur les peuples et sur les princes chrétiens.

Elle se manifesta d'une manière éclatante dans la période que nous venons d'indiquer, contre les élémens divers qui composaient alors l'ordre social.

[1] Voyez Pluquet, Dict. des hérésies, t. 1, discours préliminaire, XIIIe siècle, p. 252.

La royauté guerrière et territoriale subit d'abord la haute prétention d'une supériorité universelle. On avait vu des rois s'humiliant devant les évêques du sol, mais Grégoire VII fut le premier pontife qui établit la doctrine que les princes n'étaient que des évêques au temporel, dépendans des papes, ainsi que les évêques spirituels eux-mêmes; il invoqua de faux titres du Vatican, et des décrétales inventées par un de ces clercs, habiles faussaires du moyen âge [1].

L'application de ces principes fut immédiate et foudroyante dans les mains de ses successeurs. Philippe Ier, roi de France, avait répudié Berthe, sa légitime épouse, pour vivre avec Berthrade, femme du comte d'Anjou. Après quelques légères et inutiles admonitions, Urbain II lança les foudres de l'excommunication contre le roi, délia les sujets du serment de fidélité [2]. Le roi des Francs fut obligé de subir les lois du pontife. Une

---

[1] Sur les fausses décrétales, consultez toujours le judicieux Fleury, quatrième discours sur l'hist. ecclésiastique.

[2] Dans le concile de Clermont en 1094 ou 1095, le même dans lequel la croisade fut prêchée contre les Sarrasins.

semblable humiliation attendait l'empereur Henri IV. Grégoire VII s'était vengé d'une faible et momentanée résistance de l'empereur Henri II; Urbain suivit le même système; mais on doit placer le complément absolu de cette puissance formidable au long pontificat d'Innocent III, qui embrasse en grande partie le règne de Philippe-Auguste. Nous avons vu ce pape impérieux excommunier le roi, mettre l'interdit sur le royaume, se proclamer suzerain de l'Angleterre, délier les sujets du serment de fidélité, tenter enfin et accomplir tous les actes d'une monarchie universelle.

Cette influence de l'autorité pontificale ne s'exerce pas seulement sur les rois, mais encore sur les masses. Un grand mouvement populaire se manifeste-t-il? c'est toujours sous la main du souverain pontife. Au XI° siècle, l'Europe s'ébranle à la voix d'Urbain II pour courir dans la Palestine délivrer le tombeau de Jésus-Christ. C'est le pape qui régularise cet enthousiasme de la multitude et en dirige l'action. Des bulles accordent des priviléges aux croisés, les exemptent de leurs dettes comme l'aurait fait une juridiction laïque. Des réglemens sur la police des propriétés, sur la paix publique sont dressés par la puissance pontificale, agissant seule, sans être arrêtée par aucune autre intervention. Tantôt c'est vers l'Orient que les pontifes dirigent ces expéditions, tantôt c'est vers l'Espagne, puis, ils en disposent pour conquérir l'Angleterre et dompter les albigeois; les populations féodales du moyen âge semblent être devenues des sujets dévoués et obéissans à l'autorité despotique des papes. C'est un spectacle assez curieux que de voir ces pontifes, qui ne sont pas maîtres de la multitude turbulente de Rome avec ses tribuns et ses consuls, fuyant quelquefois la grande cité, dominer ainsi toutes les nations chrétiennes; c'est que dans le *forum* leur pouvoir était immédiat et pour ainsi dire matériel, et qu'une puissance religieuse ne peut et ne doit être que morale; lorsqu'elle s'abaisse jusqu'à la terre elle en contracte toutes les fragilités!

Non seulement les papes disposaient des masses, mais encore des richesses de l'Europe chrétienne; le clergé était le plus opulent propriétaire; des rentes, des revenus immenses, alimentaient l'aisance des chanoines et des religieux réclus. Lorsque le pontife le trouvait convenable, il lançait une bulle pour opérer une levée de deniers sur les biens du clergé; presque toujours elle était destinée à une expédition dans l'intérêt de la puissance romaine [1]. Tantôt elle était d'un vingtième, tantôt d'un dixième; le pape en faisait son profit, ou lui donnait une application; quelquefois même, il la cédait aux rois, pour les engager dans quelques entreprises utiles à la suprématie du Saint-Siège. Au pontife appartenait aussi, à cette époque, le droit de régler la discipline, et de corriger les mœurs du clergé. Il disposait des sièges épiscopaux, décidait en dernier ressort, sur tous les cas qui tenaient à la juridiction ecclésiastique; en toute cause on pouvait appeler au pape, et cette invocation de la toute puissance romaine suspendait les sentences laïques et des cours cléricales. Lorsqu'il envoyait un légat dans une province, tout le pouvoir de la juridiction du clergé régulier se trouvait suspendu; le légat seul convoquait les assemblées, soulevait les

---

[1] Le pape même, disposait quelquefois, de son propre chef, des prébendes et des canonicats. Epist. Innoc. III, t. 2, p. 254.

populations, commandait aux princes : c'était le pontife lui-même armé de toutes ses violences.

Ainsi, à la fin du XI° siècle la société s'était soumise à l'Église, et l'Église s'était personnifiée dans le pape. Il ne faut donc pas s'étonner de cet immense pouvoir qu'exerçait le pontife dans cette période; il était dans les opinions et dans les mœurs !

CHAPITRE XXXIV.

Décadence de la puissance de l'Église et des papes. — Progrès des études profanes. — Liberté de l'esprit. — Conséquences. — Hérésies rationnelles. — Mysticisme. — Abailard. — Gilbert de la Porrée. — Influence des universités sur les doctrines de l'Église. — Science du droit. — Naissance des juridictions civiles opposées à la hiérarchie ecclésiastique. — Résistance organisée contre l'Église. — Querelles des bourgeois et des évêques. — Des rois contre les papes. — Mauvaises mœurs du clergé. — Premières idées d'une réforme. — Prévoyance des papes. — Ordre des prêcheurs. — Inquisition. — Résultats.

A la fin du XI° siècle, l'Église, personnifiée dans ses pontifes suprêmes, était parvenue à son plus haut période d'énergie et de splendeur. Cependant des causes lointaines de ruine existaient dans cette grande institution. Il arrive quelquefois qu'une autorité se montre encore avec toutes les apparences de la force; elle agit, se meut comme auparavant; mais elle enferme dans son sein des germes de mort qui se développent avec le temps; telle était l'Église à la fin du XI° siècle. Ses pontifes commandaient encore en maîtres; ses foudres éclataient avec le même fracas; mais une série de faits contemporains, les progrès de certaines institutions rivales, devaient amener sa décadence, lente peut-être, mais inévitable.

Le principe de l'Église était l'autorité; toute sa science se renfermait dans l'étude des livres saints et dans les interprétations presque officielles des conciles et des pontifes; le champ de l'intelligence était ainsi fort restreint. Les chrétiens devaient foi aux commandemens des catholiques comme le serf à son maître, comme l'homme lige à son seigneur, et ceci, sans examen de motifs, sans apprécier les résultats de son obéissance.

Dans la période du XI° au XII° siècle, les études de l'esprit s'agrandirent; les manuscrits s'étaient multipliés dans les bibliothèques des cathédrales et des monastères; ils ne contenaient pas seulement les traditions de l'Église, les livres pieux dont l'étude était un devoir pour les prêtres et les moines, mais de précieux débris de la littérature grecque et romaine. Les graves philosophes de l'antiquité, des poètes gracieux, Homère, Virgile, Tibulle, Catulle, charmaient les longs momens de la solitude des cloîtres[1] : le jeune reclus, à l'imagination ardente, pouvait occuper sa vive intelligence des plus hautes spéculations d'Aristote, et oublier l'obéissance de la foi dans ces contemplations philosophiques où l'esprit s'exerçait avec quelque indépendance.

Les études sérieuses avaient pris une grande extension, parmi les clercs lettrés, au XII° siècle : les langues élégantes de la Grèce et de Rome étaient familières à toute cette génération savante; les femmes elles-mêmes s'appliquaient à cette pénible instruction; de jeunes filles fréquentaient les écoles de la science, et Héloïse avait plus d'une compagne qui écoutait les leçons des docteurs. Pas un livre de piété, d'histoire ou de philosophie, écrit à cette époque, qui ne montre l'étude familière des anciens, où l'on ne trouve sans cesse des cita-

---

[1] Sur l'état des bibliothèques au XIII° siècle, voyez le discours préliminaire de M. Daunou, en tête du t. XVI de l'histoire littéraire de France, p. 34, continuée par l'Institut.

tions de Juvénal, d'Aristote, de Virgile, de Lucain et d'Ovide. Le calque d'imitation ressort même avec un plagiat de couleurs et d'idées qui ôte à cette école du moyen âge tout mérite d'invention.

Les livres sur lesquels se portait cet esprit investigateur étaient empreints d'un double caractère ; les uns offraient un large système de philosophie en-dehors des doctrines chrétiennes ; les autres une gracieuse mythologie que l'imagination des poètes avait embellie. Quelques efforts qu'eussent faits les pères de l'Église primitive pour ployer les philosophes grecs à leurs propres opinions, et en faire, pour ainsi dire, des précurseurs du christianisme, l'antique école du Portique n'en restait pas moins elle-même avec son cachet propre et distinct. L'esprit, en étudiant les systèmes rationnels d'Aristote et de Platon, pouvait largement s'affranchir des idées catholiques, et entrer dans une série de raisonnemens en-dehors de la foi. L'instruction s'écartait ainsi de la source unique dont elle émanait naguère exclusivement, c'est-à-dire des dogmes religieux. Il y avait dans cette impulsion nouvelle un grand danger pour l'Église, car il pouvait se former à côté d'elle dans un avenir plus ou moins lointain un ensemble de doctrines philosophiques, un corps de croyances et de raisonnemens distincts de ceux qu'elle enseignait comme des articles de foi.

Une première conséquence fut produite par l'apparition de ces enseignemens, je veux parler des hérésies; non point encore de celles qui furent entées sur une réformation morale, comme les albigeois, mais des erreurs chrétiennes qui provinrent, soit d'une subtilisation des textes sacrés, soit d'une application des théories philosophiques d'Aristote ou des anciens, aux dogmes purs du catholicisme[1]; telles furent les doctrines d'Abailard, de Gilbert de la Porrée[2]. Pas une seule de leurs opinions,

---

[1] Le nombre d'hérésies est très-considérable dans le XIII° siècle; les plus célèbres sont celles des Stadings, dont les doctrines se rapprochaient des Manichéens; les Fratricelles, qui annonçaient le règne de l'esprit; les Flagellans qui, outre leurs pratiques bizarres et acétiques, croyaient que les laïques pouvaient ordonner et transmettre l'Esprit-Saint; les Apostoliques qui réduisaient le christianisme, au seul principe de charité. Pluquet, Dict. des Hérésies, discours préliminaire.

[2] Sur les doctrines de ces deux philosophes, voy. l'Hist. litt. de France, par les Bénédict., t. XII, p. 446 et suiv.

condamnée comme une erreur, qui ne soit un emprunt fait aux subtilités d'Aristote ou aux principes de sa logique. Ce sont toujours les idées de la substance des choses, des intelligences des nombres, des rapports des êtres entre eux; pour s'en convaincre, il n'est qu'à voir le grand ouvrage de Jean Sarisbury, évêque de Chartres[1], où tout semble calqué, pour ainsi dire, sur la philosophie des anciens.

Ces tentatives d'une investigation en dehors des idées ecclésiastiques n'étaient pas sans doute parfaites; mais, en créant une instruction dont la source était étrangère à l'Église, elles préparaient une grande révolution intellectuelle; elles faisaient sortir la science du cercle étroit où l'autorité des clercs l'avait jusqu'ici renfermée.

Lorsqu'une instruction étrangère aux dogmes catholiques fut établie, il fallut nécessairement un corps de savans qui se chargeât de la mettre en action; ce fut là, sans doute, l'origine de l'université; je ne veux point dire que

---

[1] Hist. Litt. de France par les Bénédictins, t. XIV, p. 89.

l'université, dès son origine, rompit avec les principes de la foi et de l'autorité, mais les conséquences de cette institution n'en furent pas moins grandes; car l'université n'entrant pas nécessairement dans la hiérarchie cléricale, résultant en quelque sorte d'un principe mixte et combiné, s'écarta en plusieurs circonstances des intérêts de la grande hiérarchie catholique; elle fit dominer certaines idées que l'Église eût proscrites pour se conserver dans toute la force du système de suprématie qu'elle avait proclamée. Antérieurement à cette époque, toute science venait de l'Église dans l'ordre qu'elle avait établi; les universités se placèrent en dehors et, pour ainsi dire, dans un système mitoyen entre l'autorité civile et l'autorité ecclésiastique [1].

En même temps, la découverte du droit romain porta un coup, non moins profond, à la juridiction ecclésiastique. Jusqu'alors, par une fausse application de certains textes inventés, les tribunaux des clercs avaient tout

[1] Crevier, hist. de l'université de Paris, t. i, p. 376 et 439, t. ii, 79, 280, 290. Presque toutes les dissidences avec les dogmes purs et exclusifs de l'église catholique sortirent de l'université.

envahi. S'agissait-il, comme on l'a dit, d'une question de veuves, de mineurs, de serment, de mariage? l'église intervenait sous divers prétextes de protection et d'intérêts religieux. La juridiction laïque était réduite aux cas très-restreins des discussions féodales. La découverte des compilations romaines fit naître dans l'état une autre classe de personnes imbues des idées de deux puissances et d'une souveraineté civile indépendante des clercs. L'étude des Pandectes agrandit le cercle des principes de la jurisprudence parmi les laïques. Ils n'avaient pu, jusqu'alors, opposer aux canons de l'Église écrits, et renfermant des décisions sur presque tous les cas de la vie civile, que des coutumes barbares, souvent conservées dans la mémoire des vieillards, laissant tout à la force et au sort aveugle; il n'était donc pas étonnant que la juridiction ecclésiastique se fût agrandie; mais, lorsque le système plus large et plus élevé des Pandectes eut

(1) Aussi les papes s'opposèrent-ils de toute leur force à ces études : Firmiter interdicimus et strictiùs inhibemus ne Parisiis seu aliis locis vicinis, quisquam docere vel audire jus civile presumat. Bulle d'Honorius III. Ann. 1218. Dans les Décrétales de Grég., liv. v, tit 33, ch. 28.

été découvert, une autre révolution s'opéra ; les codes des empereurs furent la source où l'on puisa pour la décision des questions d'intérêts publics ou privés¹. Il y avait dans ces grands monumens de la civilisation romaine quelques-uns de ces principes généraux qui élevaient l'esprit vers les nobles régions de la philosophie ; les lois des Césars, les sages avis des jurisconsultes furent préféré aux décisions théologiques des conciles ou des canons ; les Pandectes devinrent l'objet d'une étude spéciale; des chaires furent créées pour l'enseignement du code et des institutes. Dès ce moment la juridiction cléricale fut restreinte ; les rois établirent un autre mode de procéder, un système judiciaire de prévots-baillis, indépendant de toute influence religieuse ; dans les localités les coutumes furent écrites, et les villes, les seigneurs, eurent des magistrats dont l'intérêt se trouva en opposition avec la juridiction cléricale². Cette

---

1 Les Pandectes furent d'abord expliquées à Paris ; puis il y eut des chaires à Montpellier, Orléans, Angers. Dm. Vaissète, hist. de la Langue doc., l. xxvi, n. 71.

2 Grosley, recherches sur le droit français, p. 123 ; Pasquier, recherches, l. ix ; et l'excellent ouvrage de M. de Savigni, sur le droit romain dans le moyen âge.

rivalité dura jusqu'au triomphe complet de la juridiction laïque.

Les progrès opérés dans les sciences, faibles encore, tendaient néanmoins au même but de l'émancipation de la pensée et de l'affaiblissement du pouvoir de l'Église. L'intelligence et la comparaison des faits nuisent toujours au principe d'autorité. Toute découverte dans l'ordre intellectuel, comme dans l'ordre physique, est incompatible avec la foi qui commande de croire et d'adorer. Je ne veux point présenter les XIIe et XIIIe siècles comme des époques de grandes nouveautés et, par conséquent, d'une rébellion audacieuse au catholicisme; mais des faits nombreux, comme nous aurons bientôt occasion de le dire, furent constatés; la physique, l'astronomie, la navigation, obtinrent quelques progrès, et tout cela fit entrer dans la société des besoins, des idées nouvelles, et préparait ainsi une grande révolution.

Si, de l'ordre intellectuel, nous passons au gouvernement politique, à l'action matérielle sur la société, nous trouvons en tous points des résistances qui se multiplient pour s'opposer à ce gouvernement ecclésiastique et à cette puissance de l'Église, dont nous avons retracé le caractère. Cet esprit se manifeste, tout à la fois, dans les masses et chez les rois. Les XII° et XIII° siècles sont remplis de ces vives querelles entre les évêques et les bourgeois se disputant pour les cités la juridiction et le pouvoir. Dans les temps antérieurs on trouve l'obéissance passive parmi le peuple; le pape n'a qu'à parler pour soulever l'Europe en armes; dans cette ère qui commence, ses volontés ne trouvent plus cette prompte et enthousiaste obéissance que l'Église était habituée à obtenir. La foule préfère ses magistrats élus, ses maires, ses capitouls, à la juridiction de l'évêque; les remontrances des pontifes sont quelquefois écoutées, mais elles ne sont pas long-temps obéies. On revient toujours au gouvernement de la cité, à cet ordre naissant et protecteur.

Les rois, à leur tour, suivent ce mouvement des esprits. Les papes avaient tant abusé de leur ascendant pour commander aux suzerains, que ceux-ci ne retardèrent point la résistance dès qu'elle fut possible et populaire. Déjà quelques tentatives avaient été faites par Philippe-Auguste et même par Jean d'Angleterre, mais une opposition forte n'était pas encore dans les opinions; ils furent obligés de céder. Il ne faut jamais perdre de vue, même au moyen âge, l'action toute puissante des masses; elles dominent les volontés; aussi lorsque leur esprit se modifia l'autorité des rois trouva des appuis; et, à la fin du XIII° siècle, les couronnes purent suivre une résistance systématique contre la cour de Rome.

C'est au règne de Saint-Louis qu'on peut placer le résultat accompli de la séparation du gouvernement civil d'avec celui de l'Église. Alors les jurisconsultes posèrent nettement les premières maximes qui servirent depuis de fondement à la Pragmatique-Sanction [1]. Ainsi, l'Église ne fut plus le principe de toute chose, la fin de tout gouvernement, la base absolue de la société. Il se forma, à ses côtés, une autre souveraineté régulière, avec ses lois et son institution propre. La royauté territoriale

---

[1] Recueil des ordonnances, t. 1, p. 97. Les ultramontains ont voulu nier l'authenticité d'un acte où se trouvent ces expressions : *les exactions intolérables de la cour de Rome.* Mais son authenticité a été éloquemment prouvée par Bossuet. Def. eccles. Gallican. l. XI, c. 9.

ne proscrivit point, sans doute, les règles et les prescriptions religieuses; mais elle ne fut plus une succursale de Rome; quoique non encore nettement définie, l'autorité nouvelle entraînait les esprits vers cet ordre de choses, que la réforme du seizième siècle accomplit. En effet, on ne saurait trop le répéter, c'est au douzième siècle que les premiers germes de toutes ces grandes modifications sociales furent jetés; ils éclatèrent plus tard violemment, parce qu'ils étaient dans les idées populaires.

Le clergé eût pu s'opposer quelque temps à ce grand mouvement des opinions, si, par la sévérité de ses mœurs, il eût conservé sur le peuple le noble ascendant de la vertu. Il y a, dans le spectacle des macérations et des jeûnes de la vie monacale, quelque chose de surnaturel qui frappe le vulgaire. Le sacrifice des jouissances actuelles pour conquérir de célestes récompenses excite une sorte de respect superstitieux, car elles supposent des âmes d'une trempe plus forte; la vie du désert des premiers cénobites chrétiens n'avait pas peu contribué à fonder le puissant ascendant des ordres monastiques; mais aux onzième et douzième siècles, toutes ces traditions de vertus s'étaient effacées; les richesses des monastères, leurs nombreux revenus, qui s'accroissaient chaque année par des donations pieuses, avaient introduit tout le luxe et toutes les jouissances de la vie parmi les heureux reclus. Les tables de Citeaux et de Clairveaux rivalisaient avec les somptueux repas des rois et des plus riches barons; on élevait avec grand soin des cuisiniers, dont toute l'occupation était de varier les plats et d'exciter de nouvelles jouissances parmi les nombreux convives. Pour donner une idée de cette fertilité d'invention, on avait trouvé vingt-huit manières d'arranger les œufs pour les jours d'abstinence, et dans ces jours encore, les saumons, la lamproie, mêlés à de précieux aromates, rompaient la monotonie du maigre [1]. Que dirons-nous des vins, recueillis avec soin dans des clos choisis, et conservés dans de larges amphores pendant de longues années avant de paraître sur la table des cénobites [2]? On s'en donnait jusqu'à l'ivresse les

---

[1] Jacques de Vitry a fait un tableau trop rembruni pour n'être pas un peu exagéré, des mœurs du clergé à cette époque. Hist. Orient, p. 690.

[2] Traité de Pierre-le-Chantre, chap. 25 à 29, et 31-44.

jours des grandes solennités de l'année, pour Pâques et surtout à Noël. On ne se refusait pas non plus les mies et les filles de joie; les prédicateurs et les conciles s'élevaient contre ces mauvaises mœurs, contre la lubricité des clercs qui, selon l'expression de saint Bernard, les faisait courir, comme des satyres, après les femmes de mauvaise vie.

Cette immoralité, qui caractérisait surtout les chanoines et le clergé libre, n'était pas de nature à leur conserver un ascendant populaire; aussi évêques, moines et clercs, commencèrent-ils, dès le XIIe siècle, d'être l'objet de censures violentes, et qui trouvèrent des échos dans la multitude, ce qui est une preuve évidente qu'ils perdaient de leur crédit, et que l'opinion les menaçait déjà d'une grande réforme. Les poésies des trouvères et des troubadours, aussi populaires, aussi répandues que les journaux aujourd'hui, leur reprochaient sans cesse leurs richesses, leur luxe et leur débauche[1]; les rois s'en plai-

---

[1] C'est dans l'objet de faire connaître cette liberté d'opinion, que j'ai souvent rapporté les chants des trouvères et des troubadours; on a dit que ces monumens donnaient souvent des faits faux, des dé-

gnaient tout haut dans leur cour, et l'on a vu quels étaient les desseins de la ligue de Bouvine par rapport aux églises.

Ainsi, une réforme morale paraissait une chose inévitable pour le clergé, car elle était dans les esprits; sa position s'affaiblissait chaque jour, et quoique, de fait, encore en possession d'un immense ascendant, la force l'abandonnait, et il était menacé d'une ruine plus ou moins immédiate. La réforme était tellement un besoin, qu'elle éclatait même dans ce siècle; l'hérésie des albigeois ne fut, à vrai dire, qu'une tentative un peu prématurée d'une réformation morale. A côté des opinions mystiques empruntées aux systèmes des manichéens et des gnostiques, cette hérésie tendait à réduire l'Église à sa simplicité primitive; plus de luxe d'habits, plus de culte de saint, plus de ces pompes cléricales qui frappaient

---

tails supposés; mais je ne les ai jamais rapportés comme documens pour prouver un fait, mais comme monumens propres à nous faire connaître l'état des opinions contemporaines; il est évident qu'il y a dans ces joyeuses satyres une couleur de l'époque, une vérité locale qu'on ne retrouve pas toujours dans la chronique des moines.

l'imagination. C'était la vie primitive des diacres et des néophites, les austérités des cénobites qu'elle cherchait à ramener dans le sein de la grande communauté chrétienne. Elle repoussait toutes les hiérarchies empruntées à l'ordre civil, toutes les distinctions en dehors des idées religieuses. Les albigeois suivaient le plan de réformation du XVe siècle, avec cette différence que les masses n'étaient point encore complètement préparées au mouvement dans lequel on les appelait.

Les pontifes romains et les chefs de l'Église étaient trop supérieurs à leur époque pour ne point comprendre les dangers qui les menaçaient, si ces nouveautés allaient à leur but; aussi, un système de résistance fut organisé pour s'opposer à ce progrès des forces nées en dehors du catholicisme.

Afin de conserver le même ascendant sur les esprits, l'Église sentit le besoin de faire dans son sein sa propre réforme, et de ramener à la pureté des mœurs les clercs téméraires qui s'en écartaient. Tous les canons des conciles généraux et provinciaux contiennent sur ce sujet des dispositions sévères. On défend aux chanoines d'avoir des concubines, de faire manger les revenus de leurs prébendes à leurs bâtards, aux évêques de vivre avec des femmes de mauvaise conduite, de s'adonner au vin jusqu'à l'ivresse; aux moines de recevoir des filles dans leurs cloîtres; aux saintes recluses d'accueillir des clercs ou tous autres hommes dans leurs cellules[1]; les canons fixent l'heure des repas, la composition des mets, ce que chaque religieux pourra manger et boire, le temps du lever et du coucher; ils excitent à la ferveur et à la prière par des commandemens exprès et des indulgences; ils menacent les évêques de déposition, et les clercs de ces peines de discipline, si cruelles au moyen âge; en un mot, les canons présentent un code complet de morale, et les crimes qu'ils s'efforcent de réprimer font bien voir que les mœurs du clergé étaient loin de cette perfection qu'une religion doit toujours of-

[1] Un moraliste de ce temps, s'écrie : « Quid aliud sunt hoc tempore puellarum monasteria, nisi quædam non dico Dei sanctuaria, sed Veneris execranda prostibula, sed lascivorum et impudicorum juvenum ad libidines explendas receptacula? et idem sit hodie puellam velare, quod et publicè ad scortandum exponere!»

frir, lorsqu'elle veut acquérir un grand ascendant sur les esprits[1].

Non-seulement les conciles, mais toute la correspondance des papes, les lettres encycliques ou particulières, s'occupent de cette réformation des mœurs du clergé. Au XIIe siècle, presque tous les monastères, les corporations canoniques, reçurent des règles nouvelles, ou s'imposèrent des devoirs plus impérieux de morale et de religion. A la voix de St. Bernard, aux exhortations des évêques et des pontifes zélés pour la cause de l'Église, on se précipita dans les austérités, mais elles ne durèrent qu'un moment; le naturel l'emporta bientôt; les moines revinrent à leur dissolution première, et perdirent ainsi ce que la prévoyance des pontifes voulait leur conserver.

Les premières tentatives faites en dehors de l'Église pour lutter contre sa suprématie, avaient donc éveillé la sollicitude pontificale; mais plus elle essayait sa force, plus elle trouvait de résis-

---

[1] Pour se faire une idée des désordres du clergé et des mesures sévères des conciles contre les mauvaises mœurs, il suffit de consulter les tables de la grande collection du père Labbe, aux mots *clercs, jeux du hasard, concubine, mets, chasse, simonie, adultère,* et Ducange aux mêmes mots de son glossaire, etc.

tance; quelquefois vaincue, d'autres fois victorieuse, elle songea, dès-lors, à s'assurer des auxiliaires nouveaux, afin d'arrêter ce mouvement de la société qui la menaçait. On peut considérer comme une création, destinée à s'opposer aux esprits novateurs, l'institution de l'ordre des prêcheurs ou des prédicateurs, et cette formidable inquisition dont le nom seul rappelle de sanglantes annales.

L'ordre des prêcheurs fut institué par saint Dominique. Son but était le maintien, la propagation de la foi et la défense du Saint-Siège; une milice toujours prête parcourait la chrétienté, et, sans se soumettre à d'autre autorité qu'à celle des papes, prêchait l'obéissance passive à l'Église, percevait des deniers, vendait des indulgences et cherchait à ramener la simplicité de croyance des beaux jours du catholicisme[1].

Cette troupe prédicante fut bientôt armée du terrible pouvoir d'instruire et d'enquérir contre les hérétiques, première origine de l'in-

---

[1] Touron, hist des hommes illustres de l'ordre de St. Dominique, Paris, 1645, 6 vol. in-4., t. 1, préface et vie de St. Dominique.

quisition. Tous les ennemis de l'Église furent compris dans la proscription générale, ainsi que les nouveautés qui pouvaient compromettre la suprématie du Saint-Siège[1]. Les violences de l'inquisition furent en quelque sorte les dernières rigueurs d'un pouvoir chancelant, qui se croit fort parce qu'il est cruel et qui de ses propres mains hâte sa ruine. Les deux créations destinées à sauver le catholicisme contribuèrent à sa perte. L'ordre des prédicateurs, les abus que commirent les moines et les prêtres vendant des indulgences, trafiquant du salut, donnèrent un prétexte sensible à la grande réforme du XVe siècle[2], et les cruautés de l'inquisition soulevèrent l'humanité contre la domination ecclésiastique.

Quand je dis que ces causes diverses contribuèrent à la ruine du catholicisme, c'est que

---

[1] Le père Touron, en discutant les temps où l'inquisition fut précisément établie, croit que cette institution est postérieure à Pierre de Castelnau et à St. Dominique, « quoique, dit-il, ces deux saints personnages fussent bien dignes, par leurs vertus, d'exercer et d'instituer un si auguste ministère.» Touron, liv. 1, ch. 6, p. 38 41. Voy. Fleury, hist. ecclésiast. t. xxix, n. 57, liv. xxx, n. 40.

[2] Tout le monde sait que les réformateurs tonnèrent surtout contre les trafics des indulgences.

le catholicisme n'existe plus là où il n'est pas la source unique du pouvoir. Comme il forme une hiérarchie, et un gouvernement, sa destinée est de régner ou de périr; tous ces ménagemens, tous ces concordats, tous ces traités de conciliations, ne sont que des trèves impuissantes pour empêcher la lutte engagée entre deux systèmes, l'indépendance de la raison et l'autorité de la foi. De là ce malaise qu'éprouve la société actuelle, ces sourds combats entre des forces en opposition, qui s'alimentent de concessions et de ménagemens. Qu'un pontife capable monte dans la chaire de Saint-Pierre, et il peut ébranler toutes les royautés catholiques; qu'un homme fort vienne sur le trône et le catholicisme est menacé. Il y a donc lutte encore entre deux principes inconciliables, celui d'une puissance civile et d'un gouvernement ecclésiastique. En Angleterre et dans une grande partie des souverainetés du nord, le principe civil a triomphé, partout ailleurs il y a trouble; la cause est facile à saisir comme le remède serait facile à porter.

Peut-être faut-il aussi ranger, dans les prévoyances des papes pour s'opposer à ce grand mouvement social, qui menaçait leur pouvoir, la protection accordée aux ordres religieux et chevaleresques, qui s'établirent à l'occasion des croisades contre les infidèles. Les papes virent dans ces associations empreintes d'un double caractère, dans cette milice tout à la fois religieuse et guerrière, des défenseurs toujours prêts à soutenir le catholicisme contre les forces de la terre. Mais lorsque l'opinion se modifie, les institutions entées sur des idées vieillies manquent leur objet, et tournent souvent contre leur but. Chacun connaît le procès des Templiers, et l'on sait que ces moines-chevaliers avaient suivi eux-mêmes le torrent des nouveautés; les papes, au lieu de trouver en eux des défenseurs, furent obligés de sévir contre la corruption de leurs mœurs et la perversité de leurs opinions hérétiques[1].

Pour nous résumer, les progrès du catholicisme allèrent toujours s'accroissant jusqu'au

---

[1] L'excellent travail de M. Raynouard sur les Templiers n'a pas entièrement justifié de l'hérésie cet ordre militaire et religieux; si la dissertation de M. de Hammer offre du désordre dans les idées, si elle est exagérée dans les conséquences, il y a du savoir et une connaissance parfaite de cette filiation des doctrines philosophiques et hérétiques qui, de l'Église primitive, sont arrivées au moyen âge.

XII˚ siècle; l'Église fut alors la source de toute autorité, de toute civilisation; à partir de cette époque, sa puissance décline; des causes diverses agissent pour préparer sa décadence; un nouveau gouvernement, des idées nouvelles, se substituent aux principes purement religieux. C'est cette société, reposant sur des élémens rajeunis, mais qui s'y montrent encore à peine, que nous allons saisir et prendre à sa naissance.

CHAPITRE XXXVI.

Progrès de la société civile et politique. — Esprit d'association. — Les cités. — Fédérations — Caractères distinctifs des diverses communes. — Villes d'Italie. — De la Langue-doc. — De France. — De Flandre. — D'Angleterre. — Compagnies de bourgeoisie. — Levée des impôts. — Intervention des communes dans la forme générale du gouvernement. — Résistance à la cour de Rome. — Rapports de la féodalité et du pouvoir royal. — État de la société politique à la fin du XIIIe siècle.

La domination absolue de la société étant sortie des mains de l'Église par les causes diverses que nous avons signalées, il dut se former un ou plusieurs pouvoirs en dehors d'elle ; car il est impossible qu'une aggrégation d'hommes vive sans un principe de gouvernement plus ou moins développé. Trois élémens agirent, non pas d'un poids égal dans cette combinaison nouvelle, mais ils intervinrent chacun dans la sphère d'influence qui leur était propre. 1° La royauté, cherchant à s'émanciper de tout ce qui pouvait la gêner dans sa marche. 2° Les barons opposant une résistance continuelle à cette usurpation de la suzeraineté. 3° Enfin, la bourgeoisie, dont l'action est encore peu décisive, mais qui, par sa nouveauté, mérite d'occuper la première et la plus large place.

L'émancipation des communes ne fut que la reconnaissance d'un fait : l'accroissement d'importance et des richesses de la classe intermédiaire. Tant que les vilains étaient demeurés dispersés sur le territoire morcelé de la féodalité, ils ne pouvaient obtenir ni gouvernement spécial, ni représentation politique. Le seigneur exerçait sur eux toute espèce d'autorité; il en disposait comme de gens attachés à la glèbe. Dans le midi des Gaules, les institutions romaines avaient assuré aux citoyens des grandes cités échappées [1] aux dévastations

---

[1] M. Raynouard. Hist. du droit municipal, livres 2 à 5.

de l'invasion germanique, une participation au gouvernement municipal; mais, au nord, ces mêmes priviléges n'existaient pas. La conquête avait presque effacé les traces de la vieille administration de l'empire[1]. Tout y fut nouveau, et l'action des masses s'y manifesta par une vive et grande explosion. La classe intermédiaire sortit de son état de servitude par un effort général et spontané. Une fois que la liberté se fut proclamée comme un fait, force fut bien de la reconnaître comme un droit, et, de là, ces chartes multipliées de concessions qui remplissent les XII° et XIII° siècles. On peut donc dire que le mouvement communal fut une véritable révolution, sanctionnée, plus tard, par le pouvoir royal et féodal, à peu près comme les conquêtes populaires du XVIII° siècle ont été consacrées par notre charte. Grande leçon pour les sociétés! le meilleur moyen d'obtenir des libertés, c'est de les prendre d'abord, sauf à les faire constater ensuite.

L'esprit d'association fut le principe de

---

[1] Voyez l'introduction à cette histoire, chap. 1.

toutes ces larges innovations au profit de l'indépendance bourgeoise. Il s'étendit dans les XIIe et XIIIe siècles, à toute réunion d'hommes; car, lorsqu'il n'existe pas de gouvernement protecteur, il faut bien que les individus pourvoient à leur sûreté, et ce n'est qu'en agglomérant leurs forces pour la défense commune qu'ils peuvent obtenir la paisible jouissance de leurs droits. Tout fut corporation dans le moyen âge, et cette espèce de société de garantie indique l'absence d'une autorité centrale. Les premiers élémens de ces associations se trouvaient dans l'organisation des cités. Toutes fondées, pour ainsi dire, sur un même plan, elles offraient un large système de libertés locales.

Des nuances paraissent distinguer les quatre formes municipales qui furent adoptées, dans l'Italie, la France, la Flandre et l'Angleterre. Toutefois, elles tinrent plus aux accidens de localités, aux caractères divers des gouvernemens avec lesquels elles se trouvaient en rapport, qu'à l'esprit qui présida à leur création; partout cet esprit fut le même, parce qu'il était inspiré par un semblable besoin. Les superficies seules furent nuancées et mobiles.

Le système municipal se convertit, en Italie, en véritable gouvernement républicain. Les communes de Lombardie nomment leurs magistrats par une élection, tantôt aristocratique, le plus souvent populaire; elles ne dépendent d'aucun pouvoir supérieur. Les évêques[1], les comtes, l'empereur, prétendent bien à quelques droits dans l'administration de la cité; mais leur intervention s'affaiblit insensiblement et se perd. Les villes traitent entre elles, s'affilient comme des États et des souverainetés indépendantes, signent des traités et des confédérations. Elles ne diffèrent en rien de ces républiques de l'antiquité, de cette ligue achéenne, si renommée dans les derniers temps de la Grèce. Peut-être l'absence de toute souveraineté nationale en Italie, et cette puissance incertaine des empereurs de race germanique, si long-temps disputée

---

[1] Muratori a retracé avec sa conscience et son érudition accoutumées l'origine et la forme de ces municipalités républicaines au moyen âge. Antiq. Ital. medii ævi. T. IV, dissert. 45 a 52, et ann. T. VIII a X.

par les papes, et jamais entière sur ces territoires, contribuèrent-elles à cette grande indépendance des cités Italiques.

Les municipes de la Langue-doc sont constituées d'après le même modèle. Nous avons vu dans les vieilles chartes de la Provence avec quelle ardeur les bourgeois défendaient leurs priviléges, les sacrifices faits pour les conserver. Y avait-il espérance de se proclamer souveraineté absolue? les bourgeois n'hésitèrent jamais. Marseille, Montpellier, Toulouse, Arles se déclarèrent plusieurs fois républiques dans le moyen âge et soutinrent leur fière indépendance contre les comtes et les évêques[1]. De là, peut-être, cette haine que nous retrouvons toujours entre les bourgeois et les évêques, entre les magistrats municipaux et les comtes. Dans toutes les cités libres il se passait peu de siècles, sans être marqués par une révolte contre le seigneur

---

[1] L'histoire du droit municipal de M. Raynouard, est surtout curieuse en ce qui touche les communes de la Langue-doc dont le savant académicien a plus particulièrement étudié les chartes. Je ne connais rien de plus consciencieux et de plus complet que l'histoire du Languedoc par le modeste Dm. Vaissète.

laïque ou ecclésiastique qui habitait la ville haute. Dans l'espace de cinquante ans, les bourgeois d'Avignon donnèrent la mort à un de leurs vicomtes et à deux de leurs prélats.

Dans les communes de France le principe municipal n'était pas aussi large, mais les bourgeois possédaient néanmoins tous les priviléges de l'indépendance. L'élection de leurs magistrats était consacrée par toutes les chartes communales; le roi, le seigneur, ou leurs officiers n'intervenaient point dans ces réunions qui se faisaient le plus souvent au son des cloches, sur la place publique, et auxquelles prenaient part tous les citoyens habitans de la ville.

Les magistrats une fois élus avaient le droit de police locale, la manutention des deniers communs, le soin d'entretenir les fossés, les murailles, les chaînes, les ponts et les routes. Les cités avaient une milice à elles, une juridiction indépendante de la juridiction royale, et confiée à leurs maires et échevins. Mais ce qui les distinguait des républiques d'Italie et des muni-

[1] Cette forme fut complètement changée par Louis XI, comme on le verra dans l'ouvrage que nous préparons sur ce règne.

cipes de la Langue-doc, c'est que toutes ou presque toutes n'avaient pu secouer la dépendance du roi, des comtes ou des évêques dont elles reconnaissaient l'autorité supérieure et la souveraineté. Les seigneurs de la Languedoc faisaient des conventions avec les bourgeois, traitaient avec eux comme avec un pouvoir égal et une cité presque étrangère. Le roi et les comtes de France rendaient des ordonnances pour les communes, comme s'il se fût agi de sujets. Voilà ce qui nous semble séparer les deux formes municipales.

Les villes de Flandre étaient régies par une sorte de système fédératif, fondé sur les relations commerciales. Ces grandes cités, les plus opulentes et les plus importantes du moyen âge, étaient dévouées à leur comte, mais les privilèges municipaux étaient à leurs yeux d'un si haut intérêt, qu'elles ne souffraient pas que les gonfanons féodaux pussent s'approcher des murailles sans l'expresse permission des bourgeois. Quelquefois ceux-ci refu-

---

1 Consultez sur le commerce des villes de Flandre, les annales du commerce par Macpherson, t. 1, p. 270. Bruges seule contenait 35,000 maisons.

saient l'entrée de leur ville à leur seigneur même. Le seul droit qu'il eût, c'était d'établir un châtelain et des hommes d'armes dans le castel qui défendait les hauteurs de la cité. Les citoyens s'obligeaient à leur fournir les vivres nécessaires, et ils ajoutaient un don annuel au comte pour garantir les franchises dont ils jouissaient. Ces libertés étaient grandes, puisque les bourgeois faisaient des traités de commerce, donnaient des sauf-conduits, des chartes de protection. Mais leur active indépendance se dirigeait particulièrement vers le négoce, qui embrassait alors le monde connu[1].

Les droits des cités d'Angleterre se mêlaient comme dans les communes de France au système féodal. La conquête était toute récente, et les vassaux militaires avaient conservé leurs hautaines prétentions sur les classes bourgeoises. Aussi les priviléges municipaux étaient-ils tous empreints du régime des fiefs, et n'existaient, pour ainsi dire, que sous l'épée des ba-

---

[1] Il n'existe pas d'ouvrage complet sur l'état des cités indépendantes de la Flandre; cependant ce serait un beau et utile travail. A chaque instant on les voit intervenir dans l'histoire politique et commerciale du moyen âge. Meyer., Annal. Fland. a un peu trop le terre à terre de la chronique.

rons. Cependant un large principe fut proclamé par la grande charte. Les immunités des villes se trouvaient comprises dans les droits reconnus aux vassaux par le roi Jean, et les communes étaient appelées au parlement pour le vote des aides et subsides [1].

Au total jamais système de libertés locales ne fut plus large et plus complet que celui des communes du moyen âge. Élections des magistrats, police municipale, levée de deniers et de milice, franchise individuelle, droit des citoyens de n'être jamais distraits de leur juge naturel, tout ce qui peut en un mot constituer la plus haute indépendance politique.

Au sein de ces cités elles-mêmes, tout était encore corporation et aggrégation libre. Chaque métier, chaque industrie avait un ensemble de lois qui lui était propre, des chartes de priviléges, sa magistrature. Les gantiers, faiseurs de hauberts, les bouchers, pêcheurs à la ligne et toutes les autres professions, se glorifiaient de leurs bannières, de leur garde, de leur

[1] Voyez l'histoire constitutionnelle de l'Angleterre, par M. Hallam, ouvrage fait avec une connaissance parfaite des lois et des coutumes anglaises. Comparez avec l'Europe au moyen âge du même auteur, chap. 8.

prévôt, comme la ville et les barons eux-mêmes.

C'était dans ces cités, au sein de ces corporations, que se concentraient depuis plus d'un siècle toutes les richesses commerciales. Les barons et seigneurs étaient possesseurs du sol, mais dédaignant toute occupation qui n'avait pas rapport aux nobles batailles, ils laissaient aux bourgeois des villes le soin de pourvoir au luxe de leur cour plénière et de leurs castels. De-là résultait que tout le numéraire, les sous d'or, les redevances régulières allaient s'absorber chez les bourgeois, qui donnaient en échange leurs laines tissues, de riches vêtemens de soie ou de velours, les bons hauberts, les gants de peau, les fortes épées ou les casques tout reluisans d'acier, et ces cimiers élevés qui faisaient l'orgueil des barons et des chevaliers dans une mêlée. Les châtelains féodaux étaient prodigues; les bourgeois, au contraire, passaient pour très-avares; ils amassaient force deniers, et presque toujours la petite tourelle attenante à la maison, signe de bourgeoisie, avait son trésor; ce que les chevaliers eussent bien voulu piller, si les magistrats des villes n'y avaient mis bon ordre, en défendant l'entrée des portes à tout homme armé qui n'était pas de la commune.

L'importance nouvelle de la bourgeoisie, cet ascendant qu'elle acquerrait par ses larges immunités, et par ses richesses surtout, devaient tôt ou tard appeler son intervention dans le système général de la société, où n'étaient apparus, jusqu'alors, que deux élémens : la souveraineté royale et le pouvoir féodal, et, au-dessus d'eux, l'autorité toute puissante de l'Église. Dès que, dans une société, quelqu'irrégulière qu'elle soit, une force nouvelle se présente, elle doit trouver sa représentation, et, si on ne la lui donne pas, elle la prend. Les bourgeois avaient acquis le droit de communes, et, lorsqu'ainsi organisés, il s'agit plus tard de solliciter des subsides, et de faire des règlemens généraux pour tous, ils durent y participer, car c'était principalement à eux que les deniers étaient demandés et que les lois seraient appliquées. Toutefois, des causes particulières aidèrent encore la bourgeoisie à prendre place dans le gouvernement[1].

---

[1] Il existe de longues et savantes dissertations de M. Secousse sur l'origine des états-généraux en tête du troisième volume des

Le système des impôts, au moyen âge, était fixe au profit de la couronne. Nous avons déjà indiqué en quelle circonstance spécialement déterminée, les aides des vassaux pouvaient être requises; les autres subsides devaient être consentis par les barons. L'impôt fut considéré dans le principe ce qu'il est en réalité, un sacrifice demandé à la propriété individuelle, et par conséquent, qui doit être consenti par elle, selon la coutume et la forme établie.

Tant que les barons subirent seuls ces levées de deniers extraordinaires, seuls aussi ils furent consultés. Mais, lorsque les richesses, échappant de leurs mains, vinrent se concentrer dans celles des bourgeois, et qu'ils ne purent plus offrir que leur vieille épée et leurs grands chevaux de bataille, il fallut bien alors s'adresser aux cités pour requérir les aides qu'on

---

ordonnances du Louvre; il faut regretter que de si consciencieuses recherches n'aient pas été éclairées par une plus large philosophie, et dictées par un sentiment de plus haute indépendance : M. Secousse travaillait à un ouvrage officiel, et il n'a pas osé dire sans doute tous les faits. Ces préfaces sont très-étendues, surtout pour les états-généraux sous le roi Jean.

ne trouvait plus dans la haute féodalité des barons [1].

Les chartes de concession aux communes, stipulaient ou un rachat immédiat et payé sur-le-champ par les habitans, ou une redevance annuelle, mais régulière, ou des aides enfin, pour des cas déterminés. Hors de ces circonstances fixées et prévues par la charte, c'était une véritable demande de deniers qu'il fallait faire aux bourgeois, et, dès lors, le droit était de les appeler à y consentir, soit par une nouvelle stipulation individuelle, soit par une assemblée générale, dans laquelle des représentans des communautés viendraient adhérer aux demandes faites par le suzerain. De là, devait naître un jour tout le système représentatif. Ceux qui étaient convoqués pour voter un subside devaient s'informer à quelle fin il était demandé, s'il serait loyalement et économiquement employé. Tout l'ensemble du gouvernement tom-

[1] La première intervention des communes dans le gouvernement date de l'année 1241. Boulainvilliers, hist. de l'ancien gouvernement de France, t. II, p. 20. Le féodal écrivain la fait même remonter à 1145, mais il n'appuie ce fait sur aucune autorité contemporaine.

bait ainsi sous l'examen des assemblées, dont l'objet spécial était cependant un aide de deniers[1]. La grande charte anglaise comprit implicitement tous ces priviléges des communes, successivement développés, à mesure que le système s'assit sur des bases nationales et régulières.

L'appel de la bourgeoisie dans les conseils publics de la couronne eut encore d'autres fins. Nous avons vu quelles causes préparèrent la décadence de la puissance de l'Église et des papes, mais cette autorité était encore menaçante pour la royauté lorsqu'elle tenta ses premières résistances. Dans le XIe, et même au XIIe siècle, le suzerain abandonné, seul, dans cette lutte, avait été obligé de fléchir, et l'opinion publique, loin de seconder ces velléités de force, s'était réunie à la puissance pontificale.

Lorsque les événemens déjà indiqués, agissant sur l'opinion, la changèrent faiblement

[1] Quelconque octroi ou ayde qu'ils feissent, ils eussent bonne monnoye, et establi selon l'advis des trois états. Collect. des ordonnances du Louv. t. 3, p. 121. L'histoire des états-généraux sous le roi Jean est une preuve de cet empiètement successif des communes sur tout le système du gouvernement.

encore, mais enfin suffisamment pour faire entrevoir la possibilité d'un appui, les rois convoquèrent la bourgeoisie à leur aide dans cette lutte contre les papes, et l'un des premiers actes des états-généraux fut une résistance prononcée aux volontés de la cour de Rome[1].

L'appel des bourgeois dans les assemblées nationales nuisit aussi à la puissance des barons, dont nous allons examiner la situation à la fin de cette période. Il y eut une forte rivalité établie entre les divers corps qui composaient la représentation nationale, et comme, dans l'origine, les plus pressans besoins des rois étaient de se débarrasser de l'influence fatigante des barons et des clercs, ils cherchèrent un appui dans les fidèles communes. Ils y trouvèrent ce qu'ils demandaient surtout, une extrême facilité d'avoir des subsides, car l'argent avait pris une direction toute commerciale, et c'était parmi les bourgeois qu'il s'était concentré.

Aussi l'opposition, si l'on peut introduire

[1] Ce fut en 1302 que se réunit cette assemblée des états-généraux, dirigée contre le pape Boniface VIII.

ce terme de notre époque actuelle et politique dans l'histoire du moyen âge, changea-t-elle absolument de place. Elle s'était jusqu'alors fait entendre dans la parole sacrée des clercs ; elle s'était montrée par l'intervention armée et féodale des barons. L'opposition de l'Église avait consisté dans ces sermons de morale, dans ces représentations violentes ou paternelles, que les papes et les abbés avaient adressés aux rois. Dans les plus petites affaires de la vie, les princes trouvaient des résistances qui se manifestaient non-seulement par des remontrances officieuses, mais par des invasions réelles de leur pouvoir, par des interdits, des excommunications, dont l'effet était inévitable sur l'imagination des rois et des peuples ; et puis, quant aux barons, c'était une force militaire, capricieuse qu'il fallait détruire avec violence, l'armet en tête, la lance au poing.

Lorsque les bourgeois furent appelés à donner leurs aides et subsides, une nouvelle opposition s'établit, mais celle-là fut rationnelle, parce qu'elle avait sa source dans un secours d'argent dont il fallait discuter la nécessité et surveiller l'emploi[1]. Dès que la bourgeoisie fut émancipée, elle eut ses doléances et ses plaintes, mais respectueuses et fortes. C'est une chose curieuse et affligeante, tout à la fois, que de voir les gouvernemens se méfier sans cesse de cette classe moyenne qui leur prêta toujours appui. Les barons et les clercs du moyen âge visaient à la domination; les bourgeois des communes ne demandaient que leur liberté, la paisible possession de leur avoir, la discussion de leurs intérêts. Jamais les bourgeois ne tinrent leurs rois en tutelle; il n'en fut pas de même des clercs et des hauts vassaux; autre leçon qui peut s'appliquer à toutes les époques de notre histoire!

Si les communes prenaient ainsi des formes régulières, et une représentation générale dans les parlemens politiques, la féodalité cherchait à s'organiser elle-même, et à opposer un corps de règles écrites et positives à ce nouveau pouvoir sur lequel les rois devaient

---

[1] « Celui a bien faute d'yeux, dit Pasquier, qui ne voit que le roturier fut exprès adjouté, contre l'ancien ordre de France, à cette assemblée (aux états-généraux), non pour autre raison sinon que c'estait celui sur lequel devaient principalement tomber tous les faix et charges.» Pasquier, Recherches sur la France, liv. 2, ch. 5.

s'appuyer dans l'avenir, pour détruire les forces des barons.

La féodalité n'offrait, du IX⁰ au XI⁰ siècle, qu'un amas confus de coutumes gravées dans la mémoire des vieux barons et des hommes d'armes expérimentés; tout ce qu'on s'efforçait de conserver tenait à des habitudes militaires, aux lois des combats singuliers. La hiérarchie des fiefs, quoique établie, était demeurée confuse, et la force n'hésitait pas à la violer.

Dans la période des XII⁰ et XIII⁰ siècles, tous les hauts barons de France, et jusqu'aux plus petits vavasseurs, se soumirent à des règles écrites, à des principes de jurisprudence invariables : les vassaux tinrent des assises pour régler les droits de succession, la transmission des fiefs, les principes de l'hérédité, les coutumes de la tenure, des pariages, des hommages, la juridiction des prévôts et des cours; les services militaires de chaque terre, *les monstres* ou revues des tenanciers, archers, arbalétriers; le douaire des femmes, les apanages des enfans, les combats singuliers, les appels pour défaut de droit; en un mot, toute cette législation encore imparfaite, mais qui, plus tard, dépouillée de ses caractères féodaux, servit de base au grand-coutumier écrit ou réuni sous Charles VII [1].

Un code complet de lois fut publié dans les colonies chrétiennes d'Orient, et devint comme l'expression la plus exacte du régime des fiefs dont il avait pour objet de régulariser les habitudes [2]. En France, les assises du comte Geoffroi pour fixer les droits de succession en Bretagne, les coutumes féodales d'Abbeville, publiées en 1130, de Beauvais en 1144, de Bordeaux en 1187, et dans le XIII° siècle, celles de Beaune, de Bar-sur-Seine et de Semur organisaient la féodalité, et cherchaient à fonder un corps de doctrines, capable de lutter contre le pouvoir nouveau qui s'élevait [3].

La souveraineté ne restait pas non plus stationnaire; nous l'avons vue en France, posant

[1] Le grand-coutumier, ce volumineux ouvrage contient toutes les coutumes des barons: corrigé et recueilli sous Charles VII, il a 20 volumes in-fol.

[2] Les assises de Jérusalem, dont le texte pur a été retrouvé, ont fait l'objet d'une dissertation de M. Pardessus, lue en séance publique de l'institut.

[3] M. Daunou, préface du 16° vol. de l'hist. littéraire des Bénédictins, p. 81.

des règles et des principes, dont le développement devait, plus tard, assurer l'exercice du pouvoir monarchique dans toute sa plénitude. La confiscation des fiefs et domaines, dans le cas d'un crime de félonie, mettait dans les mains royales un pouvoir immense dont elles pourraient un jour user et abuser.

Tous les actes royaux du XIIe siècle, à quelques exceptions près, conservaient la prérogative législative des barons; le roi ne pouvait atteindre par ses ordonnances les terres de ses vassaux, et donner des lois à leurs hommes. On reconnaissait bien la suprématie d'appel au suzerain, seigneur supérieur; mais ses ordonnances n'avaient aucune action en dehors de ses domaines particuliers. Le baron ne pouvait être troublé dans l'exercice de sa seigneurie sur les terres dont il était légitime possesseur.

Dans la période du XIIIe siècle, les priviléges des barons ne semblent point se conserver dans toute leur intégralité [1]. On voit des ordonnances générales faites, il est vrai, avec l'intervention

---

[1] Nous avons déjà indiqué les caractères de cette révolution au chap. 13 de cette histoire.

et le consentement des vassaux¹, mais qui s'appliquent évidemment à la totalité des terres de la monarchie. Toutefois les réglemens généraux faits exclusivement par le roi, tels, par exemple, que les établissemens de Saint-Louis, n'ont encore de force et de vigueur que dans ses propres domaines, à moins que le seigneur de la terre féodale ne consente de son plein gré à l'y rendre exécutoire.

On retrouve la coutume des conventions législatives arrêtées entre le roi et ses vassaux sur des points de législation et de jurisprudence. C'est ainsi que la comtesse de Champagne convient avec le roi Philippe-Auguste de certaines règles, relatives à l'existence des Juifs dans leurs domaines². L'ordonnance est évidemment un traité, et l'autorité royale s'engage d'égal à égal avec le possesseur d'un grand fief.

Lorsqu'on aperçoit d'une part les actes nombreux d'usurpation suzeraine qui marquent le

---

1 Voyez Collection des Ordonnances du Louvre, t. 1, p. 255 à la note. Elle est relative à la levée de la dîme saladine. *Ibid.* t 1, p. 39, sur les droits des églises de Normandie. Ces ordonnances sont rendues : consilio archiepiscoporum, episcopor. et baronum terræ suæ.

2 Brussel, de l'origine et de l'usage des fiefs, t. 1, p. 579.

règne de Philippe-Auguste, et, de l'autre, les modifications si lentes et si graduelles qui s'introduisent dans la législation écrite, une réflexion naturelle s'offre à l'esprit : c'est que rien n'est difficile comme de transformer un fait en un principe, et d'empreindre les lois et les vieilles habitudes d'une nouveauté. Il se passe bien du temps entre l'usurpation d'un droit et sa consécration par la coutume. Il ne faut donc pas s'étonner si le règne de Philippe-Auguste présente tout à la fois des violations fréquentes du système féodal, et des actes qui en constatent encore tout l'empire. Même sous l'administration de Saint-Louis, les priviléges des barons sont reconnus par les monumens de la jurisprudence, et par les établissemens de ce prince[1], et cependant l'autorité royale a bien grandi !

L'abolition des priviléges féodaux ne pouvait arriver que par la substitution d'un autre régime, qui ferait intervenir d'une manière large et complète les nouveaux intérêts, dans la législation. Dès l'instant que les barons et les bourgeois furent appelés dans les grandes assemblées pour délibérer sur les droits et les

[1] Collection des ordonnances du Louvre, t. 1, p. 126.

besoins communs, la loi dut s'empreindre tout naturellement de ce caractère de généralité qui en rendit les dispositions applicables à toutes les fractions de la monarchie française : que firent ensuite les rois ? Ils convoquèrent le moins possible les états-généraux[1], et comme il y avait un commencement de législation uniforme, les ordonnances, qui émanèrent de l'autorité suzeraine seule, conservèrent cette empreinte de généralité qu'elles tenaient de l'intervention de toutes les forces sociales. Toutefois elles s'arrêtèrent souvent devant les priviléges particuliers, et, dans nos derniers temps, elles n'avaient point encore vaincu toutes ces résistances. Il y a des hommes qui regrettent, au nom de la royauté, sa situation ancienne et les prérogatives absolues dont elle était alors environnée. Mille obstacles paralysaient cependant son action. L'histoire des franchises populaires ne date point d'hier; seulement, ce qui constituait une perpétuelle lutte de fait, est devenu aujourd'hui un système régulier ; l'aristocratie s'est combinée avec nos besoins nouveaux ; les communes ont pris place

---

[1] Mabli, liv. 5, chap. 5, not. 5.

dans la marche du gouvernement avec des privilèges écrits et reconnus; l'ordre a succédé à la confusion.

La grande modification qui généralisa les ordonnances royales, fut due, en partie, à l'action des lois romaines et aux travaux des jurisconsultes, alors portés à seconder le pouvoir suzerain, au détriment de toutes les autres autorités. Les Pandectes avaient des titres tout entiers sur le caractère des lois [1], sur la nécessité qu'elles fussent générales et applicables à tous; et puis, en transformant la royauté féodale en cette monarchie absolue des empereurs, dont les codes Théodosien et Justinien donnaient des modèles, il était facile d'en conclure que le roi possédait la plénitude de législation et d'administration. On ne peut se faire une idée des livres nombreux qui furent écrits pour soutenir cette théorie [2].

[1] L'admirable titre des Pandectes, *de regulis juris*, était bien capable de dissiper les fausses notions sur le caractère des lois.

[2] Montesquieu a développé avec un bonheur de recherches et une critique admirable cette théorie que ce sont les cours de justice qui ont établi le pouvoir absolu de la royauté en France. Mably rapporte des monumens qui constatent que les jurisconsultes donnaient même au roi le titre d'*imperator*, afin d'en conclure

A la fin du XIII° siècle, la position respective de l'Église et de la royauté, des vassaux et des bourgeois, était comme une situation de transition et de passage pour arriver à un autre ordre de choses. C'est sous ce rapport que cette époque offre un vif intérêt, car elle contient le germe de tout ce qui s'est développé depuis. Le catholicisme commence à perdre de son influence, et les opinions marchent à une réforme intellectuelle et morale. Le XV° siècle est annoncé avec ses grandes nouveautés religieuses par les hérésies et de hardies publications. La royauté se débarrasse enfin de ses liens, et agit dans un cercle plus large. La féodalité décline parce que, comme l'Église, elle était une puissance vieillie, qui devait se briser. En même temps la classe bourgeoise accomplit son émancipation. Depuis, cette liberté a porté ses fruits; et qui peut nier que la classe intermédiaire ne soit devenue la force des sociétés? Chaque époque a son caractère, sa puissance et sa domination. L'aristocratie, toute puissante au moyen âge, et décrépite aujour-

à la puissance absolue des empereurs de Rome, liv. 4, chap. 2, not. 19.

d'hui, qui voudrait résister à ce grand mouvement d'opinion et de liberté, ressemblerait à ces serfs ou pastoureaux, qui, au XI° et au XII° siècle, s'armaient de fourches et de bâtons fragiles, pour lutter contre les barons et les châtelains, bardés de fer, la lance au poing, sur leurs hauts chevaux de bataille.

CHAPITRE XXXVI.

Marche de l'esprit humain. — Caractère de l'époque. — Progrès des sciences exactes. — Physique. — Théorie de la terre. — Histoire naturelle. — Alchimie. — La boussole. — La poudre à canon. — Verres d'optique. — Mathématiques. — Les nombres. — Cabale. — La mécanique. — L'astronomie. — L'astrologie. — Calendrier. — Géographie. — Idées sur le globe. — Voyages dans la Palestine et la Tartarie. — Marco-Paolo. — Carte géographique. — Chronologie.

J'ai décrit la marche des forces morales dans le gouvernement, et des principes nouveaux qui tendaient à se substituer au régime purement religieux. Cette révolution n'était point isolée; l'esprit humain ne s'avançait pas d'un seul côté. Lorsqu'il y a progrès dans une société, tout ce qui la constitue s'en ressent plus ou moins, comme lorsqu'il y a décadence, tout l'éprouve également.

Les XII et XIIIe siècles, ainsi que nous l'avons déjà dit, ne furent pas une époque parfaite. Rien ne s'y présenta complet, mais tout y commença. L'esprit humain ne nous y apparaît point avec toutes ses merveilles, avec cette magnificence de forme, qui est son caractère au temps où nous vivons, mais on le voit se dépouiller de ses langes, abandonner lentement encore, toutefois avec quelque succès, les routines religieuses pour s'élancer dans une carrière plus libre.

La littérature, a-t-on souvent répété, est l'expression de la société. Peut-être cette définition eût-elle été plus juste, si on l'avait appliquée aux sciences exactes, à celles qui se lient à la marche de la raison générale, et au bien-être de l'état social. Une nation peut se glorifier d'une brillante littérature, et pourtant être encore fort reculée dans son existence intelligente et matérielle, témoin le siècle de Louis XIV, où la surface seulement a de la vie, où tout est grand, mais au sommet. A côté d'une cour brillante, et justement fière de ses beaux génies, se traîne un peuple ignorant et misérable. Les lois du fanatisme et de l'intolérance contrastent tristement avec les formes élégantes et polies des beaux esprits de Versailles et de Saint-Germain. Les découvertes de la philosophie et des sciences exactes constatent d'une manière plus certaine l'état de la société. Lorsqu'on voit leurs résultats se répandre et devenir populaires, on peut dire qu'il y a progrès, mais la littérature ne se lie pas aussi intimement au bien-être commun. Heureuses sans doute les nations qui peuvent offrir de grands siècles littéraires, toutefois ces progrès ne sont pas toujours le signe infaillible des conquêtes de la liberté et de la raison publique!

L'état des sciences exactes aux XIIe et XIIIe siècles était encore imparfait, mais l'époque qui a produit Bacon [1] et Albert-le-Grand [2] n'est pas sans curiosité. Le défaut général des études scientifiques dans ce temps, c'est qu'elles

---

[1] Roger-Bacon, qu'il ne faut pas confondre avec son homonyme plus moderne, est un Franciscain du XIIIe siècle qu'il a rempli de ses travaux et de ses découvertes.

[2] Albert-le-Grand, à travers ses erreurs et ses folies astrologiques, est un des hommes qui ont le plus avancé les sciences exactes dans le moyen âge.

sont plutôt un sujet de dissertations, que d'observations; elles deviennent un thême de dispute, une thèse de faculté, plutôt qu'une enquête de faits.

L'expérience grecque avait fait peu de progrès dans la physique, et l'on sait combien les livres d'Aristote sont incomplets. Cependant, au moyen âge, c'était sur des traductions corrompues et presque inintelligibles de ces ouvrages, faites par les Arabes, que les travaux scientifiques étaient entrepris et achevés [1]. Tous se ressentaient de la source où ils étaient puisés, et les seuls changemens que les physiciens se permissent alors dans les doctrines empruntées aux anciens se liaient au système de la théologie chrétienne qui dominait toute cette époque. Trois hommes célèbres ont décrit le monde physique; saint Thomas, saint Bonaventure et Albert-le-Grand; tous trois rentrent dans le même cercle d'idées. « Les divers aspects des corps célestes sont les causes de la génération ou de la corruption. Toutes les propriétés, toutes les facultés des corps terrestres, sont

[1] Jourdain, Recherches sur les traductions d'Aristote. Paris, 1819, in-8º.

comme des formes et des conditions qui leur sont imprimées par les astres, et au-dessus des astres par des intelligences; tout se meut par l'action secrète des uns sur les autres; c'est ainsi que la vertu magnétique est inhérente à une forme occulte, que donnent à l'aimant les sphères célestes. L'élément est le principe simple des corps composés ou composables, la quintessence est un être qui se distingue de tous les corps, et qui n'a dans lui aucun principe de contrariété et par conséquent de corruption [1].

Ce verbiage physique, mélange des doctrines cabalistiques et des idées d'Aristote, ne souffrait pas de contradictions. Ce fut ainsi que le pape Honorius III exhumant un traité de Jean Scott, mort au IXe siècle, le condamna comme impie. Scott avait préféré le système de Platon et des émanations, et on le considéra comme favorisant le panthéisme.

Lorsqu'on en venait à des faits, à des applications, c'était alors, surtout, que l'absur-

---

[1] Brucker, Histor. philosoph., t. III, p. 622. Le plus complet des ouvrages sur l'état des sciences philosophiques, au moyen âge.

dité du système ressortait dans toute sa nudité. Le *speculum naturale* de Vincent de Beauvais, contient une suite de merveilleuses découvertes. Ainsi la fabuleuse licorne est placée dans le règne animal. On y dit qu'il faut envoyer, pour la trouver et la saisir, une jeune pucelle ; car elle est l'emblême de la pureté du cœur; l'autruche couve ses œufs par la force calorique de ses regards[1]; tout est phénomène dans l'ordre naturel, tout se lie aux astres ; et les corps célestes eux-mêmes se rattachent aux événemens de la vie[2]. Rigord rapporte qu'après la prise de Jérusalem par Saladin, il ne poussait que vingt-deux dents aux enfans[3], et la chronique de Saint-Denis a bien soin de conter qu'à la mort de Philippe-Auguste, parut une comète qui annonça les plus grandes calamités. Bacon, qui publia un traité spécial *de nullitate magiæ* (de la nullité de la magie), ne peut se dégager tout-à-fait des préjugés de l'alchimie. On travaillait sur les élémens. On cherchait dans les métaux

[1] Vincent-Bellovacens. opera. Specul. natural. § 68.
[2] Andrès, del origine et del progresso di ogni litteratura, t. IV, p. 109.
[3] Dm. Brial, collect. des hist. de France, t. XVII, p. 25.

et dans les corps des vertus mystérieuses; mais ces travaux, quelque futiles qu'ils pussent être, ont produit trois grandes découvertes, qui appartiennent évidemment au XIII° siècle. La boussole, l'un des effets de l'aimant, la poudre à canon et les propriétés des verres convexes.

Albert-le-Grand a décrit la boussole en citant un passage d'Aristote [1]; mais ce passage n'existe pas dans les œuvres du philosophe grec. Les anciens paraissent ne l'avoir point connue, car un si grand résultat eût fixé l'attention de Pline et des autres naturalistes. La description la plus complète de la boussole se trouve dans le livre de Guyot de Provins, connu sous le titre de *Bible Guyot*, publié sous le règne de Philippe - Auguste. Le poète indique les propriétés de l'aimant, sa direction nécessaire vers le nord et l'étoile polaire [2]. Jac-

---

[1] « Angulus magnetis cujusdam est, cujus virtus convertendi ferrum ad zorum ; et hoc utuntur nautæ. » (De mineralog.)

[2] Collect. des Fabliaux, t. 2, p. 327, le fabuliste dit de l'aimant :

> Une pierre laide et brunète
> Où li fer volontiers si joint.

ques de Vitri en parle aussi comme d'un instrument très-nécessaire aux navigateurs [1]. « Si prenez une pierre d'aimant, ce est calamite, dit Bruneto Latinus, vous trouverez qu'elle a deux faces, dont l'une gist vers Tramontaine, et l'autre gist vers l'autre bord [2]. »

L'importante découverte de la boussole appartient donc au XIIIe siècle; toutes les nations maritimes s'en disputent la gloire. La France la réclame, parce qu'elle porte des fleurs de lys. Les marchands d'Amalfi l'avaient aussi revendiquée parce que leur cité avait une boussole dans ses armoiries. Quelques-uns l'attribuent aux Arabes, par l'emploi que font les auteurs qui la décrivent des mots *zoron*, *aphron*, *zibar*, empruntés aux langues orientales. D'autres, enfin, veulent que Marco Paolo l'ait rapportée de la Chine, mais les monumens constatent qu'elle était connue avant le retour du célèbre voyageur [3].

Qu'importe après tout; la boussole n'a été employée dans la navigation européenne qu'à

---

[1] Hist. orientale, l. 1, c. 89.
[2] Trésor, l. 1, c. 49.
[3] Tiraboschi est entré dans de savantes et curieuses recherches

la grande époque, dont nous écrivons l'histoire, et elle a produit une véritable révolution. C'est le seul point qu'il faille suivre et examiner dans la marche des idées et de l'esprit humain.

L'opinion vulgaire est que la poudre à canon fut inventée par un moine allemand, dans le XIV° siècle. Cette découverte qui a aussi changé la face du monde, est bien plus ancienne; Roger Bacon l'a décrite : « Pour imiter les « éclairs et le tonnerre, il suffit de prendre « du soufre, du nître et du charbon, qui, « séparés, ne produiraient aucun effet, mais « qui mêlés ensemble se dégageront, dès qu'on « les enflammera, de la machine creuse où on « les aura renfermés, et par une explosion éga- « leront le bruit et l'éclat de la foudre[1]. » Dès l'an 1200, les Arabes faisaient usage de cette mixtion pour lancer des pierres et des boulets[2]. Cependant le plus ancien monument français

---

sur la boussole dans son histoire della litterat. italian. édition in-4, t. IV, p. 205 ; et les bénédictins dans l'hist. littéraire de France, t. IX, discours préliminaire.

[1] *De nullitate magiæ*; il serait curieux de voir quelle était la différence entre le feu grégeois et la poudre à canon.

[2] M. Langlès, Mag. Encycloped. IV° ann. 1798. T. I, p. 555.

qui indique l'emploi de la poudre, est un compte rendu en 1338 par Barthélemy de Drake, trésorier des guerres, où se trouve compris un paiement à Henri de Faumechon pour poudre et autres choses nécessaires aux canons qui étaient devant Puy-Guillaume[1].

C'est à Roger Bacon que nous devons encore la plupart des découvertes de l'optique. Il reconnut le premier l'influence combinée de la réflexion et de la réfraction. Il avait observé les modifications que le reflet de la lumière éprouvait, soit lorsqu'elle se réfléchit sur une surface polie, plane ou concave, soit lorsqu'elle traverse un verre convexe. Le monde savant lui attribue l'idée de la chambre obscure, des lunettes, des télescopes, et surtout cette nouveauté féconde en résultat, que l'interposition d'un corps dense et sphérique amplifie les images[2]. L'application matérielle de ce principe, faite par un Italien, Alexandro da Spina, ou plu-

[1] Ducange. v° *Bombarda*.
[2] Bacon opus maj., p. 357. — Les œuvres complètes de Roger Bacon ont été publiées à Londres en 1733, in-fol. Ses Traités *de secretis operibus naturæ et artis, et de nullitate magiæ* l'ont été séparément à Hambourg, 1618, in-18.

tôt par Sabino Degli Armati, donna pour résultat les verres à lunettes; dans un manuscrit de 1299, l'auteur se plaint de ne pouvoir plus écrire sans lunettes, et dans un sermon prêché en 1305, il est dit qu'il y a environ 20 ans qu'elles étaient inventées [1]. Ainsi cette application heureuse des idées de Bacon appartient évidemment encore au XIIIe siècle.

Les progrès des sciences mathématiques étaient moins grands; toutefois le calcul par les chiffres avait une haute importance, et s'appliquait aux usages communs de la vie, à la géométrie, à l'astronomie, et même à la musique et à l'architecture. Tout tendait dans ces études, à parfaitement définir quelle était l'influence mystérieuse des nombres sur les actions humaines, et cet abus, en rendant l'usage très-fréquent du calcul, dut contribuer à populariser l'étude de l'arithmétique. Plusieurs manuscrits sont couverts de chiffres réunis, par des lignes et des signes cabalistiques. Albert-le-Grand commenta l'arithmétique de Boèce; Villedieu exposa en vers latins les

---

[1] Tiraboschi, t. IV. p. 196—199.

règles et les principes des calculs. Tous étaient fondés sur les tables de Pythagore [1]. Mais l'arithmétique prit quelque extension par l'introduction des chiffres arabes, ou pour parler plus exactement de ces caractères empruntés aux Indiens, sous le règne du calife Aaroun-Raschild. Il n'en subsiste aucune trace dans les monumens de l'Occident, jusqu'au commencement du XIIIe siècle. Le premier usage qui en fut fait en France est constaté dans le traité de la sphère, par l'Anglais Holiwood, professeur à l'université de Paris. Les chiffres arabes y servent à la multiplication, et même à l'extraction des racines cubiques. Cependant leur emploi commun n'appartient qu'à la fin de ce période [3].

L'algèbre et la géométrie ont aussi laissé quelques traces écrites, et les notions qui nous sont parvenues permettent de porter un jugement certain sur ses progrès. Il nous reste un commentaire sur Euclyde, par Campanus de

[1] L'abbé Lebœuf. État des sciences et lettres en France jusqu'à Philippe le-Bel, t. II de son histoire du diocèse de Paris, p. 93.
[2] Fabricius, biblioth. mædii ævi, t. I, p. 68. Tiraboschi., t. IV, p. 177, 178.
[3] Nouveau traité de diplomatique, t. III, p. 526-557.

Novarre. Tout ce qu'on savait de géométrie était confondu avec l'art des architectes, et la perfection où il fut poussé au moyen âge, constate, qu'il y avait amélioration, soit dans les principes, soit dans la routine. Au milieu du XIIIe siècle, la sphère de ces deux sciences s'agrandit. Alain de Lisle définit les lignes droite, courbe, circonflexe, le triangle, le tétragone [1]. On commença à expliquer les élémens d'Euclyde. Deux manuscrits nous ont transmis des traités de géométrie, en langue française, où toutes les figures sont reproduites en or. La mécanique s'avançait aussi largement. Albert-le-Grand composa une tête parlante, et un automate à figure humaine, qui allait ouvrir la porte quand on y frappait et prononçait quelques mots. Roger Bacon avait fait un pigeon volant [2]. Ces ouvrages de patience et de calcul constatent, que la mécanique était soumise à des règles certaines, et qu'elle obéissait à des principes positifs.

Les premières notions de l'astronomie arri-

---

[1] Anti-Claudien, liv. III, chap. 5 et 7.
[2] Bossut, Histoire des mathématiques, t. 1, p. 421.

vèrent de l'Orient. Les Arabes furent nos maîtres, et unirent leurs contemplations du désert aux observations rationelles des Grecs. L'Almageste de Ptolomée leur servit de base dans toutes les observations qu'ils firent sur le mouvement des astres[1]. Le premier livre latin, où la science de l'astronomie se trouve expliquée, est encore celui de Companus de Navarre. L'auteur a développé un traité complet de la sphère, et une théorie des planètes. Il y adopte le système des anciens, avec les corrections des Arabes. Les travaux de l'empereur Frédéric II et de Gérard de Sabionetta existent encore, mais les notions les plus exactes, les observations les plus judicieuses sont mêlées à des conjurations et à des prédictions astrologiques. Le plus remarquable monument de cette époque est celui qu'entreprit Alphonse X en Espagne. Ce prince confia à des Juifs et à des Arabes la confection des tables qui ont con-

---

[1] J'ai emprunté ce court précis sur l'astronomie du moyen-âge à l'Hist. de l'astronomie par Delambre, t. 1, p. 208, et à l'excellent abrégé de Delaplace, p. 61 à 65. Bailly est plus élégant, mais peut-être moins précis.

servé son nom, et servirent long-temps de base à tous les calculs astronomiques[1]. Les règles en sont très-compliquées, et se ressentent de la source où elles ont été empruntées, le système de Ptolomée avec les additions orientales.

En toutes ces recherches, la place de l'astrologie judiciaire était large; elle dit les études astronomiques. Talleyrand .i-gord, évêque d'Auxerre[2], était engoué de l'art des divinations; il en a composé un traité spécial. Elle est aussi la base des immenses travaux d'Albert-le-Grand, où la science des faits et des observations est étouffée par les théories cabalistiques, par tous ces systèmes de nombres, de signes, qui impriment un sombre caractère sur les actives recherches du moyen âge : on ne peut ouvrir un livre d'astrologie sans que tout à coup n'apparaissent les sciences

---

[1] On sait le mot si souvent cité du roi Alphonse, qui trouvait la sphère céleste trop compliquée; il disait que si Dieu l'avait chargé de l'univers, il en aurait simplifié le mécanisme. Bailly, t. 1, p. 299-300.

[2] Lebœuf, Premier Mémoire sur l'église d'Auxerre.

CRÉATIONS ALCHIMISTES. 275

occultes, l'art d'évoquer les ombres dans le silence de la nuit, lorsque la lune sanglante, à demi voilée d'un nuage, éclaire au lointain une ronde du sabbat. Albert nous apprend les moyens de broyer les simples, les mixtions alchimiques du sang, de la boue, pour produire des êtres, par une génération factice; il nous donne la description de ces créatures imparfaites et effrayantes, qui se meuvent sans exister, auxquelles il veut souffler la vie. Le voilà à genoux devant le corps qu'il a formé; il interroge cet œil verreux et terne, cette chair morte et verdâtre, la marche saccadée qu'il a imprimée à cette création, le bruit osseux de ces membres rapprochés sans être unis, et il reconnaît que ce n'est point encore là l'existence telle que la nature l'a donnée, telle que Dieu l'a faite [1].

Ce que nous apprennent les chroniques des observations astronomiques révèle cette même tendance des esprits vers les superstitions astrologiques. Albéric, moine des Trois-Fontaines,

---

[1] Les œuvres complètes d'Albert-le-Grand forment 21 vol. in-fol.; elles ont été publiées à Lyon, 1631; elles se composent de traités séparés sur toutes les sciences occultes.

parle des sauts qu'on a vu faire au soleil [1] : toute espèce d'éclipse annonce un grand événement, une calamité au monde chrétien, la mort d'un pape ou d'un roi. Les chroniqueurs contaient avec naïveté que le soleil passait la nuit tantôt à éclairer le purgatoire, tantôt la mer; que la terre est soutenue par l'eau, l'eau par les pierres, les pierres par les quatre évangélistes, et ceux-ci par le feu spirituel [2]. Une autre opinion était celle d'une période de 36 mille ans, au bout de laquelle les astres accomplissent leur révolution, et commencent à ramener une série de semblables phénomènes. Bacon n'était pas absolument étranger à ces puériles observations. Tout en rejetant les prédictions particulières, il voulait qu'on pût s'en tenir à celles qui avaient un caractère de généralité, parce que les corps étaient affectés par des causes extérieures qui tenaient au système de l'univers. Plusieurs traités de la sphère et du calendrier nous restent encore dans une cosmogonie latine, composée au milieu du XIIIe siècle,

[1] Chroniq. ad ann. 1212.
[2] Livre provençal du castoiement (enseignement) de l'enfance, cité par Lebœuf. État des sciences, p. 193.

On y compare l'univers à un œuf, la terre est le jaune, l'eau le blanc, et l'air la pellicule [1]; quant au feu il est assimilé à la coque. Les observations de Roger-Bacon sont cependant plus rationnelles et le résultat de plus exactes recherches. Ses travaux sur la grandeur et la réfraction des corps célestes, sur les équinoxes et les solstices, supposent des études sérieuses. Il rectifia de nombreuses erreurs sur le calendrier alors suivi, et en proposa au pape Clément IV une réforme. Les temps n'étaient point arrivés, et ce ne fut que trois siècles après qu'elle fut opérée sous Grégoire XIII.

Les connaissances géographiques ne se sont perfectionnées qu'à une époque comparativement très-moderne. Le peu de notions, que l'on avait au moyen âge sur cette science, si utile aux progrès de l'esprit humain, avaient été transmises par les Arabes. Les écrits de Dicuil et de l'anonyme de Ravène sur Ptolomée n'avaient donné que des renseignemens tout-à-fait défigurés sur la situation de la terre. On ne peut se faire une idée de toutes les absurdités géographiques qu'on rencontre jus-

[1] Mss. Biblioth. Sainte-Geneviève. B. 2.

qu'alors dans les chroniques. Celle de Saint-Marien d'Auxerre décrit ainsi les trois parties du monde. Au centre de l'Asie, se trouve le Paradis-Terrestre d'où jaillissent les quatre grands fleuves : le Nil, le Gange, le Tigre et l'Euphrate, qui, après être rentrés sous terre, ressortent vers d'autres points. L'Asie comprend la Judée, la Syrie, la Scythie, l'Arménie et l'Égypte ; où l'Égypte finit commence l'Afrique, mais les côtes septentrionales seules sont connues. L'Europe embrasse l'Italie, l'Espagne, la France, la Germanie, et l'Angleterre. L'Hybernie est située entre l'Espagne et la Bretagne. L'Europe se termine par la grande île Scanzia [1]. Gauthier de Metz consacre tout un livre à la description des îles de Méroès où l'on voit six mois de jour et six mois de nuit. « Pour nous, disait Gervais de Tilbury, nous déclarons le monde carré au milieu des mers [2]. » Quelques chroniques ne distinguaient que deux parties du monde : l'Europe et l'Asie, dans laquelle ils confondent l'Afrique [3].

---

[1] Édition de 1608, in-4.
[2] Lebœuf, état des sciences, p. 176.
[3] Andrès, del origine di ogni litteratura, t. III, p. 442-453.

Parmi ces ignorantes descriptions, il faut cependant distinguer le *Speculum naturale* de Vincent de Beauvais, qui donne en abrégé, il est vrai, mais d'une manière assez précise, le tableau des études géographiques au moyen âge. Il offre une nomenclature systématique des régions asiatiques, européennes et africaines, qu'il subdivise avec méthode. Les notions sur la Syrie, la Palestine, sont exactes à cause des pèlerinages; mais il y a de nombreuses erreurs sur les contrées septentrionales, toujours moins connues. Il suppose que l'Océan termine l'Europe au 60e degré de latitude, et qu'après cela il n'y a plus que des îles[1]. Albert-le-Grand a rectifié ces notions imparfaites. Il décrit la Baltique comme un sinus ou grand golfe environné par le Continent.

Ce qui devait avancer la science géographique, c'était alors cet esprit voyageur qui avait tout à coup saisi l'Europe chrétienne. La mode des pèlerinages dans la Palestine dominait les châteaux et les cités. De pauvres pèlerins partaient à pied de la France ou

[1] Specul. natural. L. xxx.

de l'Angleterre, traversaient l'Italie, s'embarquaient à Gênes ou à Venise pour la Syrie. Quelquefois ils ne prenaient point la voie de mer, et parcouraient l'Allemagne, la Hongrie, les terres de l'empire de Constantinople; ils arrivaient au tombeau de J. C. au bout de 6 ou 8 mois de marche à travers des pays inconnus. Le désir de convertir les infidèles avait aussi engagé à ces courses lointaines, dans l'Inde et la Tartarie, des religieux prédicans qui rédigeaient avec soin leur itinéraire. L'esprit mercantile animait les Génois, les Pisans, les Vénitiens. Les navigateurs anglais se hasardaient sur les mers les plus orageuses. De toute cette activité devaient résulter de plus larges notions géographiques. Toutefois les documens qui nous restent des voyages, entrepris dans des esprits si divers, sont peu nombreux. La seconde partie des annales de Roger de Hoveden contient une description assez détaillée des contrées de la Syrie, et des pays que visitaient les croisés pour accomplir leur pèlerinage[1]. La relation du moine Ascelin, qu'Innocent IV envoya dans

[1] Dm. Brial. Recueil des historiens de France, t. xvii, p. 567.

la Tartarie pour convertir ces populations, n'offre aucun détail intéressant, si ce n'est que l'ardent prédicateur traversa en 59 jours la Syrie, la Mésopotamie et la Perse. L'itinéraire de Piano Carpini dans les mêmes contrées est exact et plus complet. Piano Carpini parcourut la Bohême, la Pologne et la Silésie pour se rendre à Kiow. Il fit connaître les quatre grands fleuves de la Russie sous les noms de Dniéper, Don, Jaïk et le Volga. Il visita la Cumanie, les peuplades du Caucase, et s'arrêta à Syra-orda ou à la horde dorée [1].

Le moine Rubruquis fut envoyé dans la Tartarie, sur le bruit qui s'était répandu de la conversion du grand-khan [2]. Son voyage est plein d'intérêt. C'est une vivante peinture des mœurs et usages des nations qu'il a traversées pour se rendre à Caracorum. Sous le rapport géographique, Rubruquis fit une importante découverte. Il représente la mer Caspienne

---

[1] Bergeron, Recueil des voyages faits principalement en Asie dans les XIIe, XIIIe et XIVe siècles. Lahaye, 1735, 2 vol. in-4.

[2] M. de Rémusat, dans ses Mémoires sur la Tartarie, est entré dans quelques détails sur ce voyage, et les relations des rois de France avec les peuplades Tartares.

comme un grand lac isolé. On croyait qu'elle s'unissait aux mers du Nord.

Mais la plus exacte et la plus importante relation des voyages dans ces contrées est celle de Marco Paolo. Il rend compte de l'itinéraire de son père et de son propre voyage, et l'on peut le regarder comme le créateur de la géographie de l'Asie. Sans doute ces relations contiennent encore des erreurs; il n'y a aucune suite dans les observations; souvent même elles offrent un peu de confusion pour les noms des lieux et des peuples; Marco Paolo prend le Continent pour des îles, et les îles pour des portions du Continent, mais il n'en demeure pas moins certain que cet homme justement célèbre a rendu d'immenses services à la géographie, en facilitant les travaux dans des siècles plus éclairés[1].

L'application des faits recueillis dans les voyages aux configurations géographiques fut fort lente. Les cartes de Ptolomée rectifiées par les Arabes étaient les seuls documens. Quant à celles qui sont l'ouvrage des moines du moyen âge, on ne peut

[1] Bergeron, *ibid.*

rien voir de plus imparfait. Toutes les positions sont fautives ; toutes les divisions disproportionnées ; aucune échelle ne peut servir à mesurer les distances ; les plus vastes royaumes sont rapetissés sous la proportion d'une province, et les provinces y apparaissent avec les dimensions d'un royaume[1]. Cependant, des travaux de cadastre, premiers élémens de la géographie, furent entrepris à cette époque. On a la topographie de l'Irlande et du pays de Galles. On conserve encore le partage figuratif du Danemarck, et le tableau des possessions territoriales du clergé dans l'Angleterre, sorte de livre de fief, pour les cours ecclésiastiques. Ces travaux devaient à la fin, par leur réunion, servir de première base à la science plus agrandie de la géographie.

L'habitude de faire des chroniques, la multiplicité de ces monumens de la patience monastique, avaient dû conserver la chronologie : la plupart des historiens du temps ont adopté cette forme de raconter les faits ; les événe-

---

[1] Les bibliothèques du Nord sont plus riches en documens géographiques que les dépôts de France. Voy. Lebœuf, État des sciences, p. 179 et suiv.

mens y sont dits jour par jour. On ne connaît pas d'autre division systématique, et cependant rien n'était moins fixe encore que le calendrier et le comput de l'année. On la commençait à Pâques dans la plupart des provinces de France, en Bourgogne, à Narbonne, à Foix comme en Italie; au 25 mars à Rhodez, Cahors et Tulle, et en Espagne. Le premier janvier se rencontre dans un bien petit nombre d'actes comme le principe de l'année [1].

Les plus grandes erreurs défigurent la chronologie des chroniques pour les temps anciens. L'an de la création du monde, de la fondation des empires les plus fameux, sont inexactement rapportés. Tout ce qui n'est pas contemporain, et, pour ainsi dire, sous les yeux de l'annaliste, il l'emprunte, sans critique, à quelque source antérieure, dont il se garde bien de vérifier la pureté. Il le prend, matériellement, parce que cela est écrit. Toutefois des rectifications furent faites dans la chronologie. Les tables alphonsines en

---

[1] Comparez sur le comput des années la dissert. préliminaire dans l'art de vérifier les dates par les Bénédict, p. 3 à 21, avec le nouveau traité diplomatique. t. 5, p. 548 à 583, et Dm. Vaissète, t. 4, p. 7.

contiennent quelques-unes d'importantes, et Roger-Bacon, dont le nom se mêle à toutes les découvertes scientifiques, avait songé à établir, comme on l'a dit, la coïncidence du calendrier civil et de l'année solaire.

Tels sont à peu près les documens qui nous restent sur l'état des sciences exactes aux XIIe et XIIIe siècles. Je n'irai point, érudit admirateur, m'extasier sur des découvertes qui sont si loin d'égaler les études du XIXe siècle, mais il est néanmoins une vérité à constater, c'est que la période, dont nous retraçons l'histoire, fut une époque d'activité et de travail; on se livra avec ardeur aux investigations les plus diverses; et comme toute recherche, toute action de l'esprit est déjà un progrès, il n'est point douteux que les travaux de ces hommes laborieux et contemplatifs du moyen âge n'aient avancé la science; non certes que nous voulions trouver, dans ce chaos, les résultats actuels avec leur caractère et leur immense portée, mais les sociétés, dans leur enfance, ont-elles jamais égalé les grandes civilisations?

Voyons maintenant quelles causes empêchèrent cet esprit travailleur de produire tout ce qu'on pouvait en espérer.

CHAPITRE XXXV.

Méthode d'enseignement. — Scolastique. — Théologie. — Livres saints. — *Sommes* théologiques. — Jurisprudence. — Droit canon. — Droit civil. — Chaires. — Philosophie et morale. — Esprit de la philosophie. — Son système. — Aristote. — Application de sa doctrine. — Amaury de Chartre. — Logique. — Morale. — Médecine. — Ses principes. — Expérience. — Faits. — Chirurgie. — Formules d'enseignement. — Bibliothèques et manuscrits.

Les méthodes d'enseignement sont une des causes les plus actives des progrès ou de la décadence des sciences humaines. Adoptez une marche philosophique, les études prendront une direction libre, élevée, et les résultats obtenus se ressentiront de cette haute impulsion. Resserrez au contraire l'intelligence dans des bornes compassées, vous n'aurez qu'une éducation sans portée et sans avenir. C'est ce qui arriva au moyen âge. La méthode y fut, pour ainsi dire, comme un article de foi religieux. Il fallut croire à certaines formules comme à des vérités révélées, dont l'Église faisait alors des commandemens.

J'ai déjà dit quelle fut l'origine de l'université. Elle nous importe moins que la forme suivie dans les enseignemens, qu'elle seule pouvait alors communiquer. Les docteurs divisaient la science en quatre grandes classes : la théologie, la jurisprudence, la philosophie et la médecine; toutes quatre soumises à une commune méthode, désignée sous le nom de scolastique[1].

La théologie formait une des études essentielles dans la société pieuse du moyen âge. La loi de Dieu était, pour ainsi dire, la loi du pays, et il n'est pas, dès lors, étonnant qu'elle

---

[1] Comparez, pour les méthodes d'enseignement au moyen âge, Brucker, Hist. philosoph., t. 3, p. 703, 912. Crevier, Hist. de l'Université, t. 1, p. 376, 479. Deslande, Hist. critiq. de la philosophie, t. 3, p. 269.

trouvât des interprètes actifs et laborieux ; mais au lieu que cette interprétation fût historique et philosophique, comme cela doit être pour une religion révélée, elle prit des caractères de mysticité et de science occulte, capables de jeter l'esprit dans une illumination perpétuelle. Ainsi, ce ne sont pas les évangiles, cette morale simple et sublime, qu'enseignent les universités, mais les docteurs s'appliquent à interpréter les prophéties de la sombre Apocalypse, tous ces livres enfin qui, par leur caractère, peuvent fournir le texte à des commentations infinies, sans que l'esprit se repose sur des élémens certains de vérité et de croyance. C'est en suivant cette méthode, qu'Albert-le-Grand, saint Thomas, saint Bonaventure, commentent les livres les plus mystiques du nouveau et de l'ancien Testament, les épîtres de saint Paul, les psaumes, et les douleurs de Job. Ces travaux sont d'une bien faible utilité pour ceux qui étudient aujourd'hui la théologie comme science morale et religieuse. Cependant, on doit à ces siècles les premiers concordans en langue latine, et la division de la Bible en chapitres, telle qu'elle existe encore [1]. Une traduction française du vieux et du nouveau Testament fut l'ouvrage de Guyart Desmoulins. L'étude des langues sacrées n'était pas étrangère à ces interprètes de la loi juive et chrétienne. Deux docteurs de l'université purent translater le Thalmud, composé d'hébreu et de chaldéen [2].

Les ouvrages théologiques, destinés aux progrès des études, se rapportaient à deux sources uniques : les uns étaient des commentaires du grand livre des sentences de Pierre Lombard, les autres des *sommes*, ou abrégé de la science religieuse. Ces abrégés fort volumineux étaient encore un des premiers essais de la fonction de professeur; ils offrent un système complet de propositions. La *Somme* de saint Thomas, qui est restée comme un livre élémentaire de théologie, embrasse trois parties : la première traite de la nature des choses, du créateur et des créatures; la deuxième de la morale; la troisième des sa-

---

[1] Cette division est attribuée à Etienne Langton. Voyez Oudin, Comment. de scriptorib. ecclesiæ antiq., t. 2, p. 1698 et 1700.
[2] Bollandist., 25 août, 359, 361.

cremens et de l'incarnation. L'esprit qui préside à ce travail est entièrement religieux; cependant, Aristote est invoqué à chaque page avec les pères de l'Église et les textes de l'ancien et du nouveau Testament. En résumé, la *Somme* de saint Thomas est la plus complète[1]. Celles d'Alexandre de Hallès, d'Albert-le-Grand, sont pleines de subtilités et de décisions capables d'affaiblir l'intelligence et d'enchaîner la liberté rationnelle. Toutes font dominer l'autorité ecclésiastique sur le pouvoir civil, et posent en principe le droit d'excommunication et la faculté de délier les sujets du serment de fidélité envers le prince. Celle de Simon de Tournay est plus large dans ses opinions. Elle est même considérée comme contenant certaines propositions condamnées. Les écoles du moyen âge ne trouvèrent bientôt plus ces livres élémentaires d'une science suffisante. Le mysticisme étendait chaque jour son obscure influence. Les quatre miroirs de Vincent de Beauvais, le livre des sentences que publia Guillaume Durand, évêque de Mende, sont remplis de commentations d'illuminés, et des

[1] Oudin, Comm. de script. eccles., t. 3, p. 68, 78.

éternels sophismes des écoles¹. On méprisait les élèves qui étudiaient le texte de la Bible de préférence à ces commentaires mystiques; on les désignait par le titre vulgaire de bibliques; en un mot, les études de théologie semblaient être alors parvenues à ce point de dégénération où se trouvaient les académies rabbiniques aux IV⁰ et V⁰ siècles. Les juifs préféraient les commentaires thalmudiques, les élucubrations de leurs docteurs, aux textes simples des livres de la loi. Serait-ce la tendance naturelle de l'esprit universitaire, de substituer les formules, et les médiocres travaux des professeurs, à la science dans toute sa grandeur et sa pureté?

L'étude du droit canon formait une partie des enseignemens scolastiques; on la puisait exclusivement dans la collection publiée au milieu du XII⁰ siècle par Gratien, et qui se composait d'un amas de décisions pontificales, quelques-unes forgées par Isidore Mercator².

¹ Cette *Somme* fut un des premiers livres imprimés; elle porte ce titre : Durandi rationale. Mayence, 1459.
² Fleury, 4⁰ Discours sur l'histoire ecclésiastique.

Ce code attribuait tous les pouvoirs au pape, source unique de l'autorité de l'Église. Raymond de Pennafort, dominicain espagnol, ajouta cinq livres à ceux que Gratien avait publiés. Ils comprennent toutes les décrétales, depuis Innocent III, jusqu'à Grégoire IX[1]. Ces deux collections furent la base du droit canonique, et les seules consultées par les théologiens, de préférence aux conciles et à tous les autres actes de l'Église. L'Italie fut particulièrement le théâtre de ces lourdes et inutiles études ; dans les écoles de France, l'on remarque, cependant, Etienne de Tournay, Thibaut d'Amiens, Guillaume Durand, les plus célèbres docteurs en droit canon. Sur les bancs universitaires, c'étaient des dissertations sans cesse renouvelées sur les plus oiseuses questions ; les chaires retentissaient, pour nous servir de l'expression d'un contemporain du tonnerre des disputes. Une rivalité bavarde s'était engagée entre les canonistes et les écoles naissantes du droit civil. Partant de deux idées, essentiellement distinctes, il n'était pas étonnant que les professeurs ne pussent pas s'entendre ; les uns soutenaient

---

[1] Fleury, Histoire ecclésiast., liv. 80, n. 46.

l'autorité des lois divines, les autres la force des lois terrestres; l'Université donna souvent raison au droit civil, et ce ne fut pas une des moindres causes de la décadence de la juridiction ecclésiastique.

La science des lois dépend toujours de la perfection des lois elles-mêmes. Lorsqu'elles sont empreintes des éternelles maximes de la raison et de la justice, il est difficile que l'enseignement n'adopte pas une méthode philosophique. La jurisprudence civile commence d'être étudiée au XIIIe siècle à Paris, à Toulouse, à Orléans, Montpellier, à Angers, où se forme un professeur célèbre, Thomas Desfontaines; mais tout y est encore mesquin et subtil; en Italie brillaient quelques chaires de jurisprudence romaine, parce que là les lois des empereurs vivaient pour ainsi dire comme des souvenirs nationaux et glorieux. Alzon publiait à Bologne deux *Sommes* juridiques et un *Apparatus* des codes; il professa plus tard à Montpellier. Accursius, le plus illustre de ses disciples [2], fit sur les textes du droit romain recueillis jusqu'alors, des gloses

---

[2] Bayle, Dict. critique, article Accursius.

d'une patience et d'un travail remarquables. Elles servent encore aujourd'hui dans les écoles de droit. La France n'offrait point alors des professeurs si renommés; la loi romaine venait à peine d'y être connue; le plus grand nombre des coutumes n'étaient pas écrites. On peut citer cependant comme monument de jurisprudence du XIIIe siècle, les établissemens de Saint-Louis. Est-ce un ouvrage de ce prince ? n'est-ce qu'une compilation, comme le prétend Montesquieu[1]? La question importe peu pour les études du moyen âge; il suffit que ce code féodal appartienne à cette époque pour qu'on puisse déjà apprécier les progrès de la jurisprudence.

Il existe aussi une collection de lois intitulées *Livre de la Justice et du Plet*, où l'ancien droit de France est comparé avec les codes romains[2]. Le coutumier de Beauvoisis, célèbre ouvrage de Beaumanoir, est un commentaire sur le droit français, mis en rapport avec les collections de Justinien et de Théodose. Desfontaines publia

---

[1] Montesquieu, Esprit des lois, livre 18, chap. 28. Recueil des ordonnances du Louvre, t. 1, avec la préface de Laurière.

[2] Montfaucon, biblioth., t. 2, n. 1668.

deux livres; l'un, sous le titre de *Conseil*, est un recueil de jurisprudence, l'autre, dit de la *reine Blanche*, explique les anciennes coutumes [1].

Cependant le droit civil n'avait pas encore ce large caractère que devait lui imprimer plus tard l'étude de la loi romaine; aussi, les ouvrages sont-ils rares et presque toujours sont-ils mêlés aux principes des décrétales et aux maximes des clercs. Ce n'est que dans le siècle suivant, à l'apparition du célèbre Barthole, que la jurisprudence française eut son esprit propre et national.

La troisième branche du système scolastique comprenait la philosophie, non point cette grande et belle science qui touche à toutes les connaissances humaines, cette libre investigation qui élargit le domaine du savoir, mais cette étude compassée et rétrécie dans le syllogisme, qui ne sait enfin exprimer une idée ou une vérité, sans la soumettre à des formes d'école.

---

[1] Ces collections se trouvent à la suite de Joinville, édition de Ducange; les coutumes de Beauvoisis ont été publiées par Lathaumassière, en 1690, in-f°.

Les études philosophiques ne produisirent rien de neuf dans le moyen âge; elles ne furent qu'une commentation plus ou moins obscure d'Aristote, tour à tour condamné et exalté par l'Eglise. C'est vers le XIe siècle, que l'aristotélisme, si l'on peut ainsi s'exprimer, commença à paraître dans les écoles. Il domina jusqu'à la fameuse condamnation d'Amaury de Chartres, qui, en subtilisant les textes, et en les appliquant au christianisme, avait émis les propositions les plus hardies. « Un être simple, disait-il, est celui qui n'a ni quantité ni qualité. Tel est Dieu, telle est aussi la matière première; mais peut-il y avoir deux êtres simples? Non, car ils ne pourraient être distincts que par des qualités et par des parties que l'une aurait de plus ou de moins que l'autre. Or cela répugne à l'être simple, par conséquent il faut que Dieu et la matière soient un et indivisibles. » Du mouvement continuel et nécessaire de la matière première, Amaury concluait que tous les êtres particuliers devaient finir par rentrer au sein de l'être des êtres; mais avant cette consommation dernière, les vicissitudes de la nature devaient diviser le monde en trois époques, correspondant aux trois personnes de la Sainte-Trinité. La loi mosaïque avait été l'époque de Dieu le père. La loi évangélique était celle de Dieu le fils, et allait être bientôt remplacée par le règne du Saint-Esprit. Avant cette dernière domination, tous et chacun devaient se considérer comme membres du Christ. Dans cette ère nouvelle et tout-à-fait imminente, les sacremens devaient cesser, et la seule infusion de la grâce suffire au salut des hommes [1].

Les conséquences de cette philosophie étaient trop en opposition avec les lois et les dogmes chrétiens pour n'être pas formellement condamnées par l'Église. Amaury de Chartres fut obligé de se rétracter; et ses disciples, comme on l'a vu, livrés aux flammes dans les Champeaux, hors des murs de Paris [2]. A la suite de cette persécution, Aristote fut proscrit des écoles sur la demande de Philippe-Auguste, et le cardinal Robert de Courçon défendit d'enseigner le philosophe grec [3] dans les universi-

---

[1] Pluquet, dict. des hérésies, t. 2, p. 1 et 3.
[2] Résumé du troisième volume de cette histoire.
[3] Collect. des concil., t. 4, p. 991.

tés. La logique s'en trouva exceptée. Le pape Grégoire IX adopta tout à la fois cette rigueur et cette indulgence; il prohiba seulement la métaphysique et la physique d'Aristote, jusqu'à ce que ces livres purgés d'erreurs, pussent être offerts aux imaginations ardentes des écoliers [1].

Malgré ces défenses soutenues de toute l'autorité de l'Église, on n'en persista pas moins dans l'étude du philosophe grec qui fut le fondement de toutes les investigations scolastiques. On traduisit, on subtilisa même ses subtilités; et le plus noble titre, la réputation la plus ambitionnée continua d'être celle de commentateur d'Aristote. Albert-le-Grand, saint Thomas, oubliant les canons des conciles, ne cessèrent d'élever la philosophie proscrite au-dessus de toutes les sciences; son système domina toutes les théories contemporaines. Comme lui, les scolastiques du temps rejetaient les idées innées, et rapportaient aux sensations les germes de toutes connaissances [2]. « L'uni-

[1] Du Boulay, Hist. de l'Université, t. 3, p. 81 et 82.
[2] Deslandes, Hist. critiq. de la philosop., t. 3, p. 284 et 290.

vers avait été créé d'une matière première éternelle, sans forme, mais susceptible d'en recevoir. On distinguait quatre élémens, quatre qualités, quatre températures, et dix catégories. Toutes les parties extérieures correspondaient les unes aux autres, et toutes participaient à la même âme qui subsistait divisée en autant d'êtres distincts dans l'univers, jusqu'au moment de la décomposition, où chacune de ces portions rentrait dans la masse commune[1]. »

Cette philosophie ne s'exprimait que par des formules de raisonnement, connues encore aujourd'hui sous le nom de syllogisme, et dont nous définirons plus tard le caractère. L'étudiant qui voulait se livrer à ces puériles études devait approfondir pendant deux ou trois ans au moins, la logique alors enseignée d'après la dialectique de saint Augustin et d'Aristote. On avait choisi dans ces traités toutes les parties disputeuses, toutes les discussions sur des arguties; puis, l'on avait enchaîné une suite de raisonnemens, inventé une sorte de mécanisme au moyen desquels on feignait

[1] Brucker, Hist. philosoph., t. 3, p. 870 et 872.

d'enseigner l'art de raisonner, tandis qu'on n'apprenait que l'art d'abuser du raisonnement.

Le seul bon effet que les études philosophiques aient pu produire au moyen âge, a été d'établir des relations entre les différentes connaissances humaines, et de suggérer le projet d'en former des systèmes encyclopédiques. Tel fut le plan que suivit Vincent de Beauvais. Il classa, sous des titres divers et dans une sorte d'harmonie, le tableau des sciences physiques et morales, l'histoire sacrée et profane [1]. Roger-Bacon accomplit un plus large travail encore. Dans son grand ouvrage il signale une à une les erreurs de l'ignorance, et les obstacles qui s'opposent à l'entier développement de l'intelligence. Tout rentre dans son examen, la physique, la mécanique, l'astronomie, la perspective et l'optique. Si l'on sépare de l'*Opus majus* tout ce qui concerne l'astrologie judiciaire, on trouvera, ce qui est rare dans ces temps, une série de faits et d'observations remarquables [2].

[1] Speculum quadruplex. Douai, 1626, 4 vol. in-f°.
[2] Bacon. Opus majus, Lond. 1733, in-f°.

Si la connaissance des faits était négligée, la morale considérée comme science sociale l'était encore plus. Elle rentrait exclusivement dans les principes religieux. Celle d'Aristote avait servi à quelques commentateurs et particulièrement à Brunetto-Latinus. Quant au miroir moral de Vincent de Beauvais, c'était un véritable traité de théologie; car, il faut bien encore le dire, elle était toute la philosophie de cette époque; on ne cherchait pas la morale comme un principe inné dans le fond de l'âme, mais comme un commandement écrit dans les livres saints.

La médecine rentrait dans une des quatre facultés universitaires. Cette science, qui avait fait de si grands progrès dans la vieille Grèce semblait s'être entièrement perdue aux premiers siècles de notre barbarie. Quelque faible routine s'était conservée dans les monastères, où l'on pratiquait avec l'hospitalité l'art de guérir. La médecine, considérée comme science conjecturale et d'expérience, arriva au milieu de l'Europe par les Arabes. Les ouvrages de Mesué, Geber, Rhasès, Avicenne, Avenzoar, Averroës, furent encore les sources où les médecins occidentaux allèrent puiser quelques notions exactes. Ces ouvrages ne donnaient que des indications imparfaites, car on négligeait absolument l'anatomie et la physiologie, base essentielle de la médecine, et que de malheureux préjugés faisaient considérer comme une espèce de sacrilège. Les Arabes s'appuyaient cependant sur des faits, sur des expériences, et plusieurs maladies ont été décrites par eux, telles que la petite vérole, la rougeole, la carie des os; les Orientaux ont aussi introduit l'usage des purgatifs doux, la manne, le séné, la casse, remèdes que les localités leur avaient révélés sans doute [1].

Les médecins du XIIIe siècle furent donc les disciples des Arabes, mais les premières connaissances anatomiques sont nées en Occident. L'empereur Frédéric II ordonna que personne ne serait admis dans les facultés, s'il n'avait fait auparavant des études anatomi-

[1] History of phisic from the times of Galien to the beginning of the 16 centurijes by J Freind. London, 1725. En comparant cet ouvrage avec Portal, Histoire de l'anatomie et de la chirurgie, t. 1, p. 199 et 201.

ques et la dissection des corps humains. Il existait des écoles de médecine à Milan, Ferrare, Brescia, à Montpellier et à Paris[1]. Il nous en reste quelques travaux remarquables; ne serait-ce que le livre intitulé: *Trésor des pauvres*, ou Manuel de l'art de guérir, composé par Jean-Pierre d'Espagne, qui devint pape, sous le nom de Jean XXI.

En France les monumens les plus complets sur la médecine de l'époque sont ceux que publia en vers latins Gilles de Corbeil, chanoine de Paris; ils consistaient en deux traités; dans l'un il examine les lois de *pulsibus* (du pouls); dans l'autre celles de *urinis* (des urines); de plus un poème en quatre chants sur les vertus des médicamens, où l'on trouve tous les bons effets que doivent produire les antidotes, les remèdes connus de son temps[2].

Le moine Rigord, dont nous avons eu si souvent l'occasion de citer le chronique, était médecin du roi Philippe-Auguste; mais il n'a

---

[1] Astruc, Mémoire pour servir à l'hist. de la faculté de Montpellier.

[2] Voyez l'analyse de ces ouvrages dans l'histoire littéraire de France, par les Bénédictins, continuées par l'Institut, t. XVI, p. 586.

fait aucun ouvrage sur l'art qu'il exerçait. Roger de Fournival d'Amiens fut celui de Louis VIII; Dudes ou Dudon l'était de saint Louis, et le traita lors de la peste à Tunis [1].

Un des préjugés de la médecine d'alors, et elle en avait beaucoup! c'était de croire à la possibilité de prolonger la vie, tandis qu'elle s'occupait à peine de l'hygiène ou de l'art de la conserver. Actuarius et Roger-Bacon ont décrit des antidotes universels. Actuarius formait le sien de cannelle, d'euphorbe, de mandragore, de safran, de myrrhe, de pavot, de poivre et de miel. Il pensait, par ce moyen, arrêter la mort elle-même avec sa fatalité inexorable [2].

Quant à la chirurgie, cette science qui s'éloigne essentiellement de l'empirisme, car elle se manifeste par des faits et des opérations visibles, elle était confiée à des hommes illettrés, n'ayant que quelques habitudes purement mécaniques, quelquefois simples barbiers sans

---

[1] Confesseur de la reine Marguerite, vie de Saint-Louis, p. 468 et 469.

[2] Mackensie, hist. de la santé ou de l'art de conserver la vie, t. 1, p. 211 et 212.

études. Aussi ne voit-on que des tentatives malheureuses dont les résultats produisent la mort; témoin Richard, blessé au bras, et expirant par l'ignorance de l'opérateur. Cependant l'art de guérir n'était point inconnu dans le moyen âge. S'il faut en croire les romans de chevalerie, les jeunes preux trouvaient dans les castels des soins assidus qui guérissaient promptement de dangereuses blessures. Les dames, les damoiselles surtout, acquéraient quelque expérience dans l'art de panser les nobles chevaliers frappés dans les batailles et aux tournois. Ils s'en allaient souvent blessés au cœur, mais sains de tous leurs membres, et se souvenaient par maints coups de lances brisées des blanches mains qui avaient étanché leur sang et bandé leurs plaies douloureuses. Toutes ces idées de fées bienfaisantes, qui rendaient la santé par des simples, supposent dans cette société merveilleuse quelque étude naturelle qu'il nous est impossible de connaître et de précisément définir.

Toutes les sciences de l'Université à quelque objet qu'elles s'appliquassent étaient soumises, comme on l'a dit, à une commune méthode, à une seule formule d'étude, qu'on appelait scolastique. On divise en trois époques son histoire. La première et la seconde embrassent les XII° et XIII° siècles, depuis Guillaume des Champeaux, jusqu'à Pierre Lombard; elles doivent seules nous occuper; la dernière est postérieure. La scolastique a vu s'établir sous le règne de Philippe - Auguste cette multiplicité de divisions, cet usage presque ridicule de la synthèse qui a achevé d'imprimer à la science ses formes arides [1].

L'enseignement consistait en de longues séries de définitions, de divisions, de syllogismes, de gloses et de commentaires.

C'était, dans les écoles, un retentissement perpétuel de questions oiseuses, dont plusieurs même ne présentaient aucun point accessible. Quelle est la structure intérieure du paradis? Jésus-Christ monta-t-il au ciel avec ses vêtemens? Son corps est-il nud ou habillé dans le sacrement de l'Eucharistie? [2]

De pareilles discussions, comme on le sent,

---

[1] Deslande, Histoire critiq. de la philosophie, t. 3, p. 269 et 334.

[2] Touron, vie de saint Dominique, liv. 2, chap. 15.

provoquaient d'interminables disputes; et cependant l'Université ne tolérait que cette méthode[1], si bien que lorsque quelque nouveauté se produisait en dehors de l'enseignement accoutumé, elle était aussitôt condamnée et proscrite. Ainsi, l'évêque de Paris, Étienne Tempier, condamna 222 propositions sur Dieu, sur l'âme, sur l'essence, sur l'accident, sur l'intellect, sur la génération et la corruptibilité.

Des sectes se formèrent à la suite de ces disputes; les disciples de saint Thomas et de Scott étaient sérieusement et très-sérieusement divisés d'opinions sur l'immaculée conception de Marie, et sur la manière dont les sacremens opéraient; la prédestination et la grâce devinrent par la suite les principaux points de controverse entre les deux systèmes philosophiques.

Tout cela est bien petit, bien étroit; mais ce qui ne doit point échapper à l'histoire, c'est cet amour d'instruction et de recherches, cet entraînement vers le travail, qui anima cette société. L'esprit n'est jamais en vain en activité. Il produit toujours quelque chose, plus ou moins parfait, plus ou moins

[1] Du Boulay. Hist. de l'Université, t. 3, p. 455 et 456.

bien dirigé, car le mouvement est déjà pour lui un progrès.

Un élément de hautes études qu'il faut encore signaler dans cette marche de l'esprit humain, c'est la multiplication des manuscrits, et la formation des bibliothèques nombreuses où se trouvaient non-seulement les livres contemporains, mais toutes les productions de l'antiquité grecque et romaine. Nous ne croyons pas sans doute que cette obéissance passive aux inspirations d'une littérature empreinte d'autres couleurs que les mœurs du moyen âge, ait avancé notre civilisation intellectuelle ; il eût peut-être mieux valu laisser notre génie national se développer dans son isolement et dans son énergie ; mais il n'en a pas moins dû résulter de ce frottement avec les anciens, une sorte de travail d'intelligence, et peut-être aussi quelques heureuses imitations.

Les bibliothèques se multiplièrent dans le XIIe et le XIIIe siècle. Philippe de Dreux, évêque de Beauvais, avait plus de 300 manuscrits qu'il légua à sa cathédrale. « Il y a à St.-Médard, une belle librairie, » dit Gauthier de Coinsi, en parlant de l'abbaye de Saint-Médard de Soissons; Vincent de Beauvais s'extasie sur celle de Saint-Martin de Tours. Les religieux de Sainte-Catherine, du Val des écoliers, rédigèrent le catalogue de leur bibliothèque, et les articles s'élevèrent au-delà de 200[1].

Toutefois les livres étaient encore fort chers. L'évêque de Vence légua aux chanoines de Saint-Victor de Marseille sa bibliothèque, à l'exception d'un bréviaire, dont la valeur devait être employée à l'acquisition de bonnes terres. Jean, abbé de Cluny, laissa vingt-deux volumes à son abbaye, qui demeureraient attachés au mur par une chaîne, afin qu'on ne pût les dérober. On mettait tant de prix à ces manuscrits, que la plupart des nécrologues des monastères indiquent sommairement le titre des ouvrages qu'ils ont reçus dans l'année, comme s'il s'agissait d'une pièce de terre, d'une rivière ou d'une donation d'écus d'or. La multiplicité des manuscrits qui nous restent de cette époque, nous montrent cependant avec quelle ardeur ils étaient recherchés et étudiés dans les universités et les écoles.

[1] Gall. Christian. nov. edit. T. IX, p. 739; t. VII, p. 90; t. V, p. 62, 64, 76.

Ces livres ne renfermaient pas seulement, de froides et stériles dissertations ecclésiastiques ; c'étaient les chefs-d'œuvre de l'antiquité que les moines et les pieux reclus pouvaient lire et méditer dans les longs jours de leur solitude ; Virgile et ses admirables créations, Cicéron avec son éloquence verbeuse, Sénèque, Plaute, Térence, Lucrèce lui-même, plein de sa belle et grande philosophie, de son poétique matérialisme, y paraissaient avec toute leur hardiesse de pensées et de conceptions, et de telles lectures devaient influer sur la marche des esprits concentrés jusqu'alors dans les études et les pratiques religieuses !

CHAPITRE XXXVIII.

État des lettres. — Les XII° et XIII° siècles. — Faibles notions sur les langues anciennes et orientales. — Le latin. — Le français. — La langue romane. — Productions littéraires. — Histoire. — Poésie latine. — Épitre. — Chants des troubadours. — Les sirventes. — Les tensons. — Les ballades. — Les aubades. — Les pastourelles. — Poésies des trouvères. — Romans de chevalerie. — Fabliaux. — Castoiemens. — Bestiaires. — Bibles.

Cette génération des XII° et XIII° siècles, semblait être préoccupée des études scolastiques. Tout ce qui ne tenait pas à ces enseignemens sans portée, sortait des habitudes des docteurs et des savans. Cependant il y eut deux littératures dans le moyen âge : l'une retient encore les formes de l'école, c'est toujours cette imitation servile des anciens, ce calque imparfait des modèles de la grande et basse latinité, de Virgile, de Stace et de Claudien, lui empruntant non-seulement les idées, les images, les formes, mais les vers mêmes. L'autre, nationale, n'a d'origine que dans les besoins, les habitudes et les inspirations du temps. Elle échange la langue latine pour l'idiome vulgaire. Ses essais sont faibles encore, souvent monotones, mais ils sont français, ils offrent l'empreinte de nos mœurs, de notre caractère, de l'époque enfin où ils se sont fait entendre.

Aux XII° et XIII° siècles, les études grammaticales avaient fait peu de progrès ; on ignorait entièrement les rapports de la parole écrite avec la pensée, et l'influence qu'elles peuvent exercer sur la civilisation. Les langues orientales, et l'on comprenait alors le grec sous cette dénomination, commençaient à pénétrer dans l'Occident. Les croisades, l'établissement de l'empire franc à Constantinople, l'esprit de prosélytisme qui animait les prêtres chrétiens, et les entraînait dans de lointains climats, en favorisèrent l'intelligence, particulièrement chez les prêcheurs, cette compagnie voyageuse chargée de la conversion universelle. La langue arabe était familière aux deux moines Humbert de Romanis et Guillaume de Morbeck dont nous avons déjà raconté les intéressans pèlerinages. Le premier traduisit aussi du tartare en latin une lettre que le grand khan adressa à Saint-Louis, et la fidélité de ce travail est aujourd'hui constatée[1].

L'hébreu était plus répandu encore. Le besoin d'interpréter les textes de l'écriture, les recherches cabalistiques, les rapports supposés des astres et des signes, des lettres orientales, et des conjurations de la magie le rendait indispensable. Roger-Bacon, Raymond Lulle, Robert-Grosse-Tête, évêque de Lincoln, s'étaient livrés avec ardeur à ces études. Albert-le-Grand avait appris le chaldéen et la langue mélangée dans laquelle est écrit le thalmud. Plusieurs des combinaisons d'alchimie et d'astrologie sont fondées sur l'alphabet des vieilles populations de l'Assyrie.

---

[1] Comparez Martène, Thesaur. anecdot., t. IV, p. 1708. Vita Ludov. s. Dacher. Spiceleg. t. III, 216 et l'abbé Lebœuf, État des Sciences, p. 136.

Le goût des études philosophiques, l'engouement pour Aristote, répandirent la langue grecque. On a des traductions d'Aristote, de Platon, de Ptolomée et de saint Grégoire de Nazianze, mais elles sont très-imparfaites et pleines de non sens[1].

Dans ce siècle de recherches et d'activité, commence la grande lutte entre le latin et l'idiôme vulgaire, devenu depuis cette noble langue française, la source de tant de chefs-d'œuvre. Le latin dominait les écoles, les sciences, l'Église, les actes de la vie publique et civile; on l'enseignait d'après la grammaire de Priscien, d'Albert-le-Grand, les *Sommes grammaticales* d'Alexandre de Villedieu, et le *Dictionarium locupletissimum*, seul lexique qui date de cet âge[2].

La langue vulgaire était parlée par les laïques et même par les clercs. Malgré les efforts tentés et suivis dans les universités et les ordres monastiques, pour en arrêter les progrès, elle commençait à envahir les études. Au XIIIe siècle surtout, quelques li-

---

[1] Duboulay, Hist. de l'Université, t. 3. p. 10.
[2] Montfaucon, bibl. bibl., t. 2, p. 1113.

vres à l'usage du peuple furent translatés en français. Les évangiles et la bible passèrent des langues originales en l'idiôme vulgaire, ce qui produisit un grand scandale dans l'Église, surtout la traduction du cantique des cantiques, de ces amours *de la bien aimée*, dont les figures mystiques et libertines prenaient une naïveté originale et séduisante dans le gentil parlage de France.

Il s'opérait même une singulière fusion entre les deux idiômes; on les mélangeait par la plus étrange combinaison pour en faire sortir la rime et les vers, comme dans cet exemple :

Je maine bonne vie *semper quantum possum*.
Si tavernier m'appelle, je *dis ecce adsum*.
A despendre le mien *semper paratus sum* [1].

On doit sentir quelle sainte colère de tels abus du latin devaient exciter parmi les universitaires, et les moines gardiens de la pureté de la langue antique. Mais peu à peu le latin disparut ; on ne le garda plus que dans les for-

[1] Des fames, des dez et de la taverne, ; 4. Fabliaux, t. 4. p. 485 et 488.

mules d'actes et d'argumentation. L'idiôme vulgaire domina.

Cet idiôme n'avait point un caractère uniforme; il variait de province en province. En deçà et en delà de la Loire, on parlait une langue différente, surtout par les désinences de mots et par les constructions de phrases. Il y avait bien certains caractères communs, mais les distinctions étaient fortement marquées, de telle sorte qu'on ne pouvait les confondre l'une avec l'autre.

Leur origine fut néanmoins une corruption du latin, défiguré par la suppression des désinences, par l'irrégularité des constructions, par l'introduction des articles empruntés aux langues du nord ou aux patois qu'on parlait dans chaque seigneurie. Déjà, Grégoire de Tours se plaignait de cette invasion du parlage, alors appelé rustique, et qui devait être naturellement préféré par le peuple à la langue noble et difficile des Latins[1]. Les écrivains refusèrent d'abord d'employer l'idiôme vulgaire; mais telle est la puissance de l'opinion, qu'ils furent eux-mêmes

[1] Decedente atque imò potius percunte ab urbibus gallicanis

obligés de le subir lorsqu'il devint national ; il ne resta donc plus que la grande division entre la langue-d'oc et la langue-d'oil ; et comme la langue-d'oc ne fut point soutenue par un centre de beau parler ; comme les provinces du midi furent ensuite réunies à la couronne, reçurent les ordonnances des rois, et l'impulsion d'une cour française, elles éprouvèrent aussi l'influence de la langue-d'oil, et ne conservèrent plus le vieil idiôme des ancêtres que comme un patois abandonné au petit peuple [1].

Les chroniques furent une des premières productions de la langue nationale. Nous en avons déjà parlé sous les rapports de la chronologie, il nous reste à les considérer comme ouvrages littéraires.

Les chroniques des XIIe et XIIIe siècles,

---

liberalium culturâ litterarum.... philosophantem rhetorem intelligunt pauci, loquentem rusticum multi. (Præfat. Dm. Bouquet.) Collect. historiens de France, t. 2, p. 137.

[1] Comparez sur les langues et les idiômes, parlés en France, et la décadence du latin, Pasquier, Recherch., l. 8, c. 1, liv. 1, chap. 13 ; M. Raynouard, Recherches sur la langue romane, et M. Roquefort, état de la poésie française, p. 373.

empruntent la langue latine ou l'idiôme vulgaire; les premières sont en général correctement écrites, mais elles ne contiennent ni critique des faits, ni aucun aperçu philosophique. Presque tous les chroniqueurs ont vu les événemens qu'ils rapportent, ou ils en sont contemporains, de sorte qu'ils en parlent comme témoins oculaires, ou d'après le ouï-dire de quelques personnes certaines; l'esprit de crédulité domine dans leurs récits. Ce que le chroniqueur conte surtout, ce sont les miracles, les événemens merveilleux qui ont troublé l'ordre naturel; ce qu'il aime le mieux redire, ce sont les annales de son monastère; il néglige quelquefois les faits les plus importans pour des accidens sans gravité historique. Mais, dans ces descriptions d'un phénomène, d'un miracle, qui réveillent tant de crédulités pieuses, se glissent encore bien des traits de mœurs, et, c'est pour trouver ces impressions dans toute leur naïveté locale, que je préfère les chroniqueurs qui ont écrit en français, tels que Joinville et Vilhardouin. Il y a dans leur récit quelque chose de plus vrai, de plus contemporain, car cette langue latine, qui s'interpose, comme un anachronisme, entre les chroniqueurs et moi, détruit l'illusion que je cherche. Il y a aussi dans ces récits en langue vulgaire, presque toujours dictés en dehors des monastères, moins de partialité cléricale. Ce sont de preux chevaliers racontant ce qu'ils ont vu dans le cours de leurs pèlerinages et de leur vie de castel; ils m'introduisent dans la société féodale, m'expliquent les mœurs et les habitudes de ces merveilleuses familles de tourelles et de manoirs, dont nous aimons à nous faire dire la vieille histoire.

Les chroniqueurs sont très-nombreux dans les XIIe et XIIIe siècles. Les deux principaux en langue vulgaire, sont les sires de Vilhardouin et de Joinville, « qui écrivirent, soit en naïf français, soit en ramage de leur pays [1]. » L'histoire de Rigord quoique en latin, a été translatée en « biau parlier en les grandes et incomparables chroniques de Saint-Denis. » Guillaume-le-Breton a aussi fait une histoire en prose, qui ne prend de l'importance et de l'intérêt que là où

[1] Histoire de l'empire de Constantinople, sous les empereurs français, édition de Ducange; Paris, imprimerie royale, 1657. — Histoire de Saint-Louis, par Iehan de Joinville, sénéchal de Champagne, édition de Capperonier, Paris, 1761.

se termine celle de Rigord [1]. Mathieu Paris est certainement le plus remarquable des conteurs de ce siècle ; sa chronique, qui forme plus d'un gros volume in-folio, comprend l'histoire nationale de l'Angleterre ; il y règne un esprit de critique et de fronde contre la cour de Rome, un peu extraordinaire dans une œuvre monastique de ce temps, et qui révèle déjà peut-être la séparation de son église, avec le souverain pontife [2]. Jacques de Vitri qui s'est particulièrement occupé des affaires de la Terre-Sainte, offre un vif intérêt en nous faisant connaître tout ce que l'on savait, en Occident, de l'histoire des mœurs et des habitudes des Sarrasins, et en nous présentant un tableau animé de la corruption du clergé catholique. L'ouvrage d'Albéric, moine des Trois-Fontaines, est une compilation de chroniques antérieures ou contemporaines. Le Miroir-Historial de Vincent

---

[1] Dans le 17e vol. de Dm. Brial, collection des historiens de France.

[2] L'édition donnée par Dm. Brial est fautive, dépécée. L'esprit religieux a décoloré l'historien national des Anglais. Voyez l'édition de Londres, publiée par Wats, que j'ai déjà indiquée.

de Beauvais [1] n'est également qu'une compilation, peu soignée et pleine d'anachronismes. Nous ne tiendrons aucun compte des chroniques particulières, si nombreuses à cette époque, et qui traitent, les unes de l'histoire d'une province, les autres d'un événement particulier, tel que les croisades des albigeois. Leur nombre est infini, et elles ne présentent pas un caractère assez remarquable, pour conclure quelque chose en ce qui touche la marche des études historiques.

Philippe Mouske sert comme de transition pour arriver aux écrits en vers latins, et qui ne s'élèvent pas bien au-dessus de la chronique en prose. Mouske a entrepris une histoire de France « en rimes dilectables. » Il commence à l'origine des Francs, à cette fabuleuse illustration troyenne, que l'on raconte dans toutes les vieilles légendes [2]. Nous avons assez parlé de Guillaume-

---

[1] Vincenti Bellovacensis opera. Douai, 1626, 4 vol. in-fol.

[2] L'histoire de la lignée des rois de France, par Philippe Mouske, évêque de Tournay, à la suite de Vilhardouin. Paris, 657, in-f°.

le-Breton, et de son poème sur Philippe-Auguste, pour ne plus y revenir. Il n'y a dans ces douze mille vers, ni conception épique, ni poésie originale, c'est toujours le terre-à-terre des annales monastiques, mais aussi avec leur fidélité. Tout ce qui est étranger à l'histoire, Guillaume ne le crée pas, mais il l'emprunte. Ce sont des réminiscences des anciens, plaquées sur un fonds de chronique monacale. Mais ces réminiscences, il leur donne un costume contemporain, et sous ce rapport, il y a encore de la couleur; Guillaume-le-Breton a fait, pour les idées empruntées à Virgile ou à Homère, ce que les peintres du moyen âge font pour leurs personnages historiques. Le poète leur a imprimé le costume du XIIIe siècle, comme les enlumineurs d'images, revêtaient le roi Priam, d'une robe d'hermine, avec armoiries et blason, faisaient asseoir Jésus à table, avec ses douze barons, et donnaient à la triste Didon le vêtement des nobles dames de castel, l'écharpe, et le hardi faucon sur le poing.

Le nombre des poètes latins dans ces deux siècles est infini. Il a fourni à Leyser une liste de plus de 180[1]. Le plus remarquable est Gautier de Châtillon, l'auteur de l'Alexandride, ou poème sur Alexandre[2]. L'anti-Claudien, production d'Alain de Lille, contient plus de quatre mille vers hexamètres. Il a suivi le même plan que le poète latin, dont il se déclare l'antagoniste. Claudien a montré tous les vices s'emparant de Ruffin, Alain a rassemblé toutes les vertus autour d'un homme qu'elles veulent perfectionner. Cet ouvrage est une sorte d'encyclopédie, qui a fait l'admiration de plus d'un clerc[3].

Toute cette littérature est bien peu de chose. On doit cependant distinguer quelques productions originales, tel est le *Brunellus* ou Miroir des fous de l'anglais Vireker, et le poème de Joseph d'Excester, sur les exploits de Richard en Orient[4]. Gauthier Vinisauf a fait un art poétique, dédié au pape Innocent III[5]. Pierre de Riza, sous le titre singulier d'*Orore*, a ver-

---

[1] Leyser, Histor. poematum latinor. med. æv. Hall., 1725.
[2] Hist. litt. de France, par l'Institut, t. xv, p. 100 à 119.
[3] Leyser, p. 1020.
[4] Warthon, History of english poetry, dissert. 2.
[5] Il est aussi l'auteur d'une chronique sur le voyage en Palestine de Richard Cœur-de-Lion. Leyser, p. 855 et 986.

sifié des extraits de la Bible. On ne remarque même pas dans toute cette poésie le mérite assez faible d'ailleurs de la versification latine. Les savans y déplorent déjà un mélange de la rime, invention des idiômes vulgaires, et du mètre conservé de la vieille langue de Rome.

Le moyen âge est non moins fertile en opuscules, sermons, épîtres, en un mot dans tous ces genres de littérature que l'esprit religieux favorise. Les sermons, sorte de discours oratoires, et qui remplacèrent dans la société chrétienne et militante les harangues du forum, exerçaient une immense influence sur les esprits. Ils étaient presque tous en langue latine; mais ces grandes oraisons, destinées à remuer les masses, ou prêchées à l'occasion des croisades pour exciter le peuple à quelque gigantesque entreprise, devaient être prononcées ou traduites au moins en langue vulgaire. Il nous reste très-peu de monumens de ce dernier genre; les clercs auraient craint d'être accusés d'ignorance s'ils avaient consigné dans l'idiôme populaire leurs exhortations religieuses. Les sermons, ceux même qui sont l'ouvrage des hommes les plus distingués du temps tels que saint Bernard, Pierre de Blois, Jean de Sarisbury, ne sont pas à la hauteur de ces réputations colossales, qui ont ébranlé le monde, et gouverné la société chrétienne. Ils reposent généralement sur des textes de peu d'intérêt, et les développemens, que chaque partie du discours reçoit, sont secs, stériles et sans mouvemens passionnés. On a quelque peine à concevoir au temps présent, comment une logique bavarde, hérissée de citations, sans critique et sans discernement, a pu frapper les esprits et commander aux intelligences [1]. Les traités de morale et de pratique religieuse sont empreints d'un plus haut talent. Toutes les fois que le commentateur ne se jette pas dans les abstractions de l'école, et qu'il disserte selon son cœur et sa raison, il est supérieur à tout ce que son siècle a produit. Il fallait bien que ces hommes eussent un côté plus fort que leurs contemporains, car dans une société quelque barbare qu'elle puisse être, l'influence ne s'acquiert qu'alors que la supériorité est un fait, et saint Bernard,

[1] Thritème a recueilli plusieurs de ces opuscules dans son livre *De scriptoribus ecclesiasticis*, publié par Fabricius (bibliothèque ecclésiastique).

Pierre-le-Vénérable, Jean de Sarisbury, exercèrent une véritable domination. Les épîtres sont aussi un genre de talent qu'il faut reconnaître à ces grands noms du moyen âge. C'est par ces vastes et actives correspondances que le monde a été gouverné. Une épître de saint Bernard remuait l'univers catholique. Innocent III quitta Rome très-rarement, et ses lettres, dont le nombre est infini, commandaient aux princes, aux populations; elles sont en général chargées de citations des textes sacrés, mais en les prenant comme l'expression de la puissance chrétienne, raisonnant d'après les doctrines de foi et d'autorité, il faut reconnaître qu'elles étaient dictées par une haute intelligence du temps. Les Bénédictins ont remarqué l'élégance de la phrase latine. Les hommes qui voient un peu plus avant dans le fond des choses doivent avouer qu'elles sont empreintes de cette dignité et de cette force capable de parler aux convictions et à la conscience dans des siècles peu éclairés.

Ce qui manque à toute cette époque c'est la liberté, ce premier ressort de tous les talens. La littérature tourne toujours dans un cercle donné sans jamais rien oser avec cette raison indépendante qui anime les créations de l'intelligence. Ce ne sont que des commentaires de dogmes écrits et irréfragables, restreints dans un cercle scolastique, aussi sacré que le dogme lui-même. De là cette monotonie qui tue ces écrits du moyen âge. Les mêmes idées se reproduisent avec les mêmes émotions, et le génie se montre dans le même costume que l'ignorance et la nullité.

Cependant il était une autre littérature, où un peu de libre pensée semblait s'être réfugiée. Elle s'y révèle sous des formes grossières, monotones souvent, mais partout on retrouve quelque germe d'indépendance. Et c'est quelque chose, au milieu des productions dogmatiques et stériles de ces deux siècles, de pouvoir se reposer sur les chants poétiques et moqueurs des trouvères et des troubadours.

La Gaule romaine s'était divisée en deux langues. Sa littérature aussi avait subi cette division. La poésie des trouvères n'a pas le même caractère que celle des troubadours, et toutes deux sont empreintes d'un esprit différent. On s'est demandé à laquelle on devait donner la préférence. Le patriotisme s'est mêlé à cette question : les érudits du midi de la France ont placé les troubadours au-dessus des trouvères. Les savans du Nord n'ont point manqué de proclamer comme supérieurs les chants des vieux poètes normands et picards [1]. Dans une telle controverse, on s'est peut-être laissé entraîner par des préoccupations particulières. Les sirventes, les tensons, les poésies enfin des troubadours ont quelque chose de plus gai, de moins grave, que les chants des trouvères ; mais ce qu'on peut leur reprocher, c'est une certaine monotonie. Ce sont toujours les mêmes sentimens, des dissertations subtiles et amoureuses. C'est comme un roman de mademoiselle Scudéri, ou une thèse de faculté sur la galanterie. Dans

[1] Cette controverse s'est engagée entre deux savans respectables, M. Raynouard et M. de la Rue, que leurs études spéciales portaient à préférer l'une ou l'autre de ces littératures ; M. Roquefort, et avant lui Legrand d'Aussi, avaient soutenu l'honneur de la poésie française contre les troubadours provençaux. M. Ginguené a traité avec bonheur et philosophie de la littérature des troubadours dans son histoire littéraire d'Italie, t. 1, p. 241 à 335.

les sirventes, on aperçoit une certaine verve d'expression, un certain bonheur d'indignation contre le clergé et les moines, ce qui leur imprime de la vie et de la chaleur. Mais c'est moins comme productions littéraires que ces poésies nous paraissent remarquables, que comme monumens historiques. C'est là qu'il faut chercher la société se mouvant, agissant avec son propre caractère. La chronique des monastères ne nous apprend qu'une demi-vérité, on peut la trouver entière dans les sirventes du temps.

Les productions de la langue d'oil semblent plus variées, au moins dans leur titre. Les romans de chevalerie n'ont pas le même caractère que les fabliaux, les fabliaux que les *castoiemens*, mais toutes ces poésies ne se distinguent les unes des autres que par des différences peu saillantes, et l'on pourrait dire par le nom seulement. C'est toujours le même genre appliqué à un mécanisme de vers différent. La société étant empreinte, à cette époque, d'un caractère uniforme, cette uniformité pénétra les productions de l'esprit : aventures de romans, de fabliaux, tout roule à peu près sur les mêmes combinaisons; tout est jeté dans un semblable moule.

C'est pendant le treizième siècle, depuis l'année 1201 jusqu'en 1280, que les chants des troubadours se sont fait particulièrement entendre. Leur nombre s'élève à plus de cent cinquante dans les catalogues qui ont été publiés[1]. Ce n'est point dire qu'on ne puisse trouver quelque gai chanteur au douzième siècle; mais la grande époque de la littérature du Midi ne commence qu'après cet âge; alors s'ouvre la brillante galerie des troubadours où l'on compte Cadenet, Blacas, Giraud de Borneuil, Boniface de Castellanne, Pierre Cardinal, Isarn, le moine de Montaudon, Giraud Riquier, etc., dont les poèmes ont été célèbres dans les castels et les manoirs.

On classait toutes ces productions du gai savoir en différens genres. Les sirventes, les tensons, les pastorales, les contes ou nouvelles.

Les sirventes paraissent les plus remarquables. Ce sont des satires générales ou personnelles

[1] Comparez M. Raynouard à l'abbé Millot, discours préliminaire. M. Raynouard a fait de curieuses découvertes.

dans lesquelles ne sont épargnés ni les rois, ni les châtelains, ni le pape, ni les prêtres. C'est dans cette vive critique de la société d'alors que l'on peut trouver quelques notions sur les habitudes de la vie privée; elle sert ainsi de contrôle à la chronique sèche et morte des monastères. Il est impossible d'offrir plus d'intérêt que les sirventes du moine de Montaudon ou de Pierre Cardinal. L'un s'est attaché à peindre la dissolution des castels, l'autre celle des clercs; les dames, surtout, n'échappent point au troubadour de Montaudon; leurs infidélités, leur parure, leur galanterie, sont tour à tour l'objet de ses moqueuses poésies [1]. Nous avons eu l'occasion de citer plusieurs fois Pierre Cardinal, dans la peinture des mœurs dissolues des clercs de la Langue-doc.

Le tenson est un dialogue entre deux interlocuteurs qui soutiennent, sur une question de morale amoureuse, de poésie ou de chevalerie, des opinions diverses. La plupart

---

[1] Poésies originales des troubadours, par M. Raynouard, t. 3 et 4. Il est à regretter pour ceux qui ne sont pas familiers avec les idiômes du midi, que le savant auteur de ce recueil n'ait pas traduit les plus importantes pièces historiques.

n'ont qu'un faible intérêt. Ce sont encore des thèses de facultés développées en vers; quelquefois cependant, lorsqu'elles contiennent des satires contre les barons, *les papelards* et les clercs, ou contre l'un des personnages en scène, elles présentent des traits de satire comme les sirventes mêmes [1]. Alors ces *jeux-partis*, comme les appellent souvent les chanteurs provençaux, rentrent dans les documens historiques. Quelquefois ces batailles d'esprit et de subtilité offrent plusieurs interlocuteurs, et elles reçoivent le nom de *tournoiement*, parce que chacun des troubadours prend successivement, et à son tour, la parole [2].

La langue romane servait aussi à quelques rares épîtres en vers. Les unes sont un pur récit adressé à un tiers, où l'on raconte les aventures chevaleresques, ou des histoires amoureuses, les autres sont didactiques. Le

---

[1] Dans un de ces tensons, Rambaud de Vaqueiras reproche au marquis de Malespina d'avoir volé sur les grandes routes; le marquis en convient, mais, dit-il, ce n'est pas pour garder, mais pour faire des libéralités. Millot, Hist. des troubadours, t. 1. p. 336-339.

[2] M. Raynouard, t. 2, p. 286, 206.

poëte y adresse des conseils, donne des avis pour toutes les circonstances de la vie. Le troubadour Amadieu des Escas enseigne à sa jeune dame comment « elle doit soigner sa toilette, mettre du rouge sur ses joues, de manière à effacer l'éclat des peintures de vitraux ; comment elle doit s'adoucir et se blanchir la peau en toutes les parties de son corps ; recevoir son amant la nuit en cachette au pied de la vieille tourelle, lui donner place en l'amoureux réduit de son cœur. »

Les pastourelles sont plus particulièrement empreintes de cette monotonie que nous avons déjà signalée ; presque toujours elles offrent les formes dialoguées entre un berger et une bergère, que précède une simple description « du *verger* et campagne jolie où se passe la scène. » Le troubadour ne sort jamais de ces idées riantes, mais bien usées, « d'un berger qui, dans les prés fleuris où il se promène, rencontre une bergère qui cueille des fleurs, ou bien d'un seigneur qui, le faucon sur le poing, cherche à rendre la bergère infidèle ; elle résiste, parce qu'elle aime son bel ami. » Ces tableaux se produisent les mêmes jusqu'à satiété : tout y est semblable, jusqu'aux formes des vers et aux expressions poétiques.

Quelques contes, et qui ont pu servir aux poètes italiens des XIV⁰ et XV⁰ siècles, se trouvent aussi chez les troubadours; on y distingue encore les *plaintes* (plantus), chanson mélancolique, où l'on déplorait la mort d'une amie ou d'un ami fidèle. Quelquefois aussi les événemens politiques étaient le sujet de ces lugubres poésies. Tels furent la prise de Jérusalem par Saladin, le malheureux état de la Langue-doc, la croisade des albigeois [1].

D'autres chants étaient destinés à la joie. On les désignait alors sous le nom d'aubades, sérénades, ballades. L'aubade se débitait à l'aube du jour, et il fallait ramener *alba*, à chaque fin de strophe [2]. Pour la sérénade, c'était le mot *ser* qui devait se reproduire [3]. Dans la ballade, le premier vers ou les premiers mots de la pièce s'y répètent

---

[1] M. Raynouard, t. 1, p. 462 à 471, en le comparant avec Ginguené, Hist. litt. d'Italie, t. 1, p. 509.

[2] Raynouard, t. 2, p. 180, 185.

[3] Ginguené, t. 1, p. 296, en le comparant à M. de Rochegude, Parnasse occitanien, ouvrage publié en 1819, p. 110.

d'une manière uniforme[1]. Une multitude de poésies offraient d'autres difficultés à vaincre. et c'était là un de leur mérite essentiel.

Plus on considère ces productions des troubadours, plus on peut se convaincre que ce n'est que sous le rapport historique, comme peintures des mœurs et des coutumes contemporaines, qu'elles appellent l'attention. On a voulu chercher l'origine de notre école actuelle, de cette poésie souvent pleine de vie et de pensée, dans ces monotones débris des vieux âges. Nous ne le pensons pas; notre école s'est attachée aux couleurs locales; elle a dédaigné les idées et les formes du XVIII° siècle, lorsqu'elle a voulu peindre des temps où ces idées et ces formes ne se produisaient pas; mais incessamment variée comme les époques qu'elle cherchait à retracer, elle n'a pas emprunté aux troubadours, pas plus qu'aux trouvères leurs pensées et leur moule invariable. Je m'imagine que si elle avait à reproduire un jour Rome et ses merveilles, elle n'irait point cher-

---

[1] Le troubadour Sordel s'en sert dans sa fameuse ballade:

Aylat! e que me fan miey huelle!

cher des inspirations dans les monumens du moyen âge. C'est alors que Cicéron, Virgile, Properce et Tibulle, deviendraient les sources où elle irait puiser la vérité des couleurs et les teintes locales, pour présenter vivante la grande civilisation romaine. Il ne faut pas que la poésie plus que la littérature ait des divinités et des superstitions; en un mot, que les noms des siècles passés soient à tout jamais nos guides et nos modèles.

La poésie des trouvères avait des caractères distincts de celle des troubadours. On peut placer, parmi ses plus vastes et ses plus complètes productions, les romans de chevalerie. Quelle fut leur origine ? faut-il la chercher dans l'Inde, comme M. de Sacy [1] ? dans le recueil arabe de Bidpai, comme le soutient le fameux évêque d'Avranche [2] ? Il me semble que c'est reporter un peu loin le type de ces productions, que les mœurs guerrières et les habitudes féodales du moyen âge pourraient

---

[1] Voyez le Mémoire qui précède la fable de Bidpai et de Canina, traduite par M. de Sacy. Paris, 1816, in-4°. Imprimerie royale.

[2] Huet, origine des Romans.

toutes seules expliquer. Est-il bien étonnant, en effet, que dans un siècle de chevalerie on ait fait des romans de chevalerie ? Dans une société toute remplie de merveilleuses aventures, de tourelles, de châteaux, a-t-on eu besoin de lire les fables de Bidpai pour prendre l'idée des vives couleurs dont les romans sont empreints ? La chronique du bon archevêque Turpin ne serait-elle pas la source de toute cette longue série de conceptions bizarres, dont le moyen âge est rempli ? C'est un des défauts de l'érudition travailleuse de croire que tout fut transmis, comme un livre ou comme un commentaire, que tout a été traduction, note, et qu'il y a une origine antique dont il faut s'enquérir même dans les productions spontanées d'une civilisation singulière.

S'il fallait nécessairement trouver un type aux romans de chevalerie, je préfèrerais l'opinion d'un autre savant, qui le recherche dans les fictions septentrionales [1]. Marie de France, voulant écrire dans le beau parlage de son pays, dit « qu'avant de faire romans et contes elle avait lu une grande partie des poèmes

[1] M. de la Rue, Recherches sur les Bardes armoricains.

bretons; car les nobles barons de ce temps avaient coutume de faire des lays et poésies de tout ce qui leur en advenait, pour en garder le souvenir [1]. » Un autre trouvère, Robert Wace, ajoute:

>Fist roi Arthur la ronde table,
>Dont li Bretons dient mainte fable.

Les romans de chevalerie purent donc être empruntés à la mythologie merveilleuse des Bretons et des Scandinaves : il est possible aussi qu'à la suite des Croisades quelques ouvrages arabes ou grecs soient parvenus aux nations d'Occident, et les romanciers durent en profiter; mais le fonds de ces inspirations fut tout local; il ressortit des mœurs. On vit dans les romans des paladins, des nécroman-

[1]
>Mult ont été noble baron,
>Cil de Bretagne li breton;
>Jadis suleient per pruesse,
>Per curteisie et per noblesse,
>Des aventures qu'il oïeent,
>Qui a plusieurs gens avenoient
>Fère les lais perremembrance,
>Qu'on ne les mit en oubliance.

ciers, des fées, des chevaux ailés ou intelligens, des hommes invisibles ou invulnérables, des magiciens qui s'intéressaient à la naissance ou à l'éducation des chevaliers, des palais enchantés; enfin dans notre monde un monde nouveau, et le cours de la nature laissé seulement aux hommes vulgaires. Des paladins toujours armés dans une société pleine de forteresses, de châteaux et de brigands, trouvaient de l'honneur à punir l'injustice et à défendre la faiblesse. De-là encore, dans nos romans, la galanterie fondée sur l'idée de l'amour jointe à celle de force et de protection. Cet esprit se perpétua par l'usage des tournois, qui, unissant ensemble les droits de la valeur et de l'amour, donnèrent encore à la galanterie une grande importance.[1]

Les romans de chevalerie peuvent se diviser en trois grandes classes: ceux de la Table-Ronde, ceux de Charlemagne, ceux enfin des Amadis, qui appartiennent à un siècle postérieur.

Les romans de la Table-Ronde racontent tous une fable primitive, la conquête du Saint-

[1] Montesquieu, Esprit des Lois. Liv. xxviii, c. 22.

Gréal ou du Saint-Hanape, la coupe ou le ciboire dans lequel Jésus-Christ avait bu avec Joseph d'Arimathie; elle avait opéré tant de prodiges qu'il n'est pas étonnant que les valeureux chevaliers de la Table-Ronde, Lancelot[1], Perceval[2], Perceforest, se soient exposés à mainte périlleuse aventure pour la reconquérir. Ces trois preux sont les héros perpétuels de ces romans; Lancelot est l'amant de madame Genièvre, femme du roi Arthur, et ses merveilleux exploits ont excité l'admiration des contemporains. Trois siècles après, on se délectait encore dans les castels en écoutant « la très-élégante, délicieuse melliflue, et très-plaisante histoire du très-noble et très-victorieux roi Perceforest[3]. » Giron le courtois, Giglan Méliadus, Tristan, le noble Tristan, et la belle Iseult tiennent aussi une intéressante place dans ces productions des trouvères. A travers bien des pages insipides, on trouve quelquefois des

---

[1] Lance-Brisée.
[2] Perce-Valon ou Perce-Montagne.
[3] Voyez l'édition de Paris, Galliot-Dupré, 1518, 6 tomes réunis en 3 vol. in fol.

situations heureuses; partout la peinture des mœurs de castel et des habitudes de la féodalité. Peut-être n'y prendra-t-on pas, de ces temps si vantés pour la pureté des sentimens du cœur, une idée aussi favorable que celle que pouvaient s'en former nos pères [1]. Hélas! qu'y faire! et c'est avec un secret orgueil de notre siècle, que nous renvoyons nos vieillards enthousiastes, aux amours de Lancelot du lac, et de dame Genièvre femme d'Arthur, aux aventures de ce pauvre roi, mari trompé, pour lequel les romanciers n'ont que des sarcasmes et de caustiques plaisanteries.

La seconde classe des romans, dits de Charlemagne, sont tous puisés dans la fabuleuse chronique de l'archevêque Turpin, et retracent le prétendu voyage de l'empereur Charles dans la Palestine. Cette chronique fut traduite en français par Michel du Harnes, sous le règne de Philippe-Auguste, et a servi de texte à toutes les fables sur Huon de Bordeaux, Guérin de Montglave, et le géant Roboastre, ce grand convertisseur qui assommait les pénitens dans la crainte qu'ils ne retombassent.

[1] Le comte de Caylus, Académie des Inscriptions, t. XXIII.

à de nouveaux péchés. Qui ne connaît aussi Doolin de Mayence, Otgie ou Otger le Danois, ce fameux paladin qui périt à Roncevaux avec Roland, victime du perfide Ganelon[1]; puis, la gentille histoire d'Aucassin et de Nicolette, et tous ces gracieux détails de la boucle de cheveux, du noble bachelier qui la reçoit à travers les barreaux de la prison. Voilà l'arbalètrier qui du haut de la tour le prévient de se garder des hommes d'armes méchans; voilà la séparation des deux amans pris par les Sarrazins, Nicolette amenée à la cour du roi de Carthage et reconnue pour sa fille perdue en bas âge, ensuite fuyant, parce qu'on veut la contraindre d'épouser un mécréant et d'oublier son ami, sa rencontre avec Aucassin, lorsque, déguisée en ménestrel, elle lui chante ses propres douleurs, enfin la reconnaissance et le mariage des deux amans. « Car amour après longues traverses, mène bachelier et bachelette, dans le déduit (chemin) du bonheur[2]. »

Dans le roman de la Rose, ouvrage com-

---

[1] Voyez les œuvres de Tressan, en les comparant à la biblio. hist. de la France, t. II, n° 16187.

[2] M. Méon, Fabliaux, t. I, p. 380-418.

mencé par Guillaume de Loris et achevé par Jehan de Meung[1], les chanteurs se proposent un plan mystique et amoureux ; il s'agit de la conquête d'un bouton de rose dans lequel les trouvères malins voyaient la fleur d'amour, mais qui n'inspirait pas deux siècles après les mêmes idées ; « on y apercevait l'état de sapience ; secondement, on pouvait aussi entendre par la rose l'état de grâce ; tiercement, la Vierge-Marie pour ses bontés, douceurs et perfections[2]; » c'est une allégorie qui se continue pendant cent chapitres et qui ne contient pas moins de vingt-deux mille vers. Guillaume de Loris rêve qu'il est transporté dans une vaste prairie émaillée de fleurs, et il voit un beau jardin entouré de murailles sur lesquelles est écrit en lettres d'or et d'azur le nom de tous les vices et de tous les fléaux parmi lesquels l'auteur ne manque pas de placer la papelardise (le clergé). L'oisiveté lui ouvre

[1] Jean de Meung a vécu à la fin du 13e siècle, Gme de Loris vers le milieu ; c'est donc par erreur qu'on a dit que le roman de la Rose appartenait au 14e siècle. On a pris la copie en prose faite à cette époque pour l'original en vers. (Voy. préface de M. Meon, à l'édition de 1814.)

[2] Clément Marot, préface du roman de la Rose.

la porte, la courtoisie l'invite à prendre part aux jeux, et l'amour ordonne à doux regards de lancer cinq flèches à l'imprudent bachelier au moment où il voulait cueillir la rose d'un riche arbrisseau couvert de fleurs; le bachelier blessé fut obligé de se rendre aux lois d'amour; puis commencent les instructions que donne Cupidon pour faire un gentil et bel cavalier, et une multitude d'allégories qui se ressentent des distinctions subtiles des universités; ce roman qui attira maintes persécutions à ses auteurs, qui fut proscrit, tour à tour et exalté, se fait particulièrement remarquer par la hardiesse de ses pensées contre les clercs, les rois et l'église, et j'oserais presque dire contre l'état social.

Voulant remonter à l'origine des sociétés, le piquant romancier s'écrie : « Les hommes se rassemblèrent et ils vous élurent pour chef un vilain grand et osseux [1] qu'ils firent leur prince et leur seigneur; celui-ci jura qu'il défendrait leur terre, et pour cela chacun lui livra du

---

[1] Un grant vilain entr'eux eslurent
Le plus ossu de quanquils furent
Si le firent prince et seignor.   vers 9645.

bien dont il puisse vivre, telle fut l'origine de rois et de seigneurs. » Jean de Meung s'élève aussi contre le partage des terres, l'inégalité des fortunes et la propriété individuelle, source de toutes les divisions et des querelles entre les hommes, car depuis,

> Maintes fois s'entrecombattoient,
> Et se tolurent ce qu'ils purent.

Il blâme même l'unité du mariage : « La nature, dit-il, n'a pas fait l'homme et la femme pour vivre en perpétuelle contrainte de fidélité, »

> Car nature n'est pas si sotte
> Qu'elle fit naître Marote,
> Tant seulement pour Robichon,
> Ne Robichon por Mariette,
> Ne pour Agnès, ne pour Pérette ;
> Ainsi nous a fait, biau fils, n'en doute
> Totes por tous, et tous por toutes,
> Chascune por chascun commune,
> Et chascun commun por chascune [1].

Les poésies des trouvères sont nombreuses et peuvent facilement se classer par genres. Les plus importantes, sous le rapport des mœurs, sont encore le sirvente ou *sotte chanson*, que nous avons trouvée déjà chez les

[1] Vers 14083.

troubadours. Un caractère profondément satirique et d'une hardiesse peu en harmonie avec l'esprit du moyen âge, s'y fait encore remarquer. *La Bible Guyot* est un de ces monumens qu'on ne saurait trop consulter quand on entreprend l'histoire de ces époques. L'auteur annonce son dessein dès les premiers vers :

> D'un siècle puant et horrible
> M'estuet (me convient) commencer une bible,
> Pour poindre et pour aiguillonner,
> Et pour grant exemple donner 1.

C'est un tableau de la société, dans toutes ses classes; les rois, les comtes, les barons, les clercs, les évêques et gens de robes. Guyot nous retrace les crimes ou les vices de toutes les professions, «Les clercs avaient épousé trois pucelles, charité, vertu et justice; mais ils les ont déflorées et puis répudiées, maintenant ils n'en ont pas une seule, et ils les ont remplacées par la trahison, l'hypocrisie et la simonie [2]. »

La bible du seigneur de Bèze est écrite dans

---

1 M. Méon, Fabliaux, t. II, p. 307-393.

2 La première a nom trahison,
  Et la seconde, hypocrisie,
  Et la tierce, a nom simonie.

le même esprit, mais la censure y est moins mordante, plus entremêlée de faits historiques. Dans son *chemin d'enfer*, Raoul de Houdon place parmi les *dampnés* plusieurs de ses contemporains, princes et prélats de l'église [1].

Cette verve moqueuse était tellement le caractère des chanteurs du temps, que, dans les genres même les plus étrangers aux sirventes, dans les fabliaux qui traitent d'autres idées, ils reviennent toujours à la censure des mœurs des rois, des nobles et des clercs. On dirait que l'opposition s'était réfugiée dans la poésie, et que là se trouvaient les vrais sentimens populaires.

Les fabliaux, connus sous le nom de *Batailles*, consistent, comme les *tensons* des troubadours, dans des disputes sur divers sujets de morale, d'amour ou des subtilités scolastiques. C'est ainsi que, dans la bataille des arts, Grammaire annonce à ses six filles, toute vieille qu'elle est, qu'elle va se marier. A cette nouvelle, Logique, la plus jeune et la moins riche, au teint pâle, mais à la langue bien effilée, déclare qu'il lui faut aussi un mari. Rhétorique éprouve un semblable besoin; Musique,

[1] M. Méon, Fabliaux, t. II, p. 394-420.

la plus gaie, est dans la même disposition. Arithmétique, Géométrie et Astronomie, ne veulent pas non plus rester vierges. Au milieu de ces débats arrivent deux vieilles matrones, Théologie et Médecine. Théologie expose les inconvéniens du mariage et ses dangers; mais Médecine touche le pouls aux sept vierges, et leur trouve tant d'ardeur pour le jeu d'amour, qu'elle supplie la Théologie, vêtue de camelot, d'y consentir. Or ce mariage fut célébré, et le vin que l'on but ne ressembla pas à celui des noces de Cana [1].

Sous le nom de *Chastiement* les trouvères comprennent un corps complet de doctrines et d'enseignemens à l'usage de certaines personnes. C'est ainsi que dans le chastiement des dames, de Robert de Blois, le poète se propose,

> Enseigner les dames comment
> Elles se doivent contenir
> En lor aller, en lor venir,
> En lor desir, en lor parler, etc.

Robert s'occupe tout à la fois de la malpropreté du corps, de celle de l'âme et de la gloutonnerie.

> Fi de la dame qui s'enivre,
> Elle n'est pas digne de vivre.

[1] M. Méon, Fabliaux, t. 1, p. 152 à 158. 183-219.

Il ne veut pas que les damoiselles écoutent les prières des amans, « car fin amour est un trompeur[1]. » Telle n'est point l'opinion de Guiart, dans son *Art d'Aimer* :

> La dame doit tout oéder,
> Sa fleur, son sein et son baiser.

Les *bestiaires* sont des poésies où les trouvères, sous les formes d'apologue, donnent des conseils de morale, ou se livrent à d'amères satires. Quelquefois ces bestiaires sont la simple traduction d'Ésope : tel est celui de Marie de France[2].

Le plus curieux est incontestablement le roman du Renard. Maître Renard et son frère Isengrin, (ou le loup) s'en allaient de compagnie, pour aventure quérir; puis, le gai chanteur nous montre « comment ils issirent (sortirent) de la mer, comment Renard mangea poisson ez charretiers, comment il fit Isengrin moine et papelard, comment il lui fit pècher des anguilles ; si comme renard prit Chante-clerc le coq; ses

---

[1] Legrand d'Aussy, Fabliaux, t. II, p. 61 et 63.

[2] M. Roquefort, dans l'édition des poésies de Marie de France,

aventures avec Tibert-le-Chat et les deux prêtres qui veulent les confirmer; comment Isengrin, devenu clerc, vend ses vêtemens pour un oyson de bon àloy, si comme Renard se débarrassa de son compagnon en le faisant avaler (tomber) dans un puits, comment il déroba le fromage à maître Corbeau; si comme Isengrin alla se plaindre à la cour du roi de messire Renard; si comme celui-ci se fit teinturier, jongleur, puis pèlerin allant à Rome et volant toujours, moins que les clercs cependant; comment Renard ravit pucelage vilain, et comment, avec Tibert-le-Chat, ils chantèrent après vêpres et matines; comment Renard fut empereur, comment il veut manger son confessor; son couronnement, puis commence un nouvel lignage : li parlement et li concile du roi Noblon se rassemblent, et li roi fait son fils chevalier; Renard et Isengrin lui chaussent les éperons à genoux; puis comment Renard vint devant le roi en habit de frère mineur, si enfin comment Renard se confesse à l'hermite de l'hermitage, puis comment il reprend le cours de ses fourberies, acquiert une grande réputation de sainteté, de sorte que les templiers et les hospitaliers qui ne voulaient pas se laisser surpasser en pillerie, le demandent pour leur supérieur général. Comme la dispute s'engage à qui l'aura, Renard prend un habit mi-parti, et gouverne à la fois les deux ordres [1].

Les trouvères ou fabliers ont fait aussi des contes en leur gentil parlage. On croit qu'ils ont servi de texte à Bocace, comme Bocace à son tour a servi de modèle à Lafontaine, et qu'ainsi ce qui appartenait à la France est revenu à la France. On n'a besoin que de citer comme alliance de libertinage et de dévotion les Bernardines et les Chanoinesses de Jean de Condé; la Bourgeoise d'Orléans qui fait battre son mari; le Déguisement de la damoiselle; le Cordelier de Rutebeuf, ce trouvère si porté à exercer sa verve caustique contre la pape-

---

[1] Le roman du Renard, avec toutes ses branches, a été publié avec beaucoup de luxe par M. Méon; nous aurions désiré que, pour rendre plus populaire cette grande satire des mœurs du moyen âge, on fît suivre le texte d'une traduction, comme l'avait fait Legrand d'Aussy, pour ses fabliaux, mais peu de savans veulent ainsi faire participer le public aux fruits de leurs travaux; ils en font trop souvent un patrimoine exclusif.

lardise et le béguinage; Sainte Léocade *au corps bel et gent*, *la savoureuse Léocade*; la Dame qui fait trois fois le tour de l'église, etc[1]. Cette licence n'avait point de bornes, et l'on peut en prendre une idée dans un jeu de mots scolastique et universitaire qui effraye plus que la pudeur, car il révèle un vice honteux qui paraissait commun dans ce siècle parmi les moines et les clercs :

> Vilain mestier clercs nous apprennent
> Quand ils *la* laissent et *lui* prennent...
> . . . .
> La grammaire *hic* à *hic* accouple,
> Mais nature maudit le couple,
> Nature rit, si comme moi semble,
> Quand *hic* et *hæc* joignent ensemble;
> Mais *hic* et *hic* chose est perdue,
> Nature en est tôt esperdue [2].

Ce que nous avons dit suffit pour faire connaître la poésie au moyen âge. Faudra-t-il s'arrêter au mécanisme de la langue, aux formes bizarres que les poètes s'imposaient dans leurs

[1] Legrand d'Aussy, Fabliaux, t. II et III.

[2] Fabliaux, édit. de M. Méon, t. I, p. 290-346. Le texte en est corrigé à la fin du roman de la Rose, publié par le savant éditeur.

compositions? La versification à six syllabes paraît dominer aux XII° et XIII° siècles ; cependant on trouve des exceptions, particulièrement dans les chansons où l'on essayait la rime par échos :

> Icelle est la très-mignote,
> Note,
> Qu'amour fait savoir,
> Avoir,
> Ke peut belle amie,
> Mie,
> Nel doit refuser,
> User,
> En doit sans folie,
> Lie,
> Est la peine à fins amans [1].

Loin de s'imposer des entraves, quelquefois le chanteur prenait toute licence d'expressions et de formes [2]. Il alongeait, abrégeait les mots, ou altérait les syllabes. Ainsi Jean de Meung fait rimer *aime* avec *vilain*, en changeant *aime* en *ain*.

> Gentillesce est noble, et si l'*ain*
> Quel n'entre mie en cœur vilain.

[1] Roquefort, État de la poésie en France, pendant les XII° et XIII° siècles, p. 75.

[2] Barbazan, Préface, à sa collection de fabliaux, édition de M. Méon, t. III, p. 11 et 12.

Les trouvères partagent même certains mots, afin d'en mettre la première syllabe en rime. Ainsi du mot *renard*, ils prennent, quand cela leur facilite la consonance, la syllabe *re*, et commencent le vers suivant par *nard* [1]; cette méthode hardie a été essayée par l'école moderne.

En résumé, la poésie de cette époque et la littérature en général, ne peuvent nous servir que comme documens historiques : il serait difficile de chercher des modèles dans l'enfance de l'art, mais ce qu'on peut y trouver, c'est une vive empreinte des coutumes publiques, des mœurs et des opinions féodales. Une histoire qui serait écrite sans consulter tous ces monumens si animés ne nous apprendrait rien, car la vérité ne s'y trouverait pas.

[1] Roquefort. *Ibid*.

CHAPITRE XXXIX.

État des beaux-arts.—Architecture.—Style du moyen âge.—Origine du gothique.—Constructions.—Compagnies d'ouvriers.—Description et âge des cathédrales. — Les manoirs. — Armes. — Peinture.—Vitraux.— Miniature.—Sceaux.— Orfévrerie. — Sculpture.— Tapisserie.— Musique.— Chants vulgaires. Chant d'église.—Harmonie.— Considérations générales.

Les beaux-arts suivent la civilisation. Il ne faut donc point chercher dans le moyen âge cette haute perfection, qui n'arrive qu'avec les besoins, les émotions d'un état social plus avancé; aussi dans les deux siècles dont nous avons voulu résumer le caractère, les arts n'ont-ils point encore reçu l'empreinte du génie.

Cependant alors que tout s'essaye encore, des monumens religieux nous étonnent par leur hardiesse; nos grandes cités comptent presque toutes quelques-unes de ces églises à ogives, à flèches dentelées et comme suspendues dans les airs. Je ne sais si c'est amour des temps que je décris, mais en présence de ces cathédrales noircies, de leur portail façonné, de ces vieux saints qui garnissent leurs niches, je suis pénétré d'un sentiment tout autrement chrétien et religieux que devant les imitations du Parthénon d'Athènes où la croix n'est qu'un anachronisme. Entrons dans un de ces débris du moyen âge, tout est empreint des croyances chrétiennes; ces vitraux qui reflètent au milieu de la foule recueillie et sur la vierge de l'autel des nuances d'un bleu céleste ou d'un rouge ardent, cet orgue dont les tuyaux se marient si bien à ces longues ogives qui forment le cintre de la voûte, ces quelques tombeaux ici là dispersés où repose raide et couchée, la statue d'un abbé avec sa crosse et sa mître, ou bien la figure à cheveux plats et longs d'un seigneur châtelain, comme le témoignent le chien et le faucon à ses pieds, ces stalles du chœur relevées par des sculptures bizarres, où les mains gantées des chanoines s'appuyent sur des images grotesques; tout cela excite je ne sais quelle émotion pieuse qu'on rechercherait vainement sous le grandiose péristyle du Panthéon ou des églises imitées d'Athènes et de Rome; chaque civilisation, chaque société, chaque culte a son caractère qui lui est propre; il doit y avoir entre les monumens la même différence qu'entre les idées; nos églises ne doivent pas plus ressembler aux temples du polytheisme que nos vieilles forêts de chênes, peuplées de châteaux à tourelles et de monastères avec leurs clochers et leurs croix ne ressemblaient aux belles campagnes de Tusculum ou de Tivoli, aux bois sacrés d'Apollon et de Daphné [1].

[1] Comparez, sur l'architecture du moyen âge, l'excellent ouvrage de l'abbé May, *Temples anciens et modernes* ; Lenoir, (Musée des monumens français) James Hall : (on the origine and principes of gothic architecture) dans les transactions de la société royale d'Édimbourg ; Felibien, (Ouvrage des architectes.) Et l'ingénieuse et plus moderne description de la cathédrale de Cologne.

L'architecture dans les XIIe et XIIIe siècles est marquée d'un type particulier; le petit nombre de monumens qui ont précédé cette époque et qui nous restent encore, offrent des constructions informes où se montrent quelques souvenirs rares et défigurés de l'art chez les Grecs et les Romains. Ce sont des basiliques massives à larges tours crénelées, ou bien quelque imitation des temples romains ou gaulois, dont les débris ont servi de modèle aux travaux grossiers des barbares; mais à compter du XIIIe siècle l'architecture prend de la hardiesse et de la couleur; tous les monumens semblent partir d'un type commun; c'est partout un portail excessivement chargé d'ornemens, des portes cintrées se rétrécissant à mesure qu'elles se rapprochent de l'intérieur de l'église, quelquefois deux grandes tours soutenant l'édifice qui forme à l'extérieur ou l'image d'une croix ou quelque signe mystique du catholicisme, puis une ou plusieurs flèches élancées, et comme livrées au vent; dans l'intérieur du temple d'immenses piliers dont la forme et la grosseur est masquée par des jets de colonnes qui viennent s'unir au cintre de la voûte, et se marient en berceau ; partout dans ces monumens une nudité parfaite sans peinture, mais relevée par l'éclat des vitraux de couleur reflétant mille nuances ; tel est le système général de l'architecture nommée gothique et qui a produit les plus beaux monumens du moyen âge.

Il est difficile d'indiquer l'origine de ce style. Fut-il emprunté à l'Orient ou à la Grèce, durant les longs pèlerinages dans la Palestine ?[1] mais quelques-unes des églises gothiques précédèrent les croisades. Ne fut-il qu'un produit informe de l'art dégénéré en Italie, sous les Goths?[2] les monumens du XIIIe siècle ne sont pas une dégénération, mais un système entier, complet, neuf même dans ses caprices. Sont-ils un emprunt fait à l'architecture moresque, à ces minarets élancés, à ces mosquées façonnées à mille découpures?[3] il y a bien quelque ressemblance dans les détails, mais les formes ogivales, qui dominent dans les églises

---

[1] Lenoir, Musée des monumens français, t. 1, p. 55.
[2] L'abbé May, Temples anciens et modernes, p. 134.
[3] Cordemoi, Dict. des termes d'architecture, v° Gothique.

chrétiennes, ne se retrouvent pas dans les ornemens moresques presque toujours ronds et à physionomie orientale : ces formes furent-elles une figuration des églises d'abord construites en bois, où par conséquent les colonnes et les découpures purent se multiplier ?[1] c'est encore peu croyable. Comment a-t-on pu songer à une imitation avec des matières dures d'un système approprié à des corps flexibles ? Cependant toutes ces causes purent agir ; et comme il n'y a rien d'entièrement neuf dans les arts, elles servirent peut-être à composer cette architecture ogivique qui est le caractère dominant des édifices religieux.

Une idée mystique présidait à ces monumens; la forme matérielle de la croix qu'ils ont presque tous, cache des effets de l'art qui ont une pensée : c'est la Jérusalem céleste, le chœur des anges, l'élancement de l'âme vers Dieu. Les sculptures, les vitraux eux-mêmes, sont placés dans ce commun objet; tout tend à nous jeter dans une

---

[1] M. Amaury-Duval, Discours sur l'état des beaux-arts, hist. litt. de France, t. XVI, p. 284 et suiv.

sorte de rêverie, à fortement émouvoir l'imagination. Aussi la construction des églises dans le moyen âge était-elle une affaire toute populaire. Ce n'était pas seulement une entreprise d'ouvriers, mais un devoir du catholicisme, où se mêlait une sorte d'amour-propre religieux, et cent mille hommes travaillèrent à la cathédrale de Strasbourg.[1] Aux XIIe et XIIIe siècles, des confréries se formèrent pour la construction des ponts, des routes, des églises; des pèlerins parcouraient les cités, bâtissaient les murailles, les tours et les châteaux; ils obéissaient à des règles secrètes, avaient pour se reconnaître des signes cabalistiques, et ce fut là peut-être l'origine de la franc-maçonnerie. Malgré cette ardeur des peuples, la construction de ces cathédrales durait quelquefois des siècles; c'est ainsi que l'abbé Suger nous apprend qu'il donna de grands soins aux travaux de Saint-Denis, et cependant il ne put achever, durant son administration, que le portail de cette abbaye[2].

[1] Description de la cathédrale de Strasbourg, p. 5 et suiv.
[2] Suger de vitâ suâ.

Le plus ancien monument du moyen âge que l'on ait à Paris, est l'église de Saint-Germain-des-Prés. Sa grosse tour carrée est du règne de Charlemagne; elle existait lorsque le moine Abbon se défendit avec ses religieux contre les Normands qui assiégèrent l'abbaye; le porche et le portail, les deux tours du derrière sont d'une construction plus récente.

L'église de Notre-Dame vit jeter ses fondemens en 1163 sous l'administration de Maurice de Sully, évêque de Paris; elle ne fut achevée qu'à la fin du siècle suivant, par Pierre de Chelles. Alors s'éleva son portail méridional. La métropole n'a pas ce svelte, cette hardiesse des beaux monumens du style ogivique; elle est lourde, massive, et les sculptures multipliées qui la décorent dissimulent à peine ses tours pesantes, ses murailles épaisses; l'intérieur est plus hardi et plus élancé, il appartient au système du moyen âge.

Deux modèles élégans, quoique dans d'étroites proportions, restent encore debout, ce

1 Dm. Félibien, Hist. de Paris, t. 1.

sont la Sainte-Chapelle que l'on voit dans la cour du Palais, et la petite église de Vincennes; c'est là le beau idéal du style, avec ses flèches percées à mille jours, que le vent semble balancer.

Mais, ce n'est pas à Paris que se trouvent les plus grandes merveilles de cette architecture. Qui n'a contemplé la cathédrale de Strasbourg, dont la face d'entrée a plus de 240 pieds de haut, surmontée d'une tour qui la domine d'une semblable hauteur? Les cathédrales de Beauvais, de Dijon, de Bourges, l'église de Saint-Ouen de Rouen, d'Amiens, offrent aussi des monumens de patience et de goût[1].

L'histoire a conservé les noms d'un petit nombre d'architectes. On trouve un Libergier qui construisit la chapelle de Saint-Nicaise de Reims; Robert de Luzarche, auquel on doit la cathédrale d'Amiens; Pierre de Montereau, qui bâtit la Sainte-Chapelle; souvent les moines, les abbés dirigeaient eux-mêmes ces constructions; chacun des profès,

---

[1] Discours sur l'état des beaux-arts, en tête du xvie vol. de l'hist. litt. de France des Bénédictins.

des convers, des frères lays, avait une profession mécanique. Quand on bâtit le monastère de Dun, on n'employa aucun étranger; les moines seuls élevèrent cet élégant édifice : les uns étaient chargés des plans de dessin, les autres du tail de la pierre, et de la sculpture, les autres enfin de la menuiserie et de la serrurerie. Ils faisaient comme un monument de famille; car l'élévation d'une église, d'une chapelle, devenait une source de richesse pour le monastère et la contrée; c'était une fête, une occasion de pèlerinage. Tout autour s'élevaient bientôt des maisons, des oratoires; et tel hameau devint une grande cité à cause des reliques renfermées dans les châsses du monastère voisin.

Dans ce siècle, tout le luxe des arts s'attachait aux pieux monumens; il ne faut point croire que les manoirs du châtelain, la demeure des bourgeois, et même la cour du suzerain respirassent cette pompe architecturale, qui se fait remarquer dans les églises; le plus souvent une tour crénelée, éclairée

---

1 Dm. Felibien, Vie des architectes, l. vi, chap. v., p. 235 et 246.

par quelques rares fenêtres à ogives, et des meurtrières étroites et longues, servait de demeure au sire du lieu; puis, s'étendaient de larges murailles à fossés, qui embrassaient le castel, la chapelle, les cases du majordome et des hommes d'armes, des chevaux de batailles, de la meute de chiens, des faucons et des oiseaux de proie. Dans l'intérieur de la tour, un étroit escalier tournant, conduisait à de vastes pièces voûtées, les unes destinées aux varlets, les autres à l'hommage des vassaux, les plus reculées aux nobles damoiselles. Presque toutes ces salles étaient voûtées, de sorte qu'on entendait retentir, au loin, les pas des hommes pesamment armés, et de leurs longs éperons de fer, le bruit du cor, et les chants des clercs et des ribauds; elles étaient ornées des vieilles armures des ancêtres, de leurs images grossièrement travaillées en bois, ou enluminées sur des vitraux; on voyait suspendues çà et là, quelques dépouilles des forêts, la hure du sanglier, le noble bois du cerf, souvent aussi quelque souvenir des batailles, les turbans et le cimeterre des Sarrasins, ou l'armet effrayant de quelques-uns de ces méchans châtelains, que l'imagination transformait en géant ou en nécromancier; le mobilier était peu somptueux; sur un sol de natte se trouvaient dispersées des chaises de jonc et de bois façonnées en ogives; plus loin le siège à bras qui servait au seigneur pour rendre sa justice et recevoir les hommages; quelques armoires (ou huches) dessinées en forme de cités féodales avec leurs toits pointus, leurs tours étroites et élancées; la table du festin en noyer, une petite vierge dans une niche, et au-dessus des portes les armoiries du seigneur avec leur cimier et leurs émaux.

Dans les constructions comme dans l'embellissement des monumens d'architecture, on faisait entrer pour beaucoup la sculpture; les églises de cet âge brillent des ornemens les plus nombreux; ici des groupes de personnages représentant les douze apôtres ou les douze signes du zodiaque; plus loin les images du paradis

---

[1] Voyez le Recueil des monumens du moyen âge, meubles, orfèvreries, etc., reproduits avec un bonheur de crayon et de couleur par M. Villemain; cette production moderne rend désormais inutile le vieil ouvrage du père Montfaucon.

avec ses délices, les anges jouant du violon, la Vierge de la cithare; puis le tableau de l'enfer avec ses démons à figures monstrueuses ou bizarres, quelquefois mîtrés et armés de la crosse pastorale; ici des animaux se mordant la queue ou dans des postures indécentes, là un bon saint à figure benigne, les deux doigts levés et jetant sa bénédiction sur un groupe d'enfans agenouillés, puis encore des statues de rois chevelus et couronnés, une scène de chasse où le cerf s'élance poursuivi par la meute agile et le son du cor; plus loin quelques nobles dames montées sur leurs haquenées, le faucon sur le poing; là des fleurs, des moissons et des fruits. Mais ce qui manque à ces groupes nombreux, c'est le mouvement; aucune des figures n'est animée; une sorte d'immobilité plus froide encore que la pierre est partout répandue; les traits sont parfaits et réguliers, mais sans âme; c'est le silence au milieu de la foule, c'est la monotonie dans une variété stérile d'objets, c'est la mort enfin, dans des sujets où l'artiste s'est proposé la vie. Plus il s'attache à donner de l'action à ses personnages, plus ils deviennent gauches et compassés, leurs traits roides et tirés prennent alors des poses matérielles; ils sont penchés, courbés, leur regard a quelque chose de fixe et d'éteint, on dirait des cadavres que le galvanisme ranime, de quelques secousses convulsives, ou de ces figures de cire qui ressemblent d'autant plus au tombeau que l'artiste s'est appliqué à imiter la vie.

Cette insuffisance de l'art ne se montre pas dans les ornemens de détails; on y trouve des arabesques ingénieusement dessinées, des fleurs, des fruits parfaitement imités; ce fini se produit surtout sur le bois, et dans les objets d'orfèvrerie. On ne peut assez contempler les manuscrits du moyen âge où se réunissent presque toutes les merveilles du dessin; la couverture est en bois surmonté de quelques figures en argent parsemées çà et là de pierreries, de la brillante escarboucle, de la topaze et de l'émeraude; un double fermoir à clef empêche qu'on n'ouvre le livre, et une chaîne de sûreté est destinée à le rattacher à une bibliothèque ou à un mur, afin qu'on ne puisse le dérober; lorsqu'on en parcourt les pages, il n'en est aucune qui n'offre un ornement; chaque chapitre est précédé d'une miniature à brillantes couleurs, où domine le bleu céleste, le plus vif carmin et une sorte de couche dorée qu'il serait difficile d'imiter : ces miniatures représentent des scènes de la vie publique ou privée, des sujets du vieux et du nouveau testament; ici c'est la publication d'un tournoi : des messagers, la toque de velours en tête, un bâton à la main, portant sur leur poitrine les armes de leur seigneur remettent, un genou à terre, les chartes de convocation aux prud'hommes et experts revêtus de la longue robe d'hermine; plus loin c'est l'entrée des chevaliers dans le lieu choisi pour la lice; on voit cette espèce de procession des tournois précédée de bannières, la foule se pressant dans les avenues, les dames avec leurs coiffures relevées, leurs robes traînantes, s'agitant aux étroites fenêtres pour reconnaître et applaudir leurs servans d'amour; enfin vient la représentation de la joute : les échafaudages sont dressés; mille bannières avec blasons différens d'azur, sinople ou sable, pendent sur la foule de chevaliers qui se précipitent dans les barrières ouvertes; quelquefois c'est une bataille réelle que l'artiste a voulu retracer; alors s'offre une forêt de lances et de casques rapprochés; au-devant, quelques chevaliers isolés se détachent et combattent corps à corps; lorsque l'un d'eux succombe, un sang noir et épais sort de sa blessure; l'imitation est tellement identique, qu'on dirait que le peintre a trempé le pinceau dans le sang même; mais toutes ces miniatures où tant de personnages sont groupés et s'agitent, manquent également de vie; ce sont toujours des figures immobiles dont l'action s'arrête là où commence le jeu des passions et de l'âme.

L'art du peintre se faisait surtout remarquer dans les vitraux. Ces couleurs inaltérables, ce mélange de nuances, bleu, rouge et or qui représentent comme l'arc-en-ciel, image du séjour bienheureux, servaient à reproduire les symboles pieux du christianisme, la naissance de Jésus enfant, la vierge Marie avec son long vêtement bleuâtre, Joseph la tête environnée de rayons célestes, saint Pierre domptant les flots étonnés, Jean prêchant au désert, Jésus sur le Calvaire, la tête sanglante et couronnée d'épines, le sein déchiré; un départ de croisé, les barons, les chevaliers la croix attachée sur la poitrine, suivis d'une nombreuse troupe de vassaux avec leurs chiens en laisse, leur faucon sur le poing; quelquefois encore le portrait des pieux abbés du monastère ou du suzerain qui l'avait doté de quelque bonne rente en sous d'or, en blé ou en vin; tous ces tableaux brillent sur le verre et présentent une vivacité de couleurs, une variété de tons capable d'étonner les artistes modernes.

Au fond des manoirs se tissait la tapisserie; c'était une vieille habitude de castel. Dans les longues soirées d'hiver, les nobles dames et les damoiselles brodaient les gestes glorieux des chevaliers; la laine et quelquefois la soie reproduisaient les grandes conquêtes de la Palestine, la prise de Jérusalem sous Godefroy de Bouillon; une chasse au sanglier ou au cerf agile franchissant les haies poursuivi par les chiens haletans. [1] La reine Matilde n'avait pas dédaigné de mettre en beau tapis de pourpre et sinople, les hauts faits de chevalerie

---

[1] Monfaucon, monument de la monarchie française, t. 1, pag. 384.

de cette bataille de Hasting, qui assura l'Angleterre à la race normande[1]; le tissu de ces tapisseries était grossier; le relief souvent informe et mal dessiné; les couleurs sont vives, tenaces, mais disparates et peu nuancées; cependant depuis les croisades en Orient, quelques écharpes de chevaliers, l'escarcelle ou bourse des pèlerins, les ornemens d'autel offrent un mélange de couleurs, de fleurs et de fruits remarquable et qui tient au goût des Orientaux[2].

Ce même fini, cette perfection de travail, se fait remarquer dans les petits ouvrages d'orfèvrerie, ou dans l'art de façonner le bois, l'ivoire et l'ébène. On destinait ces œuvres de patience aux châsses de saint, ou bien on les consacrait comme des *ex voto* sur l'autel. Lorsqu'on entrait dans quelques églises où de

---

[1] Cette grande tapisserie, l'un des monumens les plus compliqués de l'art du dessin, a été décrite dans tous les ouvrages sur les antiquités de la Normandie.

[2] M. Villemain, recueil de monumens (planches). Les saints personnages s'étaient violemment élevés contre l'usage de ces tapisseries et en général de la peinture. Le luxe est le sujet fréquent des sermons de François d'Assise et de Dominique. (Fleury, hist. ecclésiast. liv. 79, n. 25.)

grandes reliques avaient été rapportées de la croisade, ce qui frappait d'abord c'était l'autel, dans lequel se trouvait déposée la pieuse dépouille. Quelquefois un verre transparent laissait voir la châsse brillante de pierreries, d'or, d'escarboucles et d'émeraudes, enveloppée d'ébène et d'un drap de pourpre, richement brodé. Souvent cette châsse tenait lieu de tabernacle; tout autour pendaient les *ex voto*, que la piété y consacrait. Si une cité avait échappé à quelques grandes calamités, aux horreurs d'un siége ou d'une épidémie, les bourgeois faisaient reproduire en or et en argent leurs maisons à tourelles et à pavillons élancés; si un châtelain s'était sauvé d'un péril à la poursuite du sanglier terrible, ou dans la Palestine s'il avait été racheté d'une longue captivité, il suspendait près de l'autel quelque symbole, qui rappelait ses dangers ou son infortune[1]. Ces offrandes de la piété présentent un heureux mélange de l'or, de l'ivoire, de l'ébène, travaillé avec tout ce que peut produire l'in-

---

[1] Voyez la description de la châsse de Ste. Geneviève, Lebœuf, hist. de Paris, t. 1, p. 356.

vention patiente, mais dépouillée de pensée et de nouveauté.

Tels furent les progrès du dessin au moyen âge; mais les beaux-arts embrassent encore une branche féconde en émotions, je veux parler de la musique. J'ai déjà décrit les instrumens employés et les diverses méthodes suivies. Il faut pénétrer maintenant dans l'esprit et l'intelligence des premiers essais bien imparfaits des compositions musicales.

La musique des anciens fut triste et monotone; les Grecs et les Romains chantaient leurs airs à l'unisson, et les instrumens qui accompagnaient la voix jouaient la même partie; ils obéirent cependant aux lois de l'harmonie; ils savaient les rapports qui existent entre certaines notes et dont on ne peut s'écarter sans blesser les oreilles, mais l'idée d'un accompagnement fondé sur une combinaison de notes n'ayant que des rapports éloignés avec le chant accompagné, variant dans ses mouvemens, appartient aux modernes. Dans les temples, sur le théâtre, comme au-devant des triomphateurs de Rome, les joueurs de flûte suivaient les chœurs des femmes, des enfans, par les simples régles de l'harmonie, sans jamais s'écarter ni de la mesure ni de l'octave.

C'est à l'orgue, invention toute cléricale transmise en France par l'église grecque, que l'on doit l'idée et les premiers essais de cette grande innovation. La facilité de tirer plusieurs sons, de disposer d'une multitude de notes à la fois entraînèrent le compositeur dans des intonations et des mélanges, qui produisant d'heureux accords, durent fixer son attention, et transformer en règle ce qui d'abord n'était qu'une tentative ou un caprice; cette méthode, introduite au commencement du XIIIe siècle, prit le nom de *déchant* ou double-chant[1]. Cependant la révolution fut plutôt encore essayée qu'accomplie; le petit nombre de chants qui nous restent n'offrent que des accords à l'unisson, agrandis de quelques tierces souvent mineures, et les chantres assez habiles pour *organiser* ainsi, recevaient six deniers. Puis, le cercle de cette harmonie s'agrandit; on

---

[1] Le premier traité qui ait été composé sur la musique à plusieurs parties est celui de Francon, scolastre de la cathédrale de Liège, en 1066. Gerbert l'a inséré dans son recueil *de scriptor. ecclesiast. de musica*.

connut des chants à trois parties; la plus basse était appelée *tenor*, celle du milieu *motetus*, celle de dessus *triplum*; « quisquis veut déchanter, dit un auteur didactique du temps, doit premier savoir quand est la double, quand est la quinte notte, et doit regarder si le chant monte ou avale (monte ou descend), si il monte, nous devons prendre la double note, si il avale nous devons prendre la quinte. »[1] On voit que dans cette règle importante se trouve déjà le principe des grandes hardiesses de la musique moderne.

Ces innovations heureuses trouvèrent de l'opposition, car tout ce qui est nouveau effraie les laudateurs du temps passé; les papes lancèrent des bulles contre le *déchant* ou accompagnement, et ne le permirent que dans les grandes solennités de l'année[2]. Les églises durent suivre ce monotone plain-chant où

---

[1] MSS. de Saint-Victor, cité par Lebœuf, traité hist. du chant ecclésiastique.

[2] «Cependant, dit le pape, nous n'empêchons pas que de temps en temps on n'emploie pour le chant ecclésiastique, dans les offices divins, des consonnances, des accords, pourvu que le chant conserve son intégrité. » Lebœuf, p. 85.

tout reste à l'unisson d'une seule voix. Saint-Louis cependant protégea ces nouveautés musicales, et ses messes furent toujours chantées à triple voix. La susceptibilité des pontifes ne s'étendit pas à ces chants vulgaires, à cette prose bizarre qui se débitaient alors librement en certain temps de l'année[1]. Ces antiennes, dont quelques-unes nous sont restées, n'offrent rien de neuf; il en est de même des complaintes en langue populaire qu'on chantait à tue-tête dans les fêtes patronales, toutes ressemblent, comme nous l'avons déjà dit, aux noëls que l'on entend encore dans nos campagnes.

En dehors de cette musique d'église, dont on s'explique jusqu'à un certain point la monotonie, on trouve les gaies chansons des troubadours, et l'on devrait s'attendre ici à quelque chose de national et de nouveau; il n'en est rien cependant: quoique les instrumens soient très-nombreux, que la mesure en soit variée,

[1] Par exemple la fameuse prose ou antienne si connue de la fête de l'âne,

> Orientis partibus
> Adventavit asinus, etc.

les airs s'offrent toujours avec leurs sons monotones et décolorés. Depuis les chansons *de gestes* entonnées par les guerriers au moment de la bataille, jusqu'aux *lays d'amour*, tout repose sur la même et froide combinaison de notes; aucune de ces hardiesses du génie, aucune de ces vivacités d'imagination, aucun de ces jets d'esprit dont notre musique moderne est si riche; c'est toujours une espèce de son de vielle, retournant sur lui-même et fatiguant les oreilles de son harmonie aigre et uniforme.

En résultat, de tous les arts, l'architecture seule et le dessin lorsqu'il s'appliquait à reproduire des objets inanimés, avaient atteint quelque élégance; tout le reste est dans l'enfance et ne se montre point encore avec ses perfections et ses grandes formes.

CHAPITRE XL.

Etat du commerce dans les XIIe et XIIIe siècles. — Luxe. — Les vêtemens. — Les cours plénières. — Les églises. — Industrie locale. — Cités commerçantes. — Les villes de Flandre. — d'Angleterre. — Compagnie marchande. — Leurs statuts. — Juifs. — Lombards. — Difficultés du commerce intérieur. — Vexations. — Peages. — Privilèges des grandes compagnies. — Monnaie et signe des valeurs. — Etat de la navigation. — Navigation intérieure. — Commerce extérieur, dans la Méditerranée, dans l'Océan. — Croisades. — Lois de la mer. — Abolition du droit de naufrage.

Lorsqu'on étudie, avec quelque attention, ce moyen âge si fertile en merveilles, on peut saisir tous les élémens épars de la civilisation. Je viens de dire quelle fut la marche des arts, leur progrès dans les XIIe et XIIIe siècles; un tableau non moins intéressant reste à tracer, il nous faut voir le grand mouvement commercial se développer au milieu des manoirs, des castels et de cette société encore imparfaite.

Le commerce en déplaçant les richesses, en les centralisant chez les bourgeois, a été le premier mobile de la grande émancipation des classes intermédiaires, de cette explosion de liberté contre la domination militaire et territoriale; n'y aurait-il que ce seul aspect sous lequel on pût le considérer, que déjà son histoire offrirait un immense intérêt; mais le commerce a non-seulement agi sur l'esprit des gouvernemens, il a encore puissamment aidé au développement de l'intelligence des peuples, en leur ouvrant de larges et faciles communications. Ce frottement perpétuel des nations entr'elles, cet échange d'industrie, de produit, a hâté la civilisation du monde.

On ne peut se faire une idée du triste état des relations industrielles dans les X° et XI° siècles. Après l'éclat passager du règne de Charlemagne, la société féodale s'était établie avec tous ses morcellemens; chaque clocher, chaque tour élancée formaient comme des suzerainetés à part qui n'avaient entre elles que des rapports lointains et difficiles; toute l'industrie se concentrait dans les cases des serfs; on y tissait une laine grossière en étoffe brune ou noire qui servait à faire des cappes et manteaux pour le seigneur, ses dames et sa cour; dans le monastère voisin, les longs loisirs des profès étaient employés à varier la couleur des étoffes par la teinture, à donner plus de fini aux tissus, à préparer les vêtemens. Les papes et les évêques, sévères gardiens de la discipline et des mœurs, s'élevaient quelquefois contre cet emploi d'un temps que l'on dérobait à la prière, au profit d'un luxe mondain, mais les bons moines trouvaient leur intérêt dans la culture assidue de cette industrie, plus lucrative et moins difficile que l'enluminure des manuscrits ou la confection des nécrologues, obituaires et chroniques [1].

Cependant, lorsque la première terreur inspirée par les invasions des Normands, eut été apaisée, et que ces pirates, grands dévastateurs de castels et d'églises, eurent mis leur

---

[1] On ne trouve rien qui ressemble aux manufactures jusqu'au XIe siècle; tout se faisait dans les manoirs: Schmidt, hist. des Allemands, t. 1, p. 411, t. 11, p. 146.

barque à sec sur le rivage et fondé une colonie dans la Neustrie, quelque luxe reparut parmi les clercs et les barons féodaux; la piété aimait à orner les objets de sa vénération; les statues et les images des Vierges et des Saints, pour parler plus vivement à l'imagination, étaient couvertes d'ornemens précieux, de quelques rares tissus de soie, ou d'étoffes surchargées d'or[1]. Les nappes des autels, les calices, les châsses étaient travaillés avec un soin particulier et l'industrie cherchait à imiter quelques-uns des souvenirs de la civilisation romaine, qui avait passé par les Gaules[2].

Dans les castels, le goût des armes et des fêtes, ces grandes cours plénières, où les barons paraissaient dans tout leur éclat, ces tournois, où les dames venaient parées de leurs plus beaux atours, toutes ces réunions qui devinrent plus fréquentes au commencement du XIIe siècle, donnèrent quelque impulsion à l'industrie; et les premières croisades, la vue des magnifiques palais de Cons-

---

[1] Voyez les dessins de M. Villemain, dans son beau travail sur les ornemens des églises au moyen âge, 12e cahier.

[2] Rien n'offre un aspect plus splendide et plus somptueux que

tantinople, de ces pompes jusqu'alors inconnues aux manoirs de l'Occident, laissèrent aux barons des impressions de luxe et de commodités qu'ils n'avaient point eues jusqu'alors. Quoique, dans leur franchise barbare, ils s'élevassent d'abord contre cette *cour dorée*, comme ils l'appelaient, et qu'ils pussent lui préférer leurs vieilles armures de fer, telle est l'influence de la civilisation sur les idées, que bientôt leur vanité s'accommoda des robes traînantes, du velours, de la soie, de l'hermine et de ces plus brillantes parures dont l'éclat avait d'abord importuné leurs yeux. On peut reporter au XIII° siècle la pompe des tournois, des cours plénières, où les dames, les chevaliers rivalisaient de somptueux ornemens; toutes les descriptions de fêtes qui nous restent dans les romanciers, peignent les vives impressions d'enthousiasme que produisaient les splendeurs coûteuses de ces réunions de chevalerie [1].

miniatures des MSS qui reproduisent les tournois; l'or et les plus vives couleurs brillent sur les vêtemens des dames et des barons ; il est vrai que la plupart de ces miniatures n'appartiennent qu'à la fin du XIII° siècle.

[1] C'est surtout après le règne de Saint-Louis, que commencent

Déjà, aux Xe et XIe siècles, s'étaient formées, dans les cités, quelques corporations marchandes; les habitans se composaient de vieux municipes romains, de serfs émancipés, et de quelques étrangers auxquels l'hospitalité avait été accordée; leurs occupations industrielles n'étaient pas très-actives, lorsque le luxe des châtelains se bornait à la large cuirasse, à la cotte maille de fer, à une lance de fresne, à la longue épée, dont la garde pesante et informe ne demandait que le lourd marteau du forgeron. Mais à mesure que les cours plénières devinrent fréquentes, les corporations de marchands servirent le luxe nouveau des châtelains; les uns façonnèrent les capels de rose, les toques brillantes, le voile de lin, les longs corsets, la guimpe de la noble dame; les autres le manteau d'hermine, la robe fourrée, le vêtement de camelot, le casque à cîmier élevé, la riche armure des barons. Ils prirent bientôt une haute importance dans la cité; chacune de ces

---

toutes les magnificences des parures en France et que s'accrut de beaucoup le luxe domestique. Il est le sujet de diverses plaintes de moralistes du temps.

corporations obtint des priviléges, des droits particuliers; ils contribuèrent à ce haut mouvement de liberté qui se manifesta par les communes. Rien n'égalait l'opulence des villes de Flandre et d'Angleterre, l'activité de leur industrie; Gand, Lille, Tournay, fournissaient la chrétienté de leurs tissus de laine [1] : elles étaient comme le centre du commerce du Nord, et chacune d'elles semblait, nouvelle Venise, devenir l'entrepôt de l'Europe septentrionale, comme la fille de la mer, l'était alors du riche Orient.

Les corporations des villes ne pouvaient fournir tout ce que le luxe varié et capricieux demandait déjà dans cette jeune civilisation. Les fréquens voyages des barons dans la Palestine les avaient accoutumés aux voluptueuses productions de l'Égypte, de l'Inde et de l'Arabie; les parfums, les pierres précieuses, les aromates, étaient d'un usage fréquent dans les églises et les castels. On recherchait la soie, les riches

---

[1] Une chronique du XIII⁰ siècle dit que le monde entier se fournissait de vêtemens tissus dans la Flandre et dont l'Angleterre fournissait la laine : voy. Math. Westmonast. apud Macpherson. Ann. du commerce, t. 1, p. 45.

étoffes de Constantinople; et maints barons aliénaient leurs fiefs afin de se revêtir dans les cours plénières du *camelot vermeil et de la soie pourperine*. Les marchands des villes ne pouvaient abandonner leurs habitudes casanières, voyager dans les lointains pays, pour se procurer ce dont les nobles châtelains avaient besoin. D'autres compagnies se formèrent avec cette seule destination. Elles se composaient de Lombards italiens, quelquefois de Catalans et de Juifs; elles s'établissaient dans certaines villes, recevaient, par des espèces de caravanes, les produits des deux mondes et les revendaient avec de grands bénéfices. Souvent ces compagnies se livraient en même temps à l'usure, prêtaient aux chevaliers, clercs ou hommes d'armes, sur des gages valables et à un taux d'intérêt qui leur représentait le capital chaque année [1].

La nécessité de ces associations marchandes, pour servir les nouveaux goûts du luxe, leur avait fait accorder de nombreux priviléges *pour le fait des marchandises*, et parmi ces priviléges,

---

[1] Ducange, v° *usura*. Muratori, dissertat. 16. L'intérêt auquel ces compagnies prêtaient s'élevait à dix pour cent par mois.

le plus important était celui des sauf-conduits à travers les chemins féodaux et l'affranchissement des péages[1]. Au milieu des désordres des X° et XI° siècles, le pauvre marchand isolé ne pouvait parcourir aucune terre, sans être aussitôt exposé à toutes les violences des seigneurs dont il visitait les domaines : lorsqu'il n'était pas attendu et pillé sur la route par quelque farouche baron, comme les sires de Montmorency et de Puiset, on l'obligeait, pour ainsi dire, de clocher à clocher, à des redevances. Sa charrette passait-elle un pont ou un bac? entrait-elle dans un village dépendant d'une seigneurie? on la soumettait à des droits en nature ou en argent[2]. Les compagnies des Lombards, Juifs, Catalans, furent exemptées de ces servitudes onéreuses. Des chartes, des ordonnances les affranchirent de tous droits qui ne seraient pas stipulés dans

---

[1] Collect. des ordonnances du Louvre, t. 1, 2 et 3. Ces ordonnances sont un peu postérieures au siècle dont nous écrivons l'histoire.

[2] Ducange, v° *Pedagium, pontaticum, Teloneum, Mercatum, Stallagium*. Charlemagne s'était efforcé d'abolir ces mauvaises coutumes : Baluze, Cap. p. 621.

leurs statuts de priviléges; et par ce moyen, leurs marchandises purent parcourir tout le territoire féodal, sans être soumises à ces pilleries et à ces redevances si multipliées, qui rendaient le commerce impossible. Les ordonnances allèrent plus loin dans leurs concessions aux marchands voyageurs; effaçant tous les caractères qui les séparaient de la cité, elles déclarèrent qu'ils étaient affranchis de l'aubaine, c'est-à-dire du droit qu'avait le seigneur de succéder à l'étranger, même au préjudice de ses enfans[1].

Comme il arrive toujours lorsque les communications ne sont pas faciles, toutes les transactions commerciales se faisaient dans les foires. Chaque cité, chaque village, les monastères mêmes sollicitaient comme une concession royale ou seigneuriale, le droit de tenir à un jour déterminé un marché où se rendaient de tous les points du royaume des marchands et des acheteurs; chaque état avait sa place marquée; les marchandises ne payaient pas de droits, moyennant la légère redevance que l'on acquittait pour habiter sa

[1] Ordonnance du Louvre, à la table des matières aux mots *Lombards, Juifs, Italiens.*

petite case. Quelques-unes de ces foires avaient une lointaine célébrité, et attiraient, à raison de leur importance, un plus grand concours d'étrangers [1] : dans celle du Landit, à Saint-Denis, on voyait même des Arméniens ; et les chroniqueurs paraissent tout ébahis en énumérant la quantité d'achats et de ventes qui s'opéraient durant le court espace que les chartes concédaient à ces franchises.

Ce qui gênait les transactions du commerce et de l'industrie, c'était la multiplicité des monnaies et leur incessante variation. Chaque seigneur possédant la haute justice, (c'est à-dire dont le fief ressortissait de la couronne), battait écu d'or et d'argent, sols et deniers ; en altérait la valeur, comme ressource financière, de sorte qu'on n'en savait jamais précisément le taux actuel [2]. Les juifs profitaient de cet

---

[1] Sur les foires et marchés, voy. Ducange, v° *Mercata*. La collection des ordonnances du Louvre est remplie de privilèges concédés aux foires, t. 1, 2, 3.

[2] Le Blanc, Traité des monnaies ; il déplore les abus de ce misérable moyen de se procurer des ressources. Il faut le comparer avec la préface de M. de Pastoret. Le savant académicien traite ce sujet dans les préfaces des ordonnances du Louvre, en parlant des impôts pendant la 3e race, t. XVII et XVIII.

embarras; leur instinct délié, leurs habitudes mercantiles leur faisaient deviner la valeur des monnaies, du denier, du sou melgorien, de l'écu ou du besan; et ils trompaient le pauvre peuple avec une dilection merveilleuse. On ne connaissait alors aucune valeur de crédit; tout se traitait par des gages réels ou du numéraire; cependant ces grandes compagnies de Lombards et de marchands juifs, ne furent pas étrangères à l'invention de la lettre-de-change qui a si admirablement agrandi les transactions commerciales[1].

Parmi les monumens de la juridiction et de la police qui intéressent le commerce et les corporations marchandes, il faut ranger les établissemens ou livre des métiers rédigé par le prévôt Boileau ou Boislève, vers le milieu du XIIIe siècle; Etienne Boileau, garde de la prévôté de Paris, expose à tous les bourgeois résidans que par déloyale envie et méchant intérêt, les marchands ont vendu aux étrangers qui fréquentent la ville, aucunes choses de leurs

---

[1] La première banque italienne, et l'on pourrait dire du monde, fut établie à Venise en 1171. Macpherson, Ann. du comm., p. 341.

métiers qui n'étaient pas aussi bonnes qu'elles dussent être, et que le négoce de Paris pourrait en éprouver dommage : c'est pourquoi le prévôt a résolu de régler dans une première charte tous les métiers, leur ordonnance et leurs amendes, et de traiter dans une seconde partie, des conduits, des rivages, et ce, pour le profit de tous, et mêmement pour les pauvres et les étrangers qui dans la cité viennent acheter aucunes marchandises. Le prévôt déclare qu'il a fait assembler un grand nombre des plus sages, des plus loyaux, et des plus anciens hommes de Paris [1], et tous ont loué son projet ; en conséquence il règle les métiers à bannières, les taméliers (ou boulangers), meûniers du grand pont, les taverniers, crieurs de vins, les couteliers, heaumiers (faiseurs de heaumes), les aubergers, les patenôtriers de corail et de coquilles, d'ambre et de jais ; les cristalliers, batteurs d'or et d'argent, les fileresses de soie à grand fuseau, puis les imagers, tailleurs de crucifix, les chapeliers de fleurs,

---

[1] Établissement du prévôt Boileau (Archives de la préfecture de police.) Voyez M. Peuchet, recueil des ordonnances de police, préface 21.

de feutre, de coton et de paon; les pêcheurs à verge, poissonniers de mer, etc.; puis encore le prévôt s'occupe des chaussées, du péage du petit pont, des rivages de la Seine, et de l'impôt du tonlieu sur les marchandises; enfin il termine par une exhortation aux bons hommes sur l'obéissance à son règlement de police.

Tel était l'état des relations à l'intérieur, il n'était absolument destiné qu'à alimenter le luxe naissant de la société féodale; mais quels étaient les progrès de la navigation, cet auxiliaire indispensable de tout commerce qui tend à s'élever sur de larges proportions?

Après la disparition du gouvernement romain dans les Gaules, toute navigation avait cessé. Des vies de saints, sous la première race, nous offrent le récit demi-fabuleux de navigation périlleuse en Angleterre ou aux îles Hébrides. On dirait quelques-unes des poétiques et vagues traditions du voyage des Argonautes [1]. Les phénomènes, les miracles,

---

[1] Il existe une courte, mais très-savante dissertation sur le commerce de la première et de la deuxième race, d'un modeste auteur qui remporta le prix à l'académie des inscriptions dans le

les merveilles, sont décrits par les biographes légendaires avec une abondance de couleur qui fait croire que le peuple ne contemplait qu'avec effroi les hasards de ces navigations cependant bien rapprochées. Dans tout le cours de la seconde race, aucun effort ne fut tenté, et Charlemagne lui-même, malgré les sombres pressentimens des maux que feraient les Scandinaves à ses successeurs, put à peine réunir quelques barques dans les rivières. Il faut attendre moins encore, lors du morcellement féodal, dans cette vie isolée de châteaux et de fiefs ; on ne voit aucun essai de navigation un peu complet en France jusqu'à la conquête de l'Angleterre par les Normands : des navires légers et informes transportèrent sur ces rivages Guillaume et ses courageux compagnons. Depuis ce moment, les Anglais semblent braver les périls de la mer avec une hardiesse qui nous étonne ; lors des croisades des leurs flottes partent de Londres, touchent à Lisbonne et vont débarquer dans

---

siècle dernier. Elle a beaucoup servi aux Mémoires de M. de Guignes, sur le commerce pendant les Croisades, et aux travaux de M. Pardessus.

la Syrie; en France ces essais sont moins hardis; les croisés traversent l'Italie, louent des navires à Marseille et à Venise. Plus tard Philippe-Auguste tente une expédition pour secourir son fils Louis contre le jeune roi Henri III et ses barques nombreuses parties de France sont dispersées par les habiles marins des cinq ports d'Angleterre.

La navigation commerciale fut donc sans importance dans la France proprement dite; tout le commerce se faisait par Venise, Marseille, Gênes et Pise : Amalfi [1], brillante cité où la boussole déjà connue agrandissait le domaine de la mer; ces villes étaient des entreports dans lesquels venaient se pourvoir les compagnies marchandes et voyageuses, comme les cités de la Baltique et de la Flandre, leur servaient d'intermédiaire pour le commerce du Nord. La navigation s'opérait ainsi par des étrangers, comme dans le temps de guerre entre les grandes puissances elle se fait par des neutres; les consommateurs n'avaient les marchandises que de troisième et quatrième main; les marins de la Mé-

---

[1] Guillaume de la Pouille décrit ainsi la splendeur d'Amalfi :

diterranée, de Marseille, Venise, Pise, se rendaient dans la Syrie, l'Egypte, à Constantinople où presque toutes ces nations s'étaient fait assurer des comptoirs [1]; là, ils achetaient aux caravanes de l'Asie ou à des marchands de Perse les objets dont ils voulaient pourvoir l'Europe; puis ils s'en revenaient les revendre aux Lombards qui les cédaient eux-mêmes aux corporations locales; aussi le prix en était-il habituellement très-cher quoique la consommation devînt de jour en jour plus usuelle.

Ce qui signale les grands progrès de la navigation à l'époque dont nous écrivons l'histoire, c'est que presque toutes les lois maritimes

Urbs hæc dives opum, populoque referta videtur,
Nulla magis locuples argento vestibus auro,
. . . .
Hic Arabes indè, siculi, noscuntur, et afri,
Hæc gens est totum prope nobilitate per orbem,
Et mercanda ferens, et amans mercata referre.

Voy. Muratori, dissertation 30 sur les antiquités d'Italie; la splendeur d'Amalfi s'est éclipsée de bonne heure.

[1] Capmani, memorias historiscas de Barcelones, t. 3, p. 11, et M. de Guignes, sur les rapports commerciaux de la France avec le Levant avant et après les Croisades, dans la collection des mémoires de l'académie des inscriptions.

se régularisent dans des codes spéciaux : ce ne sont pas seulement quelques-unes de ces dispositions générales, fondement de toutes les législations qui se retrouvent partout où naissent quelques idées de justice, mais des articles de longue expérience et d'une appréciation complète des faits; c'est ainsi que le *Consulat de la mer* qui règle la navigation dans la Méditerranée prévoit tous les cas d'avarie éprouvée par le navire, la répartition qui doit en être faite entre le capitaine et les marchands, lors du jet pour le salut commun, et que les *lois d'Oleron*, ouvrage de la reine Éléonore, règlent les droits de naufrage, nolissement ¹ (location du navire) et les hasards les plus fréquens de la navigation.

« Cy commencent, y est-il dit, les jugemens de la mer, des nefs, des maîtres, des mariniers et aussi des marchands et de tous leurs estats; une nef est au hâvre, et demeure pour attendre son frêt et son temps; quand le maître veut partir, il doit prendre conseil de ses com-

---

¹ Boucher, préface à la traduction du consulat de la mer. M. Pardessus, discours préliminaire à son recueil des anciennes lois maritimes, et Capmani, codigo de las costumbres maritimas, de Barcelona. Madrid, 1791.

pagnons et leur dire : « Seigneurs, vous plaît-il ce temps? » si quelqu'un dit : Le temps n'est pas bon, car il est nouvel-venu, et devons laisser l'asseoir; et les autres diront : Le temps est bel et bon; le maître doit s'entendre avec ses compagnons; s'il ne le faisait, ses nefs se perdaient : il est tenu de les payer, s'il a de quoi. Tel est le jugement. » Puis viennent d'autres jugemens pour que le maître ne puisse mettre le navire ou ses agrès en gage; pour que les mariniers sauvent le plus qu'ils peuvent de la tempête; qu'ils ne puissent issir hors (sortir) de la nef sans le consentement du patron; s'ils s'enivrent et sont blessés, la maladie n'est plus à la charge du maître; mais s'ils la contractent au service, ils sont guéris à ses dépens. Si, dans le cours d'une tempête, le maître dit : « Seigneurs, il convient de jeter hors ces denrées pour sauver la nef, » et qu'on refuse, il pourra néanmoins les jeter en jurant sur l'Évangile, que la nécessité l'y a contraint; et tous les marchands supporteront la valeur de la chose sacrifiée. »

Lorsque la législation s'occupe ainsi de régler par écrit les coutumes, c'est que l'application en est fréquente et qu'il devient essentiel de fixer ce qu'il n'est plus possible de confier sans danger à la mémoire des hommes. Cet agrandissement du système maritime fit naître un sentiment général d'humanité pour les navigateurs; les barons francs avaient long-temps été comme ces peuplades barbares, qui des côtes applaudissent à la tempête, afin de profiter des dépouilles des malheureux naufragés : la féodalité avait hérité de ces traditions druidiques, et le droit inhumain de bris et naufrages donnait tout ce qui était jeté sur le rivage au seigneur territorial; la reine Éléonore et son fils Richard abolirent de concert cette coutume inique dans tous leurs domaines : les naufragés ne subirent que le malheur; ils n'éprouvèrent pas du moins l'injustice des hommes [1].

Le commerce au moyen âge, comme toute chose, manquait d'un élément pour prospérer, la liberté; encadré pour ainsi dire dans des priviléges, il ne put prendre ce puissant essor qu'il tire de la concurrence, et cette activité qu'elle seule peut lui imprimer. Sans doute le système de corporation lui fut alors utile, car

[1] Rimer, t. 1.

en l'absence d'un pouvoir central et protecteur, il fallaitbien se défendre par l'aggrégation, contre les violences de la féodalité; mais par la suite ce système renferma l'industrie dans une sorte d'action compassée dont elle n'a pu s'affranchir jusqu'au temps où les études modernes ont révélé les véritables principes d'économie politique.

CONCLUSION.

Je touche au terme de mon travail. Mon dessein a été de faire connaître et de résumer, pour ainsi dire, en un seul règne toute cette merveilleuse société du moyen âge, dont les mœurs, les lois, les opinions, ne nous ont été décrites que d'une manière imparfaite. Le caractère de Philippe-Auguste s'est fondu dans ce grand tableau. J'ai pris ce nom au milieu des princes de la race royale, parce que son règne se lie aux deux siècles qui sont le plus vivement empreints de l'esprit de cette époque poétique. On ne s'est pas assez arrêté sur la grande influence que le XII° et le XIII° siècles ont eue sur la réforme générale du XV°; j'ai cherché à la faire ressortir en exposant les faits, les opinions, la marche de la liberté rationnelle, la décadence de l'Église, les résistances qui, de toute part, éclataient contre la souveraineté absolue des clercs. Des résultats importans m'ont paru ressortir de l'ensemble des événemens nombreux qui se pressent dans cette période; j'y ai vu un grand mouvement de l'esprit humain se débarrassant des doctrines d'autorité; la puissance papale faisant un dernier effort, mais épuisée, mais travaillée par mille germes de mort; la royauté ou l'unité du gouvernement cherchant à s'établir sur des bases fixes et régulières, un nouvel élément de liberté pénétrant dans la société d'une manière forte et persévérante par l'association de la classe bourgeoise, enfin un notable progrès dans les voies de l'indépendance et de la raison générale par ce besoin exprimé d'une réforme dans le système religieux et la hiérarchie ecclésiastique.

Avant d'arriver à l'exposition de ces résultats, j'ai dû donner les faits dans leurs plus petits détails, car je n'ai jamais compris la possibilité de juger un siècle, sans entrer, tout d'abord, dans les plus intimes secrets de la vie publique et privée. La chronique contemporaine, avec toutes ses naïvetés, fournit plus de renseignemens sur le caractère d'une époque, sur la marche des institutions, que les abréviations froides des historiens modernes. J'aurai réussi dans le but que je me suis proposé, si, en fermant ce livre, on a pris une idée exacte et complète du moyen âge, et si chacun a pu former de lui-même son jugement sur les hommes qui apparaissent dans ces grandes scènes, et sur les progrès de l'esprit humain.

Les deux siècles, dont j'ai cherché à reproduire les couleurs, m'ont paru comme un prélude à la civilisation, comme une époque d'essai et de lutte entre des principes dont les uns depuis ont disparu, et les autres triomphé. Tout commence dans ce règne de Philippe-Auguste; et la royauté, avec quelques-unes de ses grandeurs modernes, et notre système de liberté avec ses garanties, et le gouvernement civil avec ses principes, et la science avec ses investigations sérieuses. Plus tard tous ces faits se régularisent, et portent des fruits durables. Alors s'ouvre pour l'esprit humain, une ère nouvelle; nous chercherons à la reproduire avec le règne de Louis XI!

NOTE

sur

SUR LA VALEUR DES MONNAIES.

J'ai eu souvent l'occasion, dans le cours de cet ouvrage, de citer diverses monnaies de France sous le règne de Philippe-Auguste. En donner pour chaque fois le tarif, eût jeté peut-être quelque confusion dans le récit ; j'ai donc préféré présenter un tableau général sur la nature et la valeur des monnaies pendant le siècle dont j'ai raconté l'histoire.

Le marc d'argent, au XIIe siècle, valait 53 sous 4 deniers tournois ;

En 1201 il était descendu à 50 sous 4 d.

On remarquera, d'après ce calcul, que les legs, faits par Philippe-Auguste dans son testament, s'élevaient à 893 mille marcs d'argent.

On distinguait deux espèces de monnaie : la monnaie Parisis

(de Paris) et la monnaie Tournois (de Tours). Il fallait 40 sous parisis pour faire un marc, il en fallait 50 tournois.

Le sou d'or, le petit-royal, et les *masses* doubles et tierces pesaient 16 à 18 grains; ils étaient peu en usage. Plus tard on appela florins toute monnaie d'or.

On traitait particulièrement en monnaies étrangères, depuis les croisades.

Le besant, les oboles d'or et les marabotins sont très-souvent cités dans les chartes.

Le besant était le plus en usage, et, dans les cérémonies un peu solennelles, les rois employaient *le besant d'or*. Je n'ai pas besoin d'indiquer que le mot bezant vient de Bizance, et par conséquent l'origine de cette monnaie.

Le besant était évalué à 9 sous tournois.

L'obole ou la maille d'or valait 5 sous tournois.

Le marabotin était un soixantième d'un marc d'or; c'était une monnaie empruntée aux Maures d'Espagne; elle est l'origine des maravédis espagnols.

Le sterling est très-souvent cité dans les titres contemporains; sa valeur était ainsi réglée : le marc d'argent valait 10 livres sterlings.

FIN DU QUATRIÈME ET DERNIER VOLUME.

TABLE

DES

CHAPITRES CONTENUS DANS CE VOLUME.

CHAPITRE XXIX.

(Page 1 à 39)

1214—1215.

Résumé des causes qui donnent la couronne d'Angleterre au prince Louis de France. — Situation féodale des Anglais. — Rapports respectifs du roi et des barons. — Abus de la suzeraineté. — Vieux privilèges émanés du roi Édouard. — Jean refuse de les ratifier. — Révolte des barons. — Armée de Dieu et de l'Église. — Prise de Londres. — Concession de la grande

[1] Quelques erreurs se sont glissées dans l'indication numérique des chapitres de ce volume, il sera facile de les corriger à l'aide de cette table.

Charte. — Franchises de l'Église. — Droits des vassaux. — Mariage. — Tutelle. — Subsides. — Parlement. — Justice. — Personnes et propriétés. — Forêts. — Commission de barons réformateurs. — Fureur du roi Jean à l'occasion de la Charte.— Le pape l'annule. — Les Poitevins et les Flamands ravagent l'Angleterre. — Les barons anglais offrent la couronne à Louis de France.

CHAPITRE XXX.

(Page 39 à 75)

1215 — 1216.

Prétentions du prince Louis à la couronne d'Angleterre. — Arrivée en France des barons anglais. — Conditions imposées par le roi Philippe. — Envoi des otages. — Le pape excommunie l'expédition. — Parlement à Paris. — Philippe et Louis jouent le légat. — Départ pour l'Angleterre. — Débarquement des Français. — Entrée à Londres. — Question de légitimité élevée devant le pape. — Conquêtes de Louis. — Fortunes diverses. — Mort de Jean.

CHAPITRE XXXI.

(Page 75 à 101)

1216—1217.

Situation des Français en Angleterre. — Mort d'Innocent III. — Fautes du roi Louis. — Bruits qui courent sur ses desseins. — Le jeune Henri III. — Son couronnement. — Libertés anglaises. —

Les barons prennent la cause de Henri. — Levée du siège de Douvres. — Bataille de Lincoln. — Retraite de Louis dans Londres. — Il sollicite le secours des Français. — Une flotte part de Calais et est dispersée. — Capitulation de Louis; conventions arrêtées.

CHAPITRE XXXII.

(Page 101 135)

1216—1222.

État de la Langue-doc après le départ de Louis de France. Esprit des populations. — Réveil de l'hérésie.—Arrivée du comte Raymond et de son fils. — Enthousiasme pour leur cause. — Prise de Beaucaire. — Soulèvement de Toulouse. —Raymond reçu dans sa capitale. — Alliance des Aragonais. — Montfort veut résister à ce mouvement.— Ses batailles. —Le clergé dévoué à la cause anti-nationale. — Mort de Simon de Montfort. — Triste situation des Français.—Nîmes, le Rouergue, et le Quercy viennent à la domination de Raymond. — Arrivée de Louis de France. — Faible succès de cette nouvelle croisade. — Retour des cités aux lois provençales. Mort de Raymond. — Son fils lui succède. — Dernière lutte. — Institutions cléricales pour soutenir la domination franque et le catholicisme.

CHAPITRE XXXIII.

(Page 135 à 160)

1215—1222.

Famille du roi.— Naissance de Saint-Louis.—Mariage de Philippe, petit-fils du roi, avec l'héritière de Nevers. — Il meurt. — Mariage de Philippe, second fils du roi, avec Mahaud de Dammartin. — Du sire de Lusignan et de la reine d'Angleterre. — Grands fiefs. — Procès sur le comté de Champagne. — Succession du comte de Blois. — La Bretagne. — Le comté de Brienne. — Rapports à l'extérieur. — Pierre de Courtenay et l'empire de Constantinople. — Croisade. — Siège de Damiette. — Droits sur la succession de Castille. — Trève avec l'Angleterre. — Chartes des communes. — Rapports de féodalité. — Actes sur le clergé.

CHAPITRE XXXIV.

(Page 169 à 188)

1222—1223.

Symptômes de la maladie du roi. — Comètes et prédictions. — Testament. — Réunion d'un parlement à Paris. — Mort de Philippe-Auguste. — Pompe funèbre. — Caractère du roi. — Jugement des chroniques. — Résumé de ce règne. — Célébrités contemporaines. — Le pape Innocent III. — Le roi Richard. — Le roi Jean.

CHAPITRE XXXV.

(Page 188 à 209)

Caractère général des XIIe et XIIIe siècles. — Lutte entre la force matérielle et la force morale, depuis la conquête. — Organisation de l'Église. — Hiérarchie féodale. — Marche de l'un et l'autre système. — Dénombrement des forces de l'Église.

— Propriété territoriale. — Lumières des clercs. Superstitions des peuples. — Triomphe complet de l'Église. — Révolution dans sa hiérarchie. — Puissance du pape. — Interdit, excommunication, déposition des rois et des évêques. — Levées d'argent. — Croisades.

CHAPITRE XXXVI.

(Page 209 à 233)

Décadence de la puissance de l'Église et des papes. — Progrès des études profanes. — Liberté de l'esprit. — Conséquences. — Hérésies rationnelles. — Mysticisme. — Abailard. — Gilbert de la Porrée. — Influence des universités sur des doctrines de l'Église. — Science du droit. — Naissance des juridictions civiles opposées à la hiérarchie ecclésiastique. — Résistance organisée contre l'Église. — Querelles des bourgeois et des évêques. — Des rois contre les papes. — Mauvaises mœurs du clergé. — Premières idées d'une réforme. — Prévoyance des papes. — Ordre des prêcheurs. — Inquisition. — Résultats.

CHAPITRE XXXVII.

(Page 233 à 260).

Progrès de la société civile et politique. — Esprit d'association. — Les cités. — Fédérations. — Caractères distinctifs des diverses communes. — Villes d'Italie. — De la Langue-doc. — De France

— De Flandre. — D'Angleterre. — Compagnies de bourgeoisie. — Levée des impôts. — Intervention des communes dans la forme générale du gouvernement. — Résistance à la cour de Rome. — Rapports de la féodalité et du pouvoir royal. — État de la société politique à la fin du XIII° siècle.

CHAPITRE XXXVIII.

(Page 260 à 286.)

Marche de l'esprit humain. — Caractère de l'époque. — Progrès des sciences exactes. — Physique. — Théorie de la terre. — Histoire naturelle. — Alchimie. — La boussole. — La poudre à canon. — Verres d'optique. — Mathématiques. — Les nombres. — Cabale. — La mécanique. — L'astronomie. — L'astrologie. — Calendrier. — Géographie. — Idées sur le globe. — Voyages dans la Palestine et la Tartarie. — Marco-Paolo. — Carte géographique. — Chronologie.

CHAPITRE XXXIX.

(Page 286 à 314.)

Méthode d'enseignement. — Scolastique. — Théologie. — Livres saints. — *Sommes* théologiques. — Jurisprudence. — Droit canon. — Droit civil. — Chaires. — Philosophie et morale. — Esprit de la philosophie. — Son système. — Aristote. — Application de sa doctrine. — Amaury de Chartres. — Logique. — Morale. — Médecine. — Ses principes. — Expérience. — Faits. — Chirurgie. — Formules d'enseignement. — Bibliothèques et manuscrits.

CHAPITRE XL.

(Page 311 à 355.)

État des lettres. — Les XIIe et XIIIe siècles. — Faibles notions sur les langues anciennes et orientales. — Le latin. — Le français. — La langue romane. — Productions littéraires. — Histoire. — Poésie latine. — Épîtres. — Chants des troubadours. — Les sirventes. — Les tensons. — Les ballades. — Les aubades. — Les pastourelles. — Poésies des trouvères. — Romans de chevalerie. — Fabliaux. — Castoiemens. — Bestiaires. — Bibles.

CHAPITRE XLI.

(Page 355 à 379.)

État des beaux-arts — Architecture. — Style du moyen âge. — Origine du gothique. — Constructions. — Compagnie d'ouvriers. — Description et âge des cathédrales. — Les manoirs. — Armes. — Peinture. — Vitraux. — Miniature. — Sceaux. — Orfèvrerie. — Sculpture. — Tapisserie. — Musique. — Chants vulgaires. — Chant d'église. — Harmonie. — Considérations générales.

CHAPITRE XLII.

(Page 379 à 402.)

Etat du commerce dans les XIIe et XIIIe siècles. — Luxe. — Les vêtemens. — Les cours plénières. — Les églises. — Industrie locale. — Cités commerçantes. — Les villes de Flandre. — d'Angleterre. — Compagnie marchande. — Leurs statuts. — Juifs. — Lombards. — Difficultés du commerce intérieur. — Vexations. — Péages. — Priviléges des grandes compagnies. — Monnaie et signe des valeurs. — État de la navigation. — Navigation intérieure. — Commerce extérieur dans la Méditerrannée dans l'Océan. — Croisades. — Lois de la mer. — Abolition du droit de naufrage. — Conclusion.

FIN DE LA TABLE.

TABLE ALPHABÉTIQUE

DES

NOMS PROPRES CITÉS DANS CET OUVRAGE.[*]

A.

Aaroun-Raschild, iv, 271.
Abailard, ii, 378.
Accursius, iv, 293.
Actuarius, iv, 304.
Adèle de Champagne, i, 77, 129, ii, 2.
Adge (l'évêque d'), 62.
Agnès de France, i, 109, 218.
Agnès de Hainault, i, 159.
Agnès de Méranie, ii, 131 et suiv.
Agnès de Nevers i, 179.
Agoult (Raymond d'), 64.
Agnani (Jean évêque d'), 1,325.
Agulérius (Raymond) iv, 125.
Aimeri (Philippe d'), i, 238.
Aix (l'archevêque d'), 62.
Alain-le-Breton, ii, 318.
Alain (seigneur de Vannes), iv, 370.
Albano le cardinal, 29.
Albéric, iii 149.

Albéric des Trois - Fontaines, iv, 320.
Albert-le-Grand, ii, 197, iv et suiv.
Albigeois (les), iii, 17, 51, 53, 55, 103, 145.
Alexandre (le pape) i, 105, 27.
Alexandre, roi d'Ecosse, iv, 68.
Alexis (le César), i, 109, 218.
Alexis (l'Empereur), 360, 364.
Alexis Moursuphle, ii, 259.
Alfar (Hugues d'), 110.
Aliénor, comtesse de St. Quentin, 186.
Aliénor d'Angleterre, *voyez* Éléonore.
Alix de Bretagne. iii 45.
Alix de France, i, 77, 161 ; ii, 64, 90; iii, 56, 245.
Alix de Lorraine, iii 54.
Al-Moumenin, iii, 151, 155, 156, 157.

---

[*] Dans le courant de ces deux tables, la pagination qui n'est pas précédée de l'indication du tome appartient au tome III.

Alphonse I, 170.
Alphonse X, IV, 273.
Alphonse de Castille, I, 112.
Alzon, IV, 293.
Amauri (voyez Montfort.)
Amaury, (voyez Chartres.)
Amboise (Sulpice d'), 48.
Amboise (Thomas d'), 238.
Andezelle Albert, I, 242.
Andronic, 364.
Anduze (Bernard d'), III, 64.
Angéli (l'abbé de St.-Jean d'), 292.
Anne de France, 364.
Anseaume, II, 208.
Aragon (Eléonore d'), 93.
Aragon (le roi d'), 69, 75, 83, 89, 102, 106, 307, 315.
Argilières (Henri d'), I, 206.
Arles (l'archevêque), 62.
Arnal, 26.
Arnaud (Guillaume d'), 64.
Arnaud (abbé de Citeaux), 67, 79, 98.
Arnould, 192.

Arnoux (évêque de Lizieux), I, 80.
Arondel (le comte d'), I, 307, IV, 87.
Arthus on Arthur, II, 290 et suiv.; IV, 6.
Ascelin, IV, 280.
Ath (Hugues d') III, 193.
Aucassin, I, 42.
Auch (archevêque d'), 62.
Auge (comte d'), 48.
Anne, II, 80.
Autun (l'évêque d'), 54.
Autriche (le duc d'), II, 17; I, 420.
Auvergne (le Dauphin d'), II, 55.
Auvergne (comte d'), 50.
Avesnes (Jacques d'), IV, 384.
Avenzoar, IV, 302.
Averroès, IV, 302.
Avicenne, IV, 302.
Avila (l'évêque d'), 16.
Avranche (Huet, évêque d'), IV, 336.
Azèbe (Diégo de), 33.

B.

Bacon, le chancelier, I, 262 et suiv.; II, 197.
Bacon (Roger), IV, 268 et suiv.
Bailleul (Hugues de), IV, 68.
Balazun (Guillaume de), I, 193.
Barjac Pierre, I, 193.
Barral (le sire de), III, 4.
Barres (le sire des), 189, 216.
Barres (Guillaume de), I, 142; II, 324; III, 258.
Bar-sur-Seine (le comte de), 54, 57, 110, 146, 201.
Bartholle, IV, 294.
Bath (l'évêque de), 137.

Barthélemy de Carcassonne, IV, 104.
Baux (le prince d'Orange, Guillaume de), III, 64; IV, 118.
Faulx (la dame de), I, 195.
Bayeux (l'évêque de), 105.
Beaudouin (l'empereur), 363.
Beaujeu (Guichardet de), 146.
Béarn (Gaston de), III, 310.
Beaumont (Geoffroi de), II, 209.
Beaumont (Egidius de), IV, 42.
Beaumont (Jean, comte de), 244, 260.
Beauvais (l'évêque de), III, 99, 100, 186, 216.

Bernard-le-Solitaire, 1, 252, 343; iv, 227.
Bernard (St.-), 17.
Bérengère de Navarre, 1, 394.
Bertrand (de Toulouse), 93.
Béthune (Conon de), 1, 210; ii, 257.
Béziers (vicomte de), 68, 75, 84.
Bèze (le seigneur de), iv, 346.
Béziers (l'archevêque de), 62.
Bernadi Pierre (fils du comte Raymond), iv, 125.
Bidpai, iv, 336.
Blacas, iv, 330.
Blazon (Théobald du), 293.
Blazon (Thibaut de), 48.
Blois (Thibaut comte de), 1, 133.
Blois (Robert de), iv, 348.
Blois (Pierre de), ii, 392; iv, 325.
Blois (Louis de), 361.
Blondel, ii, 22 et suiv.
Boëce, iv, 270.
Bogis, ii, 331.
Bonaventure (St.), iv, 263.
Bonne (Enguerand de), ii, 206.
Box (Hubert de), 292.
Borrilhons (Isabelle de), 1, 196.

Born (Bertrand de), 42.
Borneuil (Girard de), 330.
Boulogne (Renaud comte de), 160, 181, 189, 194, 201, 206, 210.
Bourbon (Guy de Dampierre, sire de), 146.
Bourg (Hubert du), iv, 60, 82.
Bourgogne (le duc de), 1, 71; iii, 51, 75, 80, 188, 216;
Boves (Hugues seigneur de), iii, 237, 251; iv, 32.
Brabant (le duc de), 201, 212, 234.
Brabant (Henry comte de), 146.
Branas (Théodore), 364.
Bretagne (les ducs de), 46.
Bretel (Beaudoin de), iv, 42.
Brie (la comtesse de), 1, 256.
Brienne (Guillaume de), 49.
Brienne (Jean de), ii, 202; iii, 368.
Brienne (Gauthier de), ii, 206.
Brinville (Robert de), ii, 214.
Brosse (vicomte de), iii, 48; ii, 68.
Bruneto Latinus, iv, 267.
Brunswick (Othon de), 202.
Burchard, (voy. Montmorency.)
Bruys (Pierre de), 17.

C.

Cadenet, iv, 530.
Cahors (l'évêque de), 112.
Calviniac (Guillaume de) iii, 293.
Calm (Raimbaud de) iv, 106.
Camville (Nicolette de), iv, 92.
Cantelou (Foulque de). 133.
Cantorbéry (l'Archevêque de), 127, 130, 143, 160.
Cantorbéry (St.-Thomas de), 1, 93.

Cantumer (Guillaume de), 48.
Capduel (Pons de), 1, 286.
Caraman (le sire de), iv, 112.
Carcassonne (l'évêque de), 120.
Cardinal (Pierre), iv, 331.
Carpentras (l'évêque de) 62, 63, 64, 93.
Castellane (Boniface de), iv, 330.
Castelnau (Pierre de), 63, 65, 94.

Castille (Ferdinand, roi de), 49.
Castille (Blanche de), II, 280; III, 147; IV, 39.
Castres (Guillabert de), 31.
Cathares (les), 16.
Cavaillon (l'évêque de), 62.
Célestin (le pape), II, 88; IV, 430.
Cernay (l'abbé Vaulx de), 73.
Chabot (T), III, 49.
Châlons (Guillaume de), I, 117.
Champagne (Thibaut, comte de), III, 216; II, 201.
Champagne (la comtesse de), 91.
Champeau (Guillaume de), IV, 306.
Champlitte (le comte de), 202.
Charlemagne, 53, 199, 100.
Charlot (fils adultérin de Philippe-Auguste), 360.
Chartres (l'évêque de), 99, 100.
Chartres (Amauri de), IV, 297.
Châtelraud (Hugues de), 48.
Châtillon (de), I, 424.
Châtillon (Gaucher de), II, 175; III, 260.
Châtillon (Robert de), 245.
Chelles (Pierre), IV, 362.
Cheron (Henri de St.-), II, 206.
Chicester (le comte de), I, 281.
Chistelle (Gauthier de), 261.

Chovelin (Eustache de), II, 206.
Chrisogon, légat, I, 132.
Cisterciens (les), 150.
Clément IV, IV, 277.
Clermont (l'évêque de), 54.
Clermont (la comtesse de), 186.
Clovis, 112.
Coëtivi (Ancel de), III, 96.
Cologne (Gauthier de), II, 88.
Cominges (le comte de), 105, 109, 114, 310.
Companus de Navarre, IV, 275.
Conrad, I, 410; III, 236, 271.
Constance d'Aquitaine, I, 19.
Constance de Castille, I, 77.
Corbeil (le sire de), 316.
Corthelle (Henri de), 133.
Coucy (Yolande de), IV, 179.
Coucy (Raoul sire de), I, 159.
Coucy (Clermont de), I, 154.
Coucy (Enguerrand de), 107, 168 et suiv.
Couellan (Eustache de), II, 214.
Courcon (Robert de), IV, 297.
Coutances (Gauthier de), I, 130.
Courtenay (Pierre de), III, 56, 68, 146, 209, 216; I, 134, 179.
Courtenay (Robert de), 68.
Craon (Maurice de), I, 134.
Créqui (Arnaould de), III, 246.

D.

Dammartin (Renaud de), 184.
Dampierre (comte de), II, 168, 209; III, 50.
Dandolo (Henry), II, 211.
Desfontaines (Thomas), IV, 293.
Dicet (Raoul de), II, 69.
Ducuil, IV, 277.
Didier (Guil. de St-.), III, 194.

Dominique, 33.
Drake (Barthélemy de), IV, 269.
Dreux (Robert comte de), I, 134, 179; IV, 56. 99, 146, 216, 222.
Dragon d'Amiens, I 424.
Dudes ou Dudon, IV. 304.
Durant Guillaume, IV, 290.

E.

Edmond (Adam de St.-), ii, 40.
Eléonore de Guyenne i, 21, 76; ii, 362 et suiv.; iv, 396.
Elgand, ii, 88.
Ely (l'évêque d'), iii, 135, 137, 143, 160; ii, 25, 31.
Engeraud (Nicolas d'), i, 238.
Enguerrand, 225.
Escas (Amadieu des), iv, 333.
Esclarmonde, 31.

Estaing (Pierre d'), iii, 267.
Etienne Tempier, iv, 307.
Eu, (le comte d'), 220.
Eudes duc de Bourgogne, iii, 54, 55, 87, 146; ii, 168.
Eudoc, 177.
Eudoxe, 4.
Eugène III (le pape), iii, 17.
Eustache-le-Moine, iv, 95.
Excester (le comte d'), iv, 323.

F.

Faidit (Guillaume). i, 287.
Falaise (Jean de), ii, 210.
Faumechon (Henri de), iv, 269.
Fayel (la dame de), i, 159.
Ferdinand II (de Léon), i, 113.
Ferdinand ou Fernand, 171, 172, 201, 216, 264, 284.
Flandre (le comte de), iii, 148, 165, 194, 234, 236; i, 129, 143 et suiv.; i, 179; ii, 174.
Flandre (Ide de), 184.
Flandre (Henri de), 364, 105.
Folquet, iii, 8; iv, 103, 163.

Fontaines (Gauthier des), i, 116.
Formescelle (le seigneur de), 189.
Foix (comte de), 102, 109, 119, 310.
Foulcaud, ii, 399.
Foulques de Neuilly, i, 345; ii, 203 et suiv.
Frédéric II, iv, 302.
Frédéric I, dit Barberousse, i, 107, 122, 384.
Frise (le comte de), 236, 271.

G.

Galande (Thibaut de), ii, 186.
Galbert, ii, 325.
Galerand, 235.
Gand (le sire de), 174.
Ganelon de Mayence, iv, 70.
Gantelme (Stéphanète de), i, 195.
Garlande (Anselme de), i, 163.
Garlande (Guillaume de), iii, 247, 258; ii, 175.
Gaspard de la Barthe, iv, 112.

Gatinelle Guy de), i, 238.
Gaucher, (*voyez* Chatillon).
Gaudri, i, 57.
Gauthier-le-Borgne, ii, 178.
Gauthier d'Albincy, iv, 27.
Gauthier de Coinsi, iv, 308.
Gauthier de Vinisauf, iv, 325.
Gauthier de Châtillon, iv, 323.
Gauthier de Metz, iv, 278.
Gauthier Goudonville, ii, 210.
Gauthier de Lille, ii, 398.

T. IV.

Gauthier (le jeune), 258, 368.
Gébennis (Guillaume de), ii, 184.
Géber, iv, 301.
Geoffroy (évêque de Langres), i, 71.
Geoffroy de la Tour, 292.
Geoffroy de Bretagne, iv, 52.
Gérard-la-Truye, 244.
Gérard (comte de Roussillon), i, 86.
Gertrude de Soissons, i, 160.
Gervais de Tilbury, iv, 278.
Gilbert, i, 332 ; iv, 77.
Gille (comte de St.-), 50.
Giraud Riquier, iv, 330.
Gisèle, i, 10.
Glainville (Ranulfe de), ii, 170.
Gourdon (Bertrand de), ii, 121.
Gournay (Hugues de), ii, 66.
Gray Jean de), 131.
Grégoire VII, iv, 201.
Gualo ou Guala (légat), iv, 46.
Guarin (archevêque), 27.
Guigues II, ii, 397.
Guilaume de Brauce, ii, 303.
Guillaume IV, 4.
Guillaume de Mandeville , i, 334 ; iv, 332.
Guillaume Cat, i : 5.

Guillaume-le-Breton , 50, 148, 255.
Guillaume (archev. de Reims), i, 95, 129, 152, 237, 354 ; ii, 400.
Guillaume (abbé de St.-Bénigue), i, 20.
Guillaume (archev. de Paris), i, 45.
Guillaume (le maréchal d'Angleterre), iv, 7.
Guillaume-le-Conquerant, ii, 175 ; i, 10.
Guillaume-le-Petit, 182.
Guillaume, 320.
Guillaumette (de Toulouse), 93.
Guillebert de Castre, iv, 103.
Guillequin(comte de Hollande), 194, 212.
Guillot, i, 264.
Guincamp (Alain comte de), 45.
Guy (comte), iii, 49 ; ii, 91 ; i, 220.
Guy de Coucy, ii, 206.
Guy de Lévis, 90.
Guy de la Roche-sur-Yon , ii, 367.
Guy-Turpin, 292.
Guy-le-Bouteillier, i, 73.
Guy de Marmande, iv, 112.
Guyart-Desmoulins , iv , 289, 349.

H.

Hainaut (Henri de), 362.
Hallès (Alexandre de), iv, 290.
Harald, i, 10.
Harcourt (Robert de), ii, 25
Harmes (Michel de), 244, 260.
Hardington (Thomas), 151.
Hern (Michel du), iv, 341.
Hélinant , i, 81.
Henri II, roi d'Angleterre, i, 93

et suiv. 153 , 320 et suiv.; ii, 29 ; iii, 147, 170.
Henri III, roi d'Angleterre , iv, 80.
Henri IV (empereur d'Allemagne), i. 53.
Henri (fils d'Alain), 45.
Henri-Leclerc, 17.
Henri de Champagne, i, 179.

Henri (cardinal d'Albano), 1, 289.
Henri Clément (le maréchal), 337.
Héresford (Egidius, évêque d'), 160.
Hermangarde. 3.
Hollande (le comte de), 236.
Holiwood, iv, 271.
Honorius III (le pape), iv, 76, 114.
Hostmar (Gérard de), 270.
Houdon (Raoul de), iv, 347.
Hoveden (Roger de), iv, 28

Hue (le chancelier), 1, 231.
Humbert de Romanis, iv, 313.
Humet (Thomas de), 245.
Humet, 1, 111.
Hugues de St.-Denis. 1, 232.
Hugues Saumay, 1, 419.
Hugues, vicomte de Meaux, iv, 349.
Hugues III, duc de Bourgogne, 1, 117.
Hugues de La-Chapelle, ii, 185.
Hugues Lebrun, iii, 48, ii, 293.
Hugues (le chancelier), 1, 74.
Huguone de Sabran, 1, 196.

I.

Ingerburge, 256 et suiv. ; 1, 114 et suiv. ; ii, 75, 130 et suiv.
Innocent III , iii, 30, 59, 47, 94, 123, 135, 162, 202, 205, 340; ii, 115 et suiv., 285 ; iv, 27, 29.
Innocent IV, iv, 280.

Isaac (l'empereur), ii, 223 et suiv. , 250.
Isabelle, iii, 367, 126 ; 1, 157, 347 ; iv, 74.
Isarn, iv, 330.

J.

Jean XXI, pape, connu avant sous le nom de Pierre d'Espagne , iv, 303.
Jean (dit Sans Terre), roi d'Angleterre, iii, 41, 42, 43, 44 et suiv., 126, 153, 134, 135, 138, 148, 157, 158 et suiv., 178, 201, 206, 216 et suiv. ; ii, 277 et suiv. , 372 et suiv. ; iv, 4 et suiv.

Jean de Cluny, iv, 309.
Jeanne de Sicile , ii, 13.
Jeanne, iii, 5, 167.
Joinville (Geoffroi de), ii, 206; iv, 319.
Jourdain , Bertrand de Lille, iv, 112.
Jousselin (les frères), 1, 294.
Julien (Laure de St.-), 9, 109.

L.

Lambert-Licourt, 1, 192.
Lancelot-du-Lac, 1, 6.
Langton (Etienne de), 133.
Lascaris (Théodore), 361.
Laudun (Bertrand de), 64.
Laurette de St. Laurent, 1, 196.
Leicester (le comte de) 1, 281.
Léopold d'Autriche, 1, 419.

Lévis (le maréchal de), iv, 132.
Lévis (les) iii, 122.
Leycester (Amélie , comtesse de), iii, 150.
Leyser, iv, 322.
Libergier, iv, 363.
Limbourg (le duc de), 201, 212, 235.

Limoge (le vicomte de), 48, 230.
Lisle (Alain de), iv, 374.
Livri (Guy de), 116.
Lizieux (l'évêque de), 105.
Lodève (l'évêque de), 62.
Lombard (Pierre), iv, 289.
Longchamps (Chrétien de), ii, 25.
Longchamps (Etienne de), 245, 258.
Longchamps (Guill. de), 268.
Londres (l'évêque de), 135, 137, 143, 160.
Longue-Épée (Guillaume de), iv 82.
Louis VI, 56.

Louis, fils de Philippe-Auguste, iii, 127, 146, 147, 173, 205, 208, 224, 305; i, 6, 64; iv, 1, et suiv.
Louis VII, i, 21, 71, 76 et 77.
Lorraine (Thibaut, duc de), 212, 254.
Lucé, Guy de, 96.
Luce III (le pape), i, 244.
Lusignan (Guy de), iii, 48; i, 384.
Lusignan (Aimeri de), i, 337.
Lusignan (Godefroi), i, 307.
Luzarche (Gobert), iv, 363.
Luxembourg (le comte de), 213.

M.

Mâcon (Guillaume de), i, 181.
Maguelone (évêque de), 62.
Mahomet-al Nesser, 151.
Mailly (Nicolas de), ii, 208.
Maingnot G., i, 134; iii, 48.
Maître Milon, 51.
Malaune (Hugues de), 244, 260.
Malek-Addel, Sayf Eddin, i, 388; ii, 13 et suiv.
Malek-Modaffer Tak-Eddin, i, 388.
Malek-Daher, i, 389.
Malespina (la marquise de), i, 301.
Manassé, évêq. d'Orléans, i, 195.
Manassé le Mauvoisin, i, 141.
Mandeville (Geoffroy), iv, 45.
Mandre (Gauthier de), ii, 367.
Manès, 16.
Manichéens (les), iii, 16.
Manuel Commène, i, 108, 218.
Maquelin (Eustache de), 260.
Maquereu (Alard de), ii, 219.
Marc (Philippe), iv, 24.
Marco-Paolo, iv, 297.
Marche (le comte de), 220.
Marguerite de France, i, 77.

Marie de Champagne, iii, 167; i, 179.
Marie de France, i, 77; iv, 337.
Marle (Mathieu de), ii, 48.
Marle (Thomas de), i, 59.
Marly (Bouchard de), iii 116, 295.
Martel (Guillaume), 49.
Marseille (l'évêque de), 62.
Martin Lis, ii, 271.
Masson, i, 258.
Mathieu Paris, ii, 314; iv, 320.
Mathilde d'Angleterre, iv, 40.
Mathilde ou Mahaut de Saxe, 468, 170, 209.
Mauclerc (Pierre), 183, 188, 221 et suiv. 290.
Mauléon (Eustachette de), 45.
Mauléon (Savary de), iii, 448, 114, 220; ii, 296; iv, 32,
Maulevrier (B. de), 49.
Maureuil (Hugue et Jean), iii, 364.
Maureuil (Laval de), 216.
Maurice de Sully, iv, 362.
Maurice, évêque de Paris, i, 82; ii, 398.
Mauvoisin (Pierre de), 216, 258.

Meholon (Aloete de), 1, 196.
Mélior (le cardinal), 11, 59.
Mello (Dragon de), 11, 59.
Mello (Robert, comte de), 1, 302.
Mello (Pierre de), 1, 419.
Melun (le vicomte de) 216, 253.
Melun (Johell de), 111, 293.
Mercator (Isidore), iv. 292.
Mésué, iv, 301.
Metz (maréchal de), 46.
Meulan (Robert, comte de), 1, 181.
Meyrargue (Elise, dame de), 1, 195.
Milon (le légat), 60, 61, 62, 67.
Molina (comtesse de), 3.
Montagne (le vieux de la), 1, 27.
Monske Philippe, iv, 321.
Montaigne (Bertrand de), iv, 112.
Montauban (Renaud de), iv, 204.
Montauban (Raymond de), iv, 106.
Montaudon, iv, 330.
Montbelliard (Gauthier de), 11, 206.

Montesquiou, 11, 202.
Monteil (Lambert de), iv, 106.
Moutesquieu, iv, 294.
Montigni (Galou de), 244, 266.
Montfort (Robert de), 11, 334.
Montfort (le comte de), 111, 54, 57, 75, 80, 83, 84, 85, 86, 90, 96, 97, 98, 100, 103, 311, 313, 351; 11, 206; iv, 107 et suiv.
Montigny (Everard de), 11, 206.
Montmirable (Renaud de), 11, 206.
Montmorency, (sire de), 111, 96, 216, 244, 266; 1, 160, 424; 11, 76, 207, 248, 254; iv, 387.
Montmouth (Geoffroy de), 11, 358.
Montreuil (Bernard de), 11, 207.
Montrevau (Pierre de), 1, 134.
Mortagne (Jean d'Angleterre comte de), 11, 20.
Morbeck (Guillaume de), iv, 313.
Mortmart (Guillaume de), 111, 246, 258.
Mortmart (Hugues de), 11, 543.
Mung Jean, iv, 353.

N.

Namur (le comte de), 1, 137; 111, 168, 201, 212.
Nanterre (le sire de), 1, 38.
Nanteuil (Jean de), 11, 369.
Narbonne (Raymond duc de), 111, 61.
Narbonne (Ermangarde de), 1, 195.
Narbonne (l'archevêque de), 32, 95.
Nemours (Gauthier de), 247.
Nesle (le sire de), 174.
Nesle (Jean de), 1, 387; 11, 208.
Nevers (le comte de), 51, 54,

56, 80, 84, 146, 240; 1, 231; 11, 76, 168.
Neufmarché, 11, 66.
Neuville (Eustache de), iv, 42.
Nicol l'Aragonais, 32.
Nicolas Ier, 1, 86.
Nicolette, 1, 42.
Nigells (Jean de), 295.
Nîmes (l'évêque de), 11, 57.
Nivelle (Jean, sire de), 272.
Nonancourt, 11, 66.
Normandie (Jean d'Angleterre, duc de), (voyez Jean).
Norwich (l'archidiacre de), 139.

Norwich (Jean de Gray, évêque de), 131, 135, 151.
Novarre (Campanus de), IV, 172.
Noyers (Hugues de), 158.
Nunant (le comte Robert de), II, 36.

O.

Octavien (le cardinal), II, 154.
Odeline, I, 45.
Ogier de Vienne, III, 51.
Olivier de Bouteville, IV, 32.
Orange (Raimbaud comte d'), I, 12.
Othon, l'empereur d'Allemagne, III, 52, 93, 94, 201, 205, 210 et suiv. 234 et suiv. 255 et suiv. II, 362 et suiv.
Oxford (le comte d'), 141.

P.

Paganel, III, 245; IV, 308.
Pairs (les douze), I, 175 et 176.
Pandolphe (le légat), 157, 158, 164.
Paris (Alexandre de), I, 191.
Partenay (l'archevêque, seigneur de), 49.
Passavant (l'abbaye de), 293.
Passi (Robert de). 90.
Paturini (les), 16.
Paul (St-.) (*voyez* St.-Pol.)
Pauliciens (les), 16.
Pelet Raymond, IV, 106.
Pennafort (Raymond de), IV, 292.
Perche (Thomas comte du), 216.
Pestillac (Bertrand de), IV, 112.
Philippe-Auguste, III, 38, 46, 42 et suiv. 82, 93, 94, 122, 123, 143, 145, 164 et suiv. 198 et suiv. 281, 285, 351; I, 34, 91 et suiv. 97 et suiv. 155 et suiv. 355 et suiv.; II, 1 et suiv. 24 et suiv. 279 et suiv. 349 et suiv.; IV, 51 et suiv.
Philippe de Souabe, II, 223, 374.
Piano Carpini, IV, 281.
Philippe comte de Flandres, I, 82, 115, 343.
Pierre Raymond, le troubadour, I, 120.
Pierre de Ste-Marie, cardinal, III, 140.
Pierre le chambellan, I, 74.
Pierre le vénérable, III, 17; II, 378.
Pierre, cardinal, 27.
Pierre (le petit), 164.
Pierrefeu (la dame de), I, 195.
Plaissié (Guy de), I, 206.
Plantagenets (famille des), 41, 127, 199, 212.
Porrée (Gilbert de la), II, 378.
Poissy (Robert de), 183.
Poitiers (Guillaume comte de), 13.
Pol (comte de St.), III, 51, 54, 56, 197, 216, 263; II, 91, 168.
Pons de Montdragon, IV, 106.
Pons (Renaud de), 292.
Ponthevèz (Mobile de), III, 9.
Ponthieu (le comte de), III, 99, 100, 216, 245; I, 424; II, 90.
Porcelin (Jean), 226.
Pourcelet Bertrand, IV, 106.
Pradel Jean, III, 245.

ALPHABÉTIQUE. 425

Preuilly (Eschinard de), 48.
Priscien, IV, 314.
Provence (Raymond marquis de), 1, 223.
Provins (Guyot de), IV, 266.
Puiset (le sire de), IV, 387.

R.

Rancon (Geoffroy de), 49, 118.
Randeradt (Gérard de), 240, 271.
Raoul, 1, 151.
Raoul (le maréchal), 1, 353.
Raoul Texon, 245.
Raoul Bigot, 246.
Raoul le Beauvoisin, II, 232.
Raymond (le comte), III, 25, 60, 61, 62, 63, 122; 1, 119, IV, 102 et suiv.
Raymond Lulle, IV, 313.
Raymond Roger, 3.
Réginald évêque, 27 131.
Regnauld de Sidon, II, 27.
Regnier, III, 30.
Rhasès, IV, 301.
Rhemis (Pierre de), 260.
Ribauds, III, 72, 73.
Richard, III, 5, 170; 1, 34, 118, 324 et suiv. 480 et suiv. II, 13 et suiv. 38 et suiv. 121 et suiv.
Richard (évêque de Winchester), 1, 130, 153.
Richebourg (Pierre de), III, 90.
Rigord, 1, 127 et suiv.; II, 156; IV, 303.
Rivers (Guillaume de), II, 357.
Riza (Pierre de) IV, 323.
Robert clerc de Londres, 151, 156, 157.
Robert Clément, II, 135.
Robert-grosse-Tête, IV, 133.

Robert (le fils de Hugues Capet), 1, 19.
Robert, le mauvais voisin, III, 96, 98; II, 207.
Robert - Clément de Metz, 1, 82.
Roger, II, 326.
Robert Bertrand, II, 356.
Robert (le maréchal), IV, 27.
Robert de Brieve, 49.
Rodolphe (le comte), II, 177.
Rochefoucauld (Guy de la), 1, 424.
Rochefort (Paris seigneur de), 130.
Roches (Guillaume des), III, 46, 228; II, 25, 337.
Roger (le mauvais chien), 1, 394.
Roger de Fournival d'Amiens, IV, 304.
Roland, comte d'Anger, II, 369.
Rolf ou Rollon, 1, 9; II, 342.
Romanin (la dame de), 1, 195.
Rome (la cour de), 84, 127, 129.
Roquemartine (Azalaïs de), 93.
Routiers (les), 1, 65; III, 93.
Roye (Barthélemy de), 216, 247, 258.
Rubruquis, IV, 281.
Rumigni (Jean seigneur de), 244.

S.

Sabino Degli Armati, IV, 270.
Sablé (Amaury seigneur de), III, 228.

St-Martin de Tours, IV, 309.
St-Marien d'Auxerre, IV, 278.
Saintes (le doyen de), 292.

Saladin ou Salah-Eddin, I, 285 et suiv.; II, 15.
Saluce (la marquise de), I, 195.
Sancerre (Étienne comte de), III, 244, 260; I, 136.
Sanche, I, 271.
Sarisbury (le comte de), III, 141, 160, 178, 180, 212, 236; IV, 87.
Sarisbury (Jean de). IV, 325.

Savari, 177, 292.
Scott, IV, 307.
Secher (de Gand), 295.
Senlis (Garin évêque de), 251.
Sens (archevêque de), 54.
Signe (la dame de), I, 195.
Souabe (Philippe de), 202.
Spina Alexandre, IV, 269.
Suger, I, 38.
Surgère (Guillaume seigneur de), 48.

T.

Talbot Guillaume, III, 139.
Tancrède, I, 391.
Templiers (les), IV, 231.
Termes (Benoît de), IV, 104.
Tesson (Raoul de), II, 345.
Thergand, I, 58.
Thérouan (l'évêque de), II, 173.
Thibaut d'Amiens IV, 292.
Thomas Becquet, I, 83
Tomas (St.), IV, 263.
Thoron (Honfroy de), I, 409.
Thouars (Guy vicomte de), III, 44, 45, 48; II, 95, 333.
Thouars (vicomte de), 41, 44, 228.
Toch (Guy de), 48.
Tornelle (Pierre de), 274.
Tournay (Etienne de), II, 400; IV, 292.

Tournival (Girard de), 312.
Toulouse (comte de), 50, 83, 85, 92, 97, 102.
Toulouse (l'évêque de), 72, 120.
Trainel (le sire de), I, 180.
Tréguier (Alain comte de), 45.
Trémouille (la), II, 202.
Tristan (Pierre), III, 266; II, 157.
Troyes (Blanche comtesse de), 146.
Turenne (le vicomte de), I, 424.
Turpin l'archevêque, I, 40; IV, 337.
Tyr (Guillaume évêque de), I, 289.
Tyr (Conrad marquis de), III, 367; II, 12.

U.

Ursine des Ursières, dame de Montpellier, I, 196.

V.

Vallée (Yves de la) II, 20.
Valette (Étienne de la) IV, 112.
Valery (Thomas de St.) 216, 245, 275.
Valdemar, I, 114; II, 75.

Vence (l'évêque de), IV, 309.
Vendôme (Mathieu de) II, 400.
Vendôme (le Comte de) III, 46.
Ventadour (la dame de) I, 287.
Vergi (les Seigneurs de) 55.

Vernègue (Pierre de la) 1, 194.
Vernon (Richard de) 11, 66.
Vésine (Gui de) 11, 218.
Vienne (Gérard comte de) 11, 239.
Vigoureux de Bathone 18, 104.
Vilhardhouin (Geoffroi de) 111, 362; 11, 206, 248; 1v, 319.

Villedieu 1v, 270.
Vincent de Beauvais 1v, 265.
Vireker 1v, 323.
Vital de Blois 11, 400.
Vitref (Jacques de) 1v, 320.
Voisins, 122.
Voison (l'évêque de) 63, 93.

Y.

Yolande, 111, 260.

W.

Wace (Robert) 1v, 338.
Wimes (Guillaume de) 1v, 42.

Winchester (l'évêque de) 49.
Worchester (évêque de) 135.

TABLE

DES NOMS DE VILLES ET PEUPLES

CITÉS DANS CET OUVRAGE.

A.

Acquigny, ii, 59.
Acre, iv, 381 et suiv., ou Ptolémaïs.
Afrique, 151.
Agde, 97.
Agen, i, 110.
Agénois (L'), 119.
Aire, 172, 173.
Aix, iv, 119.
Alban (L'abbaye de Saint-), iv, 88.
Albermale (Le comté d'), 281.
Albi, iii, 91.
Albigeois (L'), 91.
Allemands (les), 112, 200.
Alençon, i, 328.
Amalfi, iv, 394.
Amauri (Montfort l'), iii, 208.
Amiens, iii, 249 ; i, 151, 154.
Andelys, ii, 68.
Andrinople, 262.
Anet (château d'), ii, 367.

Angers, iii, 43, 47, 223, 230 ; ii, 337.
Angoulême (le comté d'), ii, 24.
Anjou (l'), iii, 41, 43, 44, 46, 212, 221, 230; i, 110; ii, 315.
Anvers, 167.
Aquapendente, 242.
Aquilée, ii, 9.
Aquitaine (l'), i, 110.
Aragon, 80.
Arragonais (les), 64.
Arles, iv, 238.
Argolide, 149.
Arques, ii, 25, 48.
Arras, i, 146.
Auch, iv, 113.
Aulide, 149.
Aumale, 187.
Auvergne (l'), i, 133.
Auxerre, iii, 56.
Avallon, i, 139.
Avignon, iv, 239, 61, 65.

B.

Bailleul, ii, 6.
Bapaume, iii, 380; 1, 124.
Basques (les), 63, 114.
Baubourg, ii, 6.
Beaucaire, iv, 107.
Beaufort (le château de), 1, 153.
Beaumes, iii, 61.
Beaune, iii, 55; 1, 139.
Béarn, 110.
Beauvais, iii, 249; 1, 54.
Belges (les), 176.
Benoît-sur-Loire (abbaye de St.-), 1, 219.
Bergues, ii, 6.
Berri (le), 1, 110, 133; ii, 51.
Bethisy, 1, 149.
Béziers, iii, 70, 78, 80, 82, 90, 338.
Bitilia, 242.
Blavotins (le pays des), 176.

Bois-Commun, 1, 230.
Bordeaux, iii, 17; 1, 110.
Boulogne-sur-Mer, 146.
Boulogne (le comté de), 203.
Bourges, 1, 227.
Bourguignons (les), 67.
Bouvine, 197, 250.
Boves (le château de), 1, 151.
Brabançois (les), 1, 65.
Bray (le château de), 1, 256.
Brescia, iv, 303.
Bressolle, ii, 58.
Bretagne (la), iii, 42; 1, 6, 116.
Bretons (les), iii, 222.
Brice (le château de St.-), 1, 136.
Bruges, iii, 172, 181, 192, 212, 236; 1, 146.
Bruniquel (le château de), iii, 93.

C.

Cabardes, iii, 80.
Cabaret (le castel de), 85, 87.
Cahors, 197,
Cahusac, 117.
Caiffa, 366.
Calais, 175.
Cambrai, 1, 52.
Carcassonne, iii, 50, 69, 75, 78, 80, 82, 91, 102.
Cassel, iii, 181, 197, 295; ii, 6.
Castelnaudary, iii, 114, 116; iv, 124.
Castres, 6, 87.
Caylus (château de), 93.
Chalus, ii, 121.
Champeaux, 1, 179.
Château-Gaillard, ii, 315.
Château-Landon, 240.
Châteauroux, 1, 133, 278,

Châteauneuf, 1, 286.
Châtillon, ii, 19,
Châtillon-sur-Cher, 1, 138.
Chartres, 249.
Chaumont, 1, 226.
Chinon, 1, 336.
Choisi-du-Bac, 1, 149.
Chypre, 1, 426.
Cisoin, ii, 6.
Citeaux (l'abbaye de), ii, 387.
Civita-Vecchia, 242.
Clairvaux (l'abbaye de), ii, 387.
Clos-Vougeot, 1, 40.
Cluni, 1, 40.
Cologne, ii, 39.
Comans (les), 362.
Compiègne, 1, 84.
Constantinople, 55, 57, 166.
Corbeil, 1, 84.

Corbie, 1, 148; III, 217.
Cordoue, 1, 112; III, 151,
Corfou, 1, 430.

Cornouailles, III, 46; 1, 7.
Courtray, 172, 236, 249,
Cyclades (les), 177.

D.

Dam, ou Damme 176, 180, 182.
Dammartin, 187.
Darnel, bourg, 193.
Dauphiné (le) 166.
Dieppe II, 51.
Dijon III 55; I, 139.
*** 43

Dôle II, 183.
Domfront 187.
Douai III, 172; 1, 146; II, 6.
Douvres III, 149, 150; II, 37; IV, 31, 67.
Drincourt II, 25.
Dun-le-Roy, 1, 227.

E.

Ecosse (l') III, 138; IV, 56.
Egypte (l') 336.
Embrun IV, 119.

Espagne (l') 151.
Essoye 57.
Evreux II, 45.

F.

Falaise II, 532.
Fanjaus 61.
Ferrare IV, 303.
Flavigny (L'abbaye de) II, 175.
Flavigny 1, 139.
Flandre (le Comté de) 167, III,

et suiv., 199, 206, 212, 281.
Foix (le Comté de) 3.
Fontainebleau 1, 431.
Fourgues 61.
Fretteval 1, 133, II, 19, 53.
Furnes II, 6.

G.

Gascógne, III, 110, 177; 1, 21.
Galles (le pays de) 140.
Gand III, 172, 192, 236; 1, 145.
Garplic 43.
Gênes III, 179; 1, 356.
Germain-des-Prés (abbaye de St.), 1, 9.
Gisors 1, 276; II, 8.

Grasset (le château de) 1, 278.
Gravelines III, 175, 1, 146.
Grenade 1, 112.
Guillaume Chabon (la terre de) II, 60.
Guines II, 6.
Guyenne (la) III, 43; ***, II, 315.

H.

Halmes (la forêt de) 189.
Hauterive III, 211.
Hénaut (le) 281.
Hertfort IV, 84.

Hesdin 1, 146.
Hongrie (la) 58.
Hongrois (les) 1, 27.

I.

Irlande, 16(.
Ismaëliens (les), ii, 27.
Issoudun (le château d'), 1, 278.
Italie, 131, 200.

J.

Jaffa, ii, 11.
Jersey (l'isle de), 218.
Jérusalem, 365.
Juifs (les), 1, 249 et suiv.

L.

Lacaussade, 72.
Lachâtre, 11, 19.
Laferté-Bernard, 1, 325.
Laferté-Beaudouin, 1, 84.
Lagarde, iii, 117.
Laguepie, 117.
Langres, 246.
Laon, 1, 37.
Larochelle, 177.
Langue-d'oc (la), iii, 51, 53, 83, 96, 115, 210; 1, 11.
Lavaur, iii, 104, 107, 309, 343; iv, 124.
Lillebone, 187.
Lille, iii, 170, 172, 192, 197, 236, 249; ii, 6.
Lilliers, ii, 6.
Lincoln, iv, 92.
Loche, ii, 19.
Lombardie (la), ii, 237.
Lombards (les), iii, 200.
Lombers (les chevaliers de), 8.
Londres, iii, 170.
Loudun (fief de), iii, 44; ii, 358.
Iouviers, iii, 59.
Lyon, 57, 67.

M.

Mâcon, iii, 217.
Mantes iii, 217; 1, 309.
Maguelone (le monastère de), 106.
Marcillac, ii, 54.
Marmande, iv, 121; iii, 119.
Marseille, iii, 179; 1, 356; iv, 238.
Maur (monastère de St-.) 1, 161.
Maures (les), iii, 151; 1, 113.
Mayenne (la) 223.
Melun, 351.
Mercy, 57.
Messine, 1, 34, 381.
Milescu (le château de), 220.
Minerve (castel de) 84, 91, 97.
Mirebel (le château de), iv, 61.
Mirepoix, 88.
Moines (la roche aux), 225.
Moldavie (la), 363.
Montauban, iii, 46, 118; iv, 113, 124.
Mont-Didier, ii, 177.
Monte Fiascone, 242.
Montélimar, 60.
Montferrand, 61, 108.
Montfort, *voyez* l'Amaury.
Montlaur, 93.
Montlhéri, 1, 84.
Montluçon, 1, 402.
Montpellier (le comté de), iii, 4, 6, 68; iv, 238.
Mons, 249; ii, 380.
Mont Ségur (le château de), 343.

Montreuil, II, 338.
Mont-Richard, I, 301; II, 19.
Montrosel (le château de), IV 88.
Mortmar, 61,

Mortagne, 234, 281.
Mortain, 187.
Muret, 317 et suiv.

N.

Nantes, III, 44, 46, 221; I, 7.
Narbonne, 6, 74, 101, 338.
Narbonne (la vicomté de), 3.
Natolie, II, 230.
Nîmes, 60, 61, 65.
Niort, II, 338.
Nonencourt, I, 344.
Normandie (la), III, 40, 57, 145, 156; I, 110; II, 315.

Nerviens (les), 176.
Neustrie (la) (voyez Normandie.)
Nevers, 53.
Normands (les), III, 67, 132, 223; I, 8, 27.
Nottingham, II, 42.
Norwège, 1, 6, 9.
Noyon, I, 54, 224.

O.

Oppède, 61.
Orléans, 61.

Oudenarde (le château d'), 192, 236, 295.

P.

Pamiers, III, 120, 343.
Paris, III, 210; I, 257.
Péronne, 171, 248, 282.
Pierrefontaine, II, 175.
Pife, IV, 394.
Poissy, II, 349; IV, 41.
Poitou, (le), III, 41, 43, 44, 126, 212, 221, 230; I, 22; II, 315.
Poitiers, III, 17; II, 338.
Poitevins (les), 141, 156, 182, 222,
Pontarlier, 246.
Pontoise, II, 7, 72.

Ponthivi (l'abbaye de), 357.
Portsmouth, III, 149, 157, 178, 219, 243.
Pouille (la), 205.
Propontide (la), 361.
Provence (la), 53, 121, 166, 347.
Provençaux (les), 52, 53, 66, 70, 103, 114.
Puicelsi, 117.
Puy en Auvergne, I, 268.
Puylaurens, IV, 124.
Puiset I, 84.
Pyrénées (les), 199.

Q.

Quentin (St.), I, 54.

Quercy (le Comté du) III, 5; IV, 118.

R.

Rabastens 108; 117.
Reims, I, 95 IV, 363.

Rennes III, 46; 7.
Rhodez (le Comté de) 5.

Rhône (le) 68.
Rochelle (la) III, 41, 218; IV, 121.
Rochester IV, 34.
Roquemaure 61.

Rouen, II, 146, III.
Rouergue (le) IV, 118.
Rueil (le val de) II, 49.
Runnymead IV, 11.

S.

St.-Antonin, 72 118.
St.-Denis (abbaye de) III, 93; 248, 1, 353.
St-Georges 93.
St-Gille 65.
St-Léger II, 154.
Sandwich IV, 54.
St-Malo, 46.
St-Omer, III, 171, 173; 1, 146.

Sarrasins (les) III, 58 151.
Saumur 1, 32.
Saverdun 88.
Saxons (les) 235.
Semur 1, 139.
Sens 1, 106.
Soissons 217.
Spire II, 39.
Strasbourg IV, 363.

T.

Taillebourg II, 54.
Termes (castel des) 85, 99, 101.
Thouars 232.
Tolède 1, 112.

Toulouse III, 118, 358; IV, 123, 238.
Tournay, III, 170, 197, 248; II, 380.
Touraine (la) 218.
Tours II, 183.

V.

Valenciennes 295.
Valence 60.
Vannes III, 46, 1, 7.
Vaucouleurs 205.
Vaudois (les) 24, 70.
Vaudreuil II, 57.
Vendôme 1, 302, II, 19.
Venise II, 8, 218.
Vermandois 145, 210.
Villeneuve 57.
Villeneuve-le-Roi 51, 55.
Vincennes III, 195, 1, 363.

Verfeuil 18.
Verneuil II, 47.
Vernon II, 60.
Velli (le monastère de) 1, 86.
Vérelai 1, 341.
Vexin (le) II, 8.
Vienne (la) 223.
Villemur 72.
Visigoths (les) III, 212; II, 361.
Viterbe 242.

Y.

Ypres III, 172, 181, 192, 236, 295; II, 146.

Z.

Zara III, 58; II, 221.

W.

Westphaliens (les) 236.
Wight (l'isle de) IV, 31.
Windsor I, 130.

Withsand I, 94.
Wostook, III, 230.

FIN DE LA TABLE ALPHABÉTIQUE.

ERRATA DU QUATRIÈME VOLUME.

Page 132, ligne 17; au lieu de *il ne trouva*, lisez *il n'y eut*.

Page 210, ligne 14; au lieu de *commandemens des catholiques*, lisez *enseignemens catholiques*.

Page 383, ligne 4; au lieu de *commodités qu'ils n'avaient point eues jusqu'alors*, lisez *commodités qu'ils n'avaient point eues encore*.

Page 393, lisez *lors des croisades leurs flottes*.

www.ingramcontent.com/pod-product-compliance
Lightning Source LLC
Chambersburg PA
CBHW071111230426
43666CB00009B/1920